Gunter Kreutz
Warum Singen glücklich macht

Sachbuch Psychosozial

Gunter Kreutz

Warum Singen glücklich macht

Psychosozial-Verlag

Bibliografische Information der Deutschen Nationalbibliothek
Die Deutsche Nationalbibliothek verzeichnet diese Publikation
in der Deutschen Nationalbibliografie; detaillierte bibliografische Daten
sind im Internet über http://dnb.d-nb.de abrufbar.

4. Auflage 2023
Unveränderte Neuauflage der 3., erweiterten,
korrigierten und aktualisierten Auflage 2020

Gesetzlich vertreten durch die persönlich haftende Gesellschaft Wirth GmbH,
Geschäftsführer: Johann Wirth
Walltorstraße 10, 35390 Gießen, Deutschland
06419699780
info@psychosozial-verlag.de
www.psychosozial-verlag.de

Umschlagabbildung: basierend auf einer Grafik von Starline – Freepik.com
Autorenfoto auf der Buchrückseite: Fotowerk Oldenburg
Umschlaggestaltung & Innenlayout nach Entwürfen
von Hanspeter Ludwig, Wetzlar
Satz: metiTec-Software, me-ti GmbH, Berlin
www.me-ti.de
Druck und Bindung: Majuskel Medienproduktion GmbH
Elsa-Brandström-Straße 18, 35578 Wetzlar, Deutschland
Printed in Germany

ISBN 978-3-8379-2900-3 (Print)
ISBN 978-3-8379-7683-0 (E-Book-PDF)

Inhalt

Danksagung

Die wissenschaftliche Literatur zum gemeinsamen Singen darzustellen, ist eine wunderbare Aufgabe. Doch Motivation allein genügt bei Weitem nicht, damit ein solches Unternehmen gelingen kann. So ist es der geduldigen und beharrlichen Unterstützung meiner Frau Sonja zu verdanken, dass dieses Buch nun vorliegt. Sie hat ungeachtet mancher hitziger Debatten nie den Glauben an das Thema verloren und mich mit vielen kritischen Anmerkungen dazu gebracht, genauer nachzudenken, anstatt in Selbstgefälligkeit zu verharren. Ganz besonders möchte ich mich weiterhin bei meinem Lektor, Herrn Christian Flierl, sowie der Lektorin der Neuauflage, Frau Jana Motzet, und ihren Kolleginnen und Kollegen vom Psychosozial-Verlag bedanken, die mit viel Liebe zum sprachlichen Detail alles getan haben, um aus meiner Vorlage ein lesbares Manuskript erstehen zu lassen. Und schließlich gehört mein Dank auch meinem Sohn Konstantin, der mir in allen Phasen seines noch jungen Lebens die Augen und Ohren für das Singen neu geöffnet hat. Ihm und allen Kindern, die zum Singen und Besungen-Werden geboren sind, ist dieses Buch gewidmet.

Vorwort zur Neuauflage

Sechs Jahre sind seit der ersten Veröffentlichung dieses Buches vergangen – ein nicht allzu großer Zeitraum in einem Menschenleben. Doch im Zeitalter exponentiellen Wissenswachstums mit täglich tausenden wissenschaftlicher Publikationen sind das beinahe Lichtjahre. Und tatsächlich fand ich in den einschlägigen Datenbanken auf Anhieb ungefähr 30 neue Forschungsberichte, die die Themenfelder dieses Buches nicht nur weiter vertiefen, sondern in manchen Bereichen neu ausrichten. So zeigten beispielsweise britische Forscher erstmalig eine Verknüpfung zwischen dem Singen und der Ausschüttung körpereigener Opiate – ähnlich wie bei dem aus der Sportwissenschaft bekannten Runner's High. Völlig neue Perspektiven ergeben sich zudem aus Erkenntnissen über eine verbesserte Sprachwahrnehmung bei Menschen, die auf Hörgeräte angewiesen sind, nach nur wenigen Monaten regelmäßigen angeleiteten Chorsingens. Und nicht nur das: Kolleginnen und Kollegen aus verschiedenen Ländern zwischen Skandinavien und Australien lancierten hochwertige klinische Studien, um genauer zu verstehen, wie gemeinsames Singen die Lebensqualität älterer Menschen mit Demenzerkrankungen verbessern kann. Diese Forschungen sind so wichtig, weil sie eine längst überfällige Diskussion über die Richtlinien in der Gesundheitsversorgung in Gang setzen sollen. Die Idee des »Singens auf Rezept« könnte sich in vielen Bereichen der Rehabilitation von einer idealistischen Vision zu einer realistischen Handlungsempfehlung mit entsprechend weit gesteckten Indikationen wandeln. Patientinnen und Patienten mit Krebserkrankungen, chronischen Lungenerkrankungen, Parkinson, Demenz oder psychischen Störungsbildern dürfen also hoffen, in aller Regel und nicht nur durch puren Zufall von therapeutischen Singgruppen profitieren zu dürfen.

Es gibt aber auch auf anderen Gebieten viel Neues zu vermelden. Die Erkenntnis, dass gemeinsames Singen eine allgemein stressmindernde und bindungsfördernde Wirkung hat, setzt sich immer mehr durch. Menschen nicht nur als Ausgleich zur Arbeitswelt, sondern *innerhalb* derselben mit Singangeboten zu erreichen, ergibt Sinn, denn eine hohe Zufriedenheit und Lebensqualität in den Betrieben wird in Zeiten einer äußerst herausfordernden Arbeitswelt immer wichtiger.

Es ist schwer zu glauben, dass hierzulande allenfalls sechs bis acht Prozent der Bevölkerung regelmäßig mit anderen Menschen einen Chor oder eine Singgruppe besuchen. Ich vermute, dass dies nicht einem mangelnden Bewusstsein geschuldet ist, sondern nach wie vor vorherrschenden Stigmata, Singen sei nur etwas für ein paar Auserwählte. Böse Absichten sind nicht zu unterstellen, die Folgen dennoch gravierend. Daher bleibt es eine wichtige Aufgabe, besonders unsere Kinder vor solchen Stigmatisierungen zu schützen. Singen ist nicht gleichzusetzen mit »Töne treffen«. Nur ganz wenigen Menschen gelingt das aus neurologischen Gründen nicht. Es benötigt bei Weitem kein Ausnahmetalent, um Sängerin oder Sänger in einem Chor zu sein. Es sind nicht einmal Notenkenntnisse erforderlich, da sich Choristen in den Stimmgruppen nur gegenseitig imitieren und die Noten eher als Gedächtnisstütze für die Texte benötigen. Vom-Blatt-Singen dagegen kann kaum jemand. Und nur deshalb kann das gemeinsame Singen mit so unterschiedlichen Menschen einen Sinn erfüllen – und vor allem eines: Freude bereiten, an sich selbst, an anderen Menschen und an den Klängen, die, wenn sie irgendetwas bewirken, dann, dass wir mehr aufeinander zu und weniger aufeinander losgehen.

Die vorliegende Neuauflage stellt die Folgerungen der Erstausgabe nicht infrage. Vielmehr geht es darum, das gemeinsame Singen im Interesse künftiger Generationen als unverbrüchliches Kulturgut zu verstehen und mit einer politischen Botschaft zu verknüpfen: Es gibt genug Gründe, das Singen zu fördern. Es verbindet Menschen und macht ihnen Mut, ein harmonisches Miteinander zu pflegen. Wir brauchen wirksame Strategien gegen Ängste, Frustrationen und Aggressionen, die unseren Alltag viel zu sehr prägen. Singen birgt daher ein gesellschaftspolitisches Potenzial, das schon allein deshalb mehr Beachtung verdient, weil es an dringend notwendigen Alternativen in einer ansonsten recht einseitig auf Selbstoptimierung ausgerichteten Gesellschaft an allen Ecken und Enden mangelt.

Musik in Zeiten von Corona

Es sind die ersten hoffnungsvollen Bilder am Anfang der Pandemie, irgendwann im März 2020: Menschen treten an die Balkone ihrer Wohnungen in einer norditalienischen Stadt, um miteinander zu singen. Singen als Zeichen der Verbundenheit, Solidarität und Dankbarkeit gegenüber dem medizinischen Personal, das mitten im Feuer steht und das eigene Leben zugunsten aller riskiert. Es drohen exponentiell wachsende Fallzahlen, massive wirtschaftliche Verluste und ein immenser sozialer Stress, der Familien und zahllose Alleinerziehende vor unlösbare Probleme stellt. Die Intensivkapazitäten in den Kliniken, fehlende wirksame Medikamente und Impfstoffe schüren berechtigte Ängste. Die Ansteckungen sind nicht nachvollziehbar. Patient Null wird vielleicht niemals gefunden werden.

Die Menschen singen in einem wahren Meer von schlechten Nachrichten. Sie singen gegen die alltägliche Depression, gegen die sehr hohe Zahl von Toten und langfristig geschädigten Patienten, die Covid-19 fordert, und gegen die Hilflosigkeit, die das tägliche Leben gefangen hält.

Zu dieser Zeit war das Manuskript zum vorliegenden Buch erst wenige Wochen fertiggestellt und sollte einer abschließenden redaktionellen Überarbeitung unterzogen werden. Ich hatte das Gefühl, einen Bericht aus einer vergangenen Zeit in der Hand zu halten, etwas, dem die Zeit weit vorausgeeilt zu sein schien. Warum sollte man ein Buch lesen, das schöne Dinge beschreibt, die nicht mehr in derselben Form gelebt werden können?

Doch die singenden Menschen auf den Balkonen machten bald nicht nur in Italien, sondern in vielen anderen Ländern Schule. Dazu gesellten sich zahlreiche Musiker und Künstler, die bald vor den Seniorenheimen und Sozialeinrichtungen auftauchten, um vor den Fenstern und Türen für die Menschen da zu sein und Kultur zumindest so nahe wie möglich heran zu bringen.

Eine Zukunft *ohne* Massenveranstaltungen halte ich für denkbar, vielleicht sogar für plausibel und wünschenswert. Die Evolution wies jedenfalls in einer andere Richtung: In sich geschlossene, ökologische Nischen schützen nicht nur den Planeten, sondern unser aller Gesundheit, während erst die globale Verbreitung aller Organismen Ungleichgewichte schafft, die kaum beherrschbar sind. Pandemien sind ein gutes Beispiel dafür. Charles Darwin und Alexander von Humboldt haben dies durch ihre Forschungen bereits im 19. Jahrhundert in Grundzügen erkannt, ohne dass wir bis heute diese tiefen Einsichten zu deuten und angemessen zu würdigen wussten. Und noch etwas wird klar: Die Folgen der Globalisierung werfen uns auf unsere örtlichen Gemeinschaften zurück. Damit wäre es an der Zeit, kulturelle Techniken generell höher zu schätzen und als gemeinschaftliche Praxen zu leben.

Eine Zukunft ohne das Singen scheint mir undenkbar, zumal nur wenige gleichgesinnte Menschen genügen, um effektiv zu sein. Wir müssen uns sicherlich daran gewöhnen, es mit notwendigen Sicherheits- und Hygienemaßnahmen zu versehen, damit es genau die Potenziale entfalten kann, die in diesem Buch beschrieben sind. Doch wird uns nichts davon abhalten. Das haben die Menschen auf den Balkonen bewiesen – genau in der Situation, die am allerschwersten war.

All den Menschen, die genau wissen, dass Musik, Gesang und Kultur mehr sind als bloße Alltagsverschönerungen, möchte ich dieses Buch widmen. Sie stehen für eine humane Zukunft, ein positives soziales Miteinander und für die Bereitschaft, Krisen zu überwinden und uns auf die wichtigen Dinge im Leben neu zu besinnen.

Singen macht glücklich!

Wie wäre es damit, seine Sorgen einfach einmal zu vergessen, abzuschalten, sämtliche Sinne auf etwas Schönes und Angenehmes zu richten? Und das auch noch ohne weite Wege gehen, Pillen einwerfen oder das Bankkonto plündern zu müssen. Zu viel Zeit kosten darf es auf keinen Fall. Und mit dem Berufs- und Privatleben muss es unbedingt vereinbar sein. Wir wollen Spaß haben, etwas erleben, ein wenig stolz darauf sein, ohne uns allerdings völlig verausgaben zu müssen.

Das klingt bis hierher schon fast zu schön, um wahr zu sein. Doch wir haben noch höhere Ansprüche: Wir wollen in jedem Lebensalter und in möglichst allen Lebenslagen etwas davon haben. Es soll uns geistig und körperlich fit halten, ohne zu langweilen oder zu überfordern, und es soll uns auch noch mit Menschen zusammenbringen, die uns wichtig sind, nebenbei auch familientauglich sein.

Ist das nicht zu viel verlangt? Die amerikanische Schauspielerin Mae West war sich sicher: *Alles, was Spaß macht, hat einen Haken – entweder es ist unmoralisch, illegal oder es macht dick!* – Wirklich *alles*? Wie steht es beispielsweise mit dem Singen? Unmoralische Liedtexte oder die Leibesfülle der Partituren und Pasta liebenden Diven und Barden bringen es wohl kaum in Misskredit. Im Gegenteil: Millionen von Menschen empfinden es als Bereicherung ihres Lebens, die sie nicht missen möchten – aber warum?

Die Fangesänge in den Stadien, das Einschlaflied fürs Kind, das Ständchen zur Geburtstagsfeier, das *Ave Maria* zur Hochzeit oder das Wanderlied auf der Bergtour – alle diese Gelegenheiten zum Singen sind kaum unter einen Hut zu bekommen. Sie haben jedoch etwas gemeinsam, das sie in ein besonderes Licht rückt: Es sind glückliche Momente, in denen wir größere oder kleinere Freuden miteinander teilen. Gesänge sind in manchen Ritualen unverzichtbar, treten zuweilen aber auch spontan und beiläufig auf. Singen ist ein archaisches Mittel, um Gefühle von Freude und Glück herauszulassen und zu teilen.

Singen verspricht eine Art von Glück, das im Unterschied zu einem Lottogewinn oder der Rettung aus einer Gletscherspalte viel besser planbar und beliebig wiederholbar erscheint und kaum weniger Euphorie auszulösen vermag. Sängerinnen und Sänger berichten von Gefühlen der Entspannung, von innerer Ruhe und zugleich von der Freisetzung von Energie, die sie für manche Herausforderungen und Krisen im Leben wappnet. Doch es kommt noch viel besser: Eine Studie aus Großbritannien sorgte jüngst für Furore, da erstmalig eine Verbindung zwischen dem gemeinsamen Singen und der Ausschüttung körpereigener Opiate dargestellt werden konnte. Eine Forschergruppe[1] aus Nottingham unter Leitung der Gesundheitspsychologin Saoirse O'Sullivan verglich die Konzentrationen entsprechender Biomarker in den Blutproben von männlichen und weiblichen Sängern und Sportlern, um festzustellen, dass diese nach Ausübung der Tätigkeiten ähnlich erhöht waren und zudem mit den Empfindungen der Teilnehmer korrespondierten (Stone et al., 2018). Wie auch immer: Das gemeinsame Singen scheint euphorische Gefühle mit entsprechenden körperlichen Begleiterscheinungen freizusetzen. Ich halte diese Studie deshalb für bahnbrechend, weil sie zumindest damit beginnt, schillernden Spekulationen realitätsnahe Einsichten entgegenzustellen. Die Studie beweist für sich genommen noch wenig, doch endlich können sich Forscher noch gezielter damit auseinandersetzen, wie unser Körper und unsere Psyche auf das Singen reagieren und wie wir es für uns nutzen können.

Ich gebe gerne zu, dass solche Studien mich sehr motiviert und darin bestärkt haben, eine Neuauflage dieses Buches anzugehen.

1 Wo aus Gründen der besseren Lesbarkeit bei den Personenbezeichnungen die männliche Form verwendet wird, sind auch Frauen mitgemeint.

Und zudem haben zahlreiche Forscher nicht nur methodisch verbesserte, sondern grundständig innovative Studien vorgelegt. Sie weisen häufig darauf hin, dass Singen (und Musizieren) unser Verhalten positiv verändern kann, wie etwa hinsichtlich der Beziehungsqualität innerhalb der Familie (Kreutz & Feldhaus, 2018). Die Befunde spiegeln die Erfahrungen so vieler Familien, denen es gelingt, mit musikalischen Mitteln den grauen Alltag bunter zu gestalten und jedem Familienmitglied viel Stress von den Schultern zu nehmen. Singen ist mehr als eine mit dem Rest des Lebens unverbunden umhertreibende Insel der Glückseligkeit. Es ist ein Vorgang mit vielen körperlichen, psychischen und zwischenmenschlichen Facetten – zu vielen, um es als schöne Nebensächlichkeit abzutun. Wir verbinden es einerseits mit Festen, Feiern, Tanzen und ausgelassener Stimmung, andererseits singen wir auch, um Tote zu beklagen, Ängste zu nehmen – und selbst Wut und Zorn durchdringen hör- und fühlbar so manche Rachearie. Singen lässt kaum eine menschliche Empfindung aus, ob es nun eine zarte Regung oder ein starkes Gefühl betrifft. So findet es bei wichtigen Ereignissen fast immer seinen Platz. Chöre sind zudem gefestigte soziale Gemeinschaften. In diesen geht es weder um kurzlebige Glücksmomente, noch um pure Gewohnheit. Chöre verschaffen Menschen vielmehr einen dauerhaften Platz inmitten der Gemeinschaft – und zwar nicht in Form einer abstrakten Idee, sondern als mindestens wöchentlich gelebte Wirklichkeit.

Das Sprichwort »Der Ton macht die Musik« zielt offenkundig auf den emotionalen Ausdruck beim Sprechen. Genau genommen sind es musikalisch-gesangliche Merkmale, die Nuancen des Sprechens ausmachen. Ohne sie ist es schwer erträglich, jemandem überhaupt über längere Zeit zuzuhören. Die Stimme ist so etwas wie unser akustischer Fingerabdruck und die Übergänge zwischen Sprechen und Singen sind fließend. Stimmliche Nuancen entscheiden auch darüber, ob wir einen Sprechroboter für natürlich oder menschenähnlich halten oder nicht. Gelegentlich gibt es heiße Diskussionen darüber, ob etwa ein Rap als Gesang, als Form des Sprechens oder als eine völlig eigene Art des vokalen Ausdrucks gelten sollte. Wie auch immer solche Streitigkeiten ausgehen, es ändert wenig daran, dass das Singen die im Sprechen angelegten musikalischen Nuancen verstärkt. So wirkt eine Friedensbotschaft beispielsweise berührender, wenn wir sie gesungen aufnehmen. Diesen Mehrwert des gesungenen Wortes hat auch die Werbewirtschaft recht gut verstanden: Aus unzähligen einprägsamen Jingles tönen uns ihre sublimen Botschaften entgegen. Selbst wenn die Worte wenig verständlich sind, so können wir ihnen doch manch beschwingtes Gefühl entnehmen. Doch das ist nur die Spitze des Eisbergs der höchst unterschiedlichen Wirkungen des Singens, aus denen wir, wie zunehmend auch wissenschaftlich zu belegen ist, eine ganze Menge persönlichen Nutzen ziehen können.

Vielleicht liegt es an den emotionalen Anlässen und weniger an den Gesängen selbst, dass wir dem Singen so häufig eine besondere Magie zuschreiben. Nicht nur Sportler verdrücken beim Erklingen der Nationalhymne so manche Träne. Wir lassen uns von Sängerinnen und Sängern verzaubern, die uns eine andere Welt zeigen und das Gefühl geben, ihre Seele vor sich herzutragen. Professionell ausgebildete Sänger begeistern durch unglaubliche Virtuosität und ein phänomenales Gedächtnis. Sie verfügen über ein beträchtliches Repertoire an Melodien und Texten, das sie ihrem Publikum im Zweifelsfall in fast beliebigen Körperhaltungen präsentieren. Psychologen und Gedächtnisforschern fehlen hinreichende Erklärungen dafür, wie Musiker das anstellen und wie viel Talent und Übung dazu notwendig ist. Festzustehen scheint jedoch, dass große Leistungen ohne harte Arbeit kaum zu erwarten sind.

Die Faszination für Stimmwunder aus Lautsprechern spiegelt sich in der Leidenschaft und Inbrunst wider, mit der angeblich so viele Menschen unter der Dusche oder beim Autofahren singen. Überprüft hat das bislang zwar noch niemand, doch es scheint festzustehen, dass das Singen irgendwie mit individuellem Glück und Wohlgefühlen verbandelt ist. Etwas in den Schallwellen, die auf unser Gehör treffen, und den Vibrationen, mit denen die Singstimme unseren Körper zum Schwingen bringt, verändert uns nachhaltig und jenseits dessen, was uns die Gesetze der Physik allein zu erklären vermögen.

Das heißt nun alles nicht, dass es um uns herum nur sangeslustige Menschen gäbe. Viele scheuen sich, außer zu Weihnachten oder zu Geburtstagen zu singen. Man überlässt es lieber anderen. Haben diese Menschen etwas verpasst? Ja und nein. Denn wer mit wenig oder ganz ohne Singen glücklich und zufrieden ist, den sollte man nicht vom Gegenteil überzeugen. Dennoch hat fast jeder Mensch, der über eine Stimme verfügt, auch eine Singstimme. Sie ist ein unverrückbarer Teil der Kindheit und hat damit unweigerlich einen Ort in der Biografie. Wie kommt es nun, dass so viele Menschen diese Erfahrungen aus ihrem Leben fast völlig ausblenden? Denkbar ist, dass wir im Laufe der Entwicklung das Interesse am Singen allmählich verlieren, sobald wir das Sprechen erlernt haben. Stecken Erwachsene, die singen, folglich noch in ihrer frühen Kindheit? Ganz so einfach ist es nun auch wieder nicht. Die Liebe zum Singen begleitet uns das ganze Leben, auch wenn wir nicht immer begeistert reagieren, wenn jemand in der Umgebung singt. Das ist schon ein wenig paradox: Wir spüren deutlich, wie viel Energie, Emotionalität und Ausdruckskraft im Singen steckt, identifizieren uns mit großen Sängerinnen und Sängern, trauen aber der eigenen Singstimme eher wenig zu.

Glücklicherweise bleibt uns die grundlegende Fähigkeit zum Singen über die gesamte Lebensspanne erhalten, selbst wenn wir sie quasi abgeschrieben haben. Wir können die Singstimme im Laufe unseres Lebens jederzeit neu zum Leben erwecken und werden dann überrascht sein, wie sich durch sie auf einmal die Sicht der Dinge verändert. Mütter und Väter, die der festen Ansicht waren, mit dem Singen abgeschlossen zu haben, stellen fest, dass ihre Kinder auf ein paar gesungene Töne stärker reagieren als auf jede andere Form von Ansprache. Doch auch ohne Nachwuchs lässt sich leicht erschließen, dass kein Musikinstrument auch nur entfernt so ausdrucksfähig ist wie die Singstimme. Freilich ändert das alles nichts an den weit auseinanderdriftenden Einstellungen und Erfahrungen, auch und gerade bezüglich des Singens. Während die einen die Stimme und den Gesang als eine Art Spiegel der Seele empfinden, der in besonderer Weise emotional und spirituell zu wirken vermag, sehen andere im Singen lediglich eine weitere Form der Unterhaltung, die gerade gut genug ist, Pausen zu füllen und Langeweile zu vertreiben.

Übertreiben es die Sängerinnen und Sänger nicht ein wenig mit ihrer Leidenschaft? Ist es vielleicht gar nicht das Singen, das für all die äußerst positiven Wirkungen verantwortlich ist, sondern etwas ganz anderes – oder müssen einem die Gesangsmuffel wirklich leidtun? Es gibt keinen Grund, den ausnehmend positiven Erfahrungen von Menschen zu misstrauen, die regelmäßig miteinander singen. Erfahrungen allein erlauben zwar keine verallgemeinernden Schlüsse, sie sind aber eine ganz entscheidende Grundlage systematischer wissenschaftlicher Erkundungen, die allerdings nach in den Kinderschuhen stecken. Was hat das Singen überhaupt mit persönlichem Glück oder Unglück zu tun? Seit wann singt der Mensch und wie ist das Singen womöglich entstanden? Was spielt sich im Gehirn, im Körper und in der Seele ab, wenn wir allein oder in einem Chor Gesänge anstimmen? Fragen über Fragen, zu denen es wohl viele Meinungen gibt. Doch verlässliche Antworten, die kritischen Überprüfungen möglichst standhalten, sind nur zu erwarten, wenn wir entsprechend in eine wissenschaftliche Aufarbeitung investieren.

Zeitungsmeldungen und Artikel im Internet verkünden »heilende« Wirkungen des Singens und verheißen allerhand Positives für Gesundheit und Wohlbefinden. Viele pauschale Behauptungen halten einer näheren Überprüfung allerdings nicht stand. Wunsch und Wirklichkeit geraten leicht in Konflikt, was es nicht eben einfach macht, die Chancen und Grenzen potenzieller Wirkungen des Singens richtig einzuschätzen. Die gute Nachricht: Eine wachsende Zahl wissenschaftlicher Studien aus unterschiedlichen Disziplinen lässt erkennen, dass Forscherinnen und Forscher das Singen als ein äußerst lohnendes Gebiet für sich entdecken und mithelfen, ein zunehmend realistisches Bild über seine Wirkungen zu zeichnen.

Ist es also nur eine Frage der Zeit, bis positive Wirkungen des Singens »bewiesen« sind? Beweis ist ein Begriff, den wir aus der Rechtsprechung, der Mathematik oder auch der Theologie gut kennen. Sozialwissenschaftliche Erkenntnisse haben dagegen fast nie einen Beweischarakter. Wir sehen zwar Auswirkungen des Singens, doch diese lassen nicht direkt darauf schließen, was genau sie verursacht und unter welchen Umständen sie ausbleiben. Das Singen zu erforschen unterliegt genau denselben methodischen Problemen, die sich einstellen, wenn man sportliche Aktivitäten, Yoga oder Meditation wissenschaftlich unter die Lupe nehmen will. Kurzum: Die Wirkungen von Massagen lassen sich ebenso schwer belegen wie jene des Singens. Entscheidend ist und bleibt die methodische Qualität der betreffenden Studien, ob wir sie nun argumentativ als »Beweise« anführen wollen oder nicht. Damit liegt es in den Händen von Politik und Gesellschaft, darüber zu befinden, was förderungswürdig erscheint und was nicht. Täglich werden tausende Rezepte für Massagen verschrieben, weil wir überzeugt sind, dass diese uns helfen können. Das Singen auf Rezept scheint dagegen geradezu utopisch – und doch kaum weniger berechtigt.

Um zu verstehen, wie gemeinsames Singen therapeutisch oder in anderer Weise wirksam sein kann, sind viele Fragen zu beantworten: Was genau passiert beispielsweise mit unserem Körper, unseren Gefühlen und Gedanken, während wir singen? Welche Einflüsse begünstigen die Wirksamkeit des Singens und wie entstehen diese überhaupt? Diese Besonderheiten möglichst genau zu erfassen und zu beschreiben ist keine ganz leichte Aufgabe. Es könnte ja sein, dass das Singen gegenüber Liedtexten, daran geknüpften Erinnerungen, Sympathien mit den Mitsängern oder der puren Lebensfreue eine eher untergeordnete Rolle spielt. Des Weiteren drängt sich die Frage auf, wie wichtig es ist, ob wir allein oder in einer Gruppe singen. Viele Sängerinnen und Sänger sind der Ansicht, dass die veränderte Atmung und Körperhaltung allein schon sehr viel bewirken. Doch wie man es auch dreht und wendet: Es ist ein weiter Weg, um zu einem umfassenden Verständnis über das Singen und seine Auswirkungen zu gelangen.

Diesen weiten Weg zu gehen, erweist sich allerdings als lohnenswert. Sollten Musik und Gesang nämlich tatsächlich etwas mit uns als Gattung »Mensch« zu tun haben, dann erscheint es nur logisch, alles daran zu setzen, ebendiese Annahme zu überprüfen und all die Fragen zu beantworten, die sich auf dem Weg zu dieser Erkenntnis stellen. Genau das geschieht in der letzten Zeit und ist eine sehr erfreuliche Entwicklung. Zugleich ist es aber notwendig, universitäre Forschung in die Gesellschaft zu vermitteln. Denn nur so kann richtig entschieden werden, wie Musik, Gesang oder Tanz tatsächlich für uns von Nutzen sein können.

Die sozialen Herausforderungen in unserem Zeitalter sind immens und betreffen uns alle. So haben sich beispielsweise die Verschreibungen von Antidepressiva in den Industrienationen über die Jahrzehnte vervielfacht. Die Bevölkerung überaltert, ohne dass wir bisher Antworten auf eine ganze Reihe von Fragen gefunden haben: Wie soll das Gesundheitssystem diesen Stresstest mittel- und langfristig bestehen? Wie kann es gelingen, der hohen Lebenserwartung eine gleichwertige Lebensqualität an die Seite zu stellen? Wie können die Interessen der jüngeren und die der älteren Generation auf verträgliche Weise miteinander in Einklang gebracht werden?

Wir müssen über diese Fragen diskutieren und uns darüber im Klaren sein, dass Menschen kulturelle Werte weder aus einer rein ästhetischen Motivation heraus noch als bloßen Selbstzweck erschaffen haben. Kulturelle Fähigkeiten und Fertigkeiten gehören zu unserer Vitalität und daher ist es ganz natürlich anzunehmen, dass sie in unserer psychischen, körperlichen und sozialen Entwicklung eine herausragende Rolle spielen. Die Singstimme als körpereigenes Instrument ist sozusagen das Flaggschiff dieser Techniken und es scheint längst überfällig, sich näher anzusehen, wie sie auf uns zurückwirkt.

Ganz grundsätzlich gilt es, alle verfügbaren Kräfte zu mobilisieren, um gesellschaftlichen Problemen zu begegnen, so wie es Menschen zu allen Zeiten getan haben. Das gemeinsame Singen könnte sich, so weit hergeholt und geradezu aberwitzig dies auf den ersten Blick auch erscheinen mag, hierbei als eine wirksame Strategie erweisen, zumal es sich tagtäglich bereits millionenfach bewährt. Das Potenzial ist einfach vorhanden, ohne dass wir dazu völlig neue Einrichtungen gründen müssten. Alles, was zu tun ist, ist unsere Gesangskultur besser zu schützen und ihre gesellschaftliche Basis etwa durch eine angemessene musikalische Bildung schon in Kindergärten und Grundschulen auf *alle* Kinder auszuweiten. Notenkenntnisse zu vermitteln, ist zwar wünschenswert, häufig aber gar nicht nötig. Schließlich sind musikalische Notenschriften in vielen Gesangskulturen ohnehin völlig unbekannt. Was hält uns also ab davon und was bringt uns zum Singen?

Castingshows und Laiensingen – Spiegelbilder einer paradoxen Kulturliebe?

Hohe Kunst und musikalische Alltagskultur prallen hart aufeinander, wenn wir darüber diskutieren, welche Form von Musikkultur uns eigentlich lieb ist. Solchen Diskussionen auszuweichen und sie als unangemessen zurückzuweisen ändert wenig an den Druckwellen ihrer Kollision, die wir in den sozialen Verhältnissen um uns herum spüren und begutachten können. Kulturhaushalte sind schließlich kommunizierende Röhren. Geld unterscheidet nicht zwischen »hoch« und »niedrig«, wohl aber die kulturpolitischen Entscheidungsträger, die damit mehr als ein bloßes Zeichen setzen. Wovon ist hier eigentlich die Rede?

Prestigepaläste wie die Hamburger Elbphilharmonie können unsere paradoxe Kulturliebe kaum besser versinnbildlichen. Es ist uns anscheinend jede Anstrengung wert, mit allen verfügbaren Mitteln Musentempel zu erbauen und sie mit Leben zu füllen. Offenkundig fallen gegenüber solch grenzenloser Repräsentationssymbolik beispielsweise flächendeckende, fachlich angeleitete Angebote für das Singen im Kindergarten und in Schulen, im Berufsleben und in den höheren Lebensaltern weitgehend unter den Tisch. Der Vorwurf, man könne das eine doch nicht gegen das andere ausspielen, ist kaum haltbar. Wir zementieren die kulturelle Klassengesellschaft. Und die Verlierer stehen fest. Dass wir überhaupt solche Entwicklungen mittragen, ist allein vor dem Hintergrund eines tief gespaltenen Verhältnisses zur musikalischen Alltagskultur überhaupt vorstellbar. Laiensingen – wie despektierlich klingt das eigentlich? Sollte uns das wirklich einen Pfifferling wert sein? Das sollte es. Und wir tun nicht wirklich gut daran, die kommunizierenden Röhren zu ignorieren und das aus meiner Sicht architektonische Fanal vom Untergang eines öffentlichen Musiklebens, das die kulturellen Bedürfnisse und Ressourcen aller Menschen angemessen widerspiegelt, irgendwie zu beschönigen.

Castingshows führen die Paradoxie des Singens besonders deutlich vor Augen. Nun gab es immer schon Talentwettbewerbe. Der Sängerstreit ist ein Topos der Opernliteratur und aus einigen Ethnien wird berichtet, dass über das Singen auch ernsthafte Konflikte ausgefochten werden. Der mediale Erfolg von Castingshows kommt also nicht von ungefähr. Sie wirken auch auf das Musikleben zurück. Positiv ist beispielsweise zu vermelden, dass sich Kinder und Jugendliche seither mehr für Gesangsunterricht und Stimmbildung interessieren, sehr zur Freude der Musikschulen. Und damit steigt die Chance, dass tatsächlich weniger Gesangstalente unentdeckt bleiben. Der Anreiz, durch das Singen zu gesellschaftlicher Anerkennung und neben der Ehre eventuell auch zu viel Geld zu kommen, soll die notwendige intrinsische Motivation, sich einem solchen Konkurrenzkampf zu stellen, nicht schmälern. Der Untergang der Gesangskultur steht also nicht bevor – auch dank solcher Wettbewerbe. Menschen, die begeistert singen, können offenkundig viel Gutes bewirken.

Doch wo viel Licht ist, gibt es bekanntlich auch viel Schatten. Denn Singen als soziale Kunst passt nicht zu Wettstreit und den damit verbundenen Urteilen über die Singstimme einzelner Personen. Castingshows funktionieren gerade deshalb so gut, weil viele Menschen das eigene Singen scheuen, aus Sorge, sich womöglich zu blamieren. Und die Darbietungen aussortierter Bewerber, verbunden mit wenig geistreichen, dafür umso verletzenderen Kommentaren, scheinen diese Ansicht weitgehend zu bestätigen. Man mag nun entgegenhalten, dass Menschen in anderen Ländern innerhalb und außerhalb Europas mit dem gemeinsamen Singen offensichtlich ganz anders und weniger verschämt umgehen als hierzulande. Und offenkundig sind auch in diesen Ländern Castingshows äußerst erfolgreich. Das ändert jedoch wenig daran, dass die in diesen Shows kultivierte Scham vor der eigenen Singstimme den vergleichsweise astronomischen

Ausgaben für das (hoch-)kulturelle Leben kaum widerspricht. Vielmehr ist beiden, dem medialen Casting und den Musentempeln, gemeinsam, dass sie Menschen eben nicht einander näher bringen, sondern eher dazu beitragen, die Gesellschaft zu spalten als sie zu verbinden.

Die Singstimme eines jeden Menschen ist wertvoll, selbst wenn sie nicht unbedingt ästhetischen Normen entspricht. Nichts spricht gegen Begabung, Talent und künstlerische Höchstleistungen. Doch gerät leicht in Vergessenheit, dass die Intimität eines Wiegenliedes oder die schlichte Freude singender Kindergartenzwerge in ihrer emotionalen Wirkung kaum zu überbieten sind. Jeder Mensch verfügt über eine Singstimme und damit über ein wundervolles Instrument, über das er sich nachhaltig ausdrücken kann.

Interessanterweise liegen die lebensweltlich relevanten Wirkungen von Musik und Gesang weit außerhalb dessen, was Castingshows darstellen und vermitteln können. Letztere stehen für einen gewissen ökonomischen Wert des Singens als globales Unterhaltungsprodukt. Dem steht nun ein viel schwerer zu fassender, immaterieller Wert des alltäglichen Singens gegenüber, das den einzelnen Menschen in seiner Lebenswelt einbezieht.

Was ist also am alltäglichen Laiensingen aus wissenschaftlicher Sicht so besonders? Die Verhältnisse liegen zunächst so ähnlich wie etwa zwischen Hochleistungs- und Breitensport. Laienmusizieren und -singen werfen andere, gleichwohl kaum weniger faszinierende Fragen auf. Anstelle von Leistungsfähigkeit geht es hier darum, wie Musik und Gesang auf uns zurückwirken und wie wir sie für uns selbst nutzen können. Selbstverständlich geht es auch im Laiensingen darum, Qualität und Leistungsfähigkeit der Singstimme darzustellen. Zahllose professionell angeleitete Chöre geben davon reichlich Zeugnis. Zuweilen rücken allerdings individuelle Fähigkeiten und Voraussetzungen zugunsten von gemeinschaftlichen Aspekten etwas in den Hintergrund. Diese ästhetischen und sozialen Ansprüche miteinander in Einklang zu bringen, stellt auch das Laienchorwesen vor besondere Herausforderungen, wie wir noch sehen werden.

Die Paradoxie in unserem Kulturverständnis und gerade in unserer Liebe zum Gesang beginnt also bei uns selbst und hat unsere eigene Beziehung zum Singen tief gespalten. Viele trauen sich auch einfach nicht, zu singen. Einige haben zudem irgendwann im Leben mehr oder minder nachdrücklich die Botschaft erhalten, dass Trällern berufeneren Kehlen zu überlassen sei. Wir geben viel dafür aus, eine lebendige Hochkultur aufrechtzuerhalten, jedoch womöglich auf Kosten der eigenen kulturellen Teilhabe. Diese Entwicklung war menschheitsgeschichtlich wohl kaum abzusehen. Ist da eventuell etwas schiefgelaufen? Ein guter Grund, noch einmal ganz von vorne anzufangen ...

Sammeln, Säen, Singen – Wie der Mensch zur Sprache fand

Gesänge und Tänze gehören zu allen bekannten menschlichen Kulturen, und das vermutlich schon seit jenen Zeiten, als unsere Vorfahren jagend und sammelnd durch Wälder und Savannen streiften. Die Idee, sie könnten der evolutionären Anpassung oder der natürlichen Selektion gedient haben, also irgendeinen Überlebenswert besitzen, ist nicht sehr weit verbreitet. Und doch wäre der Mensch ohne seine musikalischen Wurzeln wohl nicht zu dem geworden, der er heute ist.

Der Kognitions- und Sprachforscher Steven Pinker, einer der einflussreichsten Wissenschaftler der Gegenwart, die sich derzeit mit den geistigen Fähigkeiten des Menschen beschäftigen, ließ sich in seinem Buch *How the Mind Works* aus dem Jahre 1997 dazu hinreißen, Musik als »evolutionären Käsekuchen« zu bezeichnen. Er meinte damit, dass es für das Singen, Tanzen und Musizieren eigentlich keinen rationalen Grund gibt. Die menschliche Entwicklung würde kaum davon berührt. Wer nicht singt, verhungert oder verdurstet schließlich nicht. Und es gibt keinen belastbaren Hinweis dafür, dass nicht singende Männer oder Frauen weniger zur Fortpflanzung fähig wären.

Selbsterhalt und Arterhalt sind die alles überragenden Ziele im Verhalten aller Lebewesen und somit Fixpunkte aller geistigen, körperlichen und sozialen Ressourcen des Menschen. Folglich kann Musik für das Denken und die Bewältigung echter Probleme im Leben, jedenfalls nach Pinkers Logik, keine besondere Rolle spielen. Musik verschönert den Alltag. Sie stellt uns vor viele praktische Probleme und verlangt Kreativität, etwa für den

Bau von Instrumenten, die Komposition von Musikstücken oder Tanzchoreographien. Diese Herausforderungen bewältigen wir mit nicht-musikalischen geistigen Fähigkeiten. Damit trägt Musik – und in unserem Fall das Singen – nur wenig dazu bei, irgendein menschliches Problem zu lösen. Sie erscheint eher als eine Art Nutznießerin bereits vorhandener Fähigkeiten und Fertigkeiten. Sie bleibt eben ein »Käsekuchen«: wohlschmeckend, aber weder notwendig noch hinreichend, um als Mensch existieren zu können. Es gab und gibt keinen Grund für die Menschheit, an ihr festzuhalten. – *Wirklich nicht?*

Es fällt auf, dass Pinker in seiner Argumentation allein darauf hinweist, wie Musik eben *keinen* besonderen Beitrag für unser Dasein und unsere Entwicklung leistet. Dem ist auf den ersten Blick auch nicht leicht zu widersprechen. Doch liegt Pinkers Kardinalfehler darin, dass wir deshalb noch lange nicht wissen, warum der »evolutionäre Käsekuchen« – die Musik – in allen bekannten menschlichen Kulturen verbreitet ist. Warum haben wir das Singen nicht längst aufgegeben, wenn es für die wesentlichen Ziele der menschlichen Evolution nicht taugt? Warum sollten sich Millionen von Menschen irren, wenn sie das Singen für so außerordentlich wichtig in ihrem Leben halten?

Wissenschaftler blieben eine Antwort auf die alte Frage, wo unsere menschliche Musikalität eigentlich herkommt, sehr lange schuldig. Dabei hatte bereits Charles Darwin, Pinkers berühmter Vordenker aus dem 19. Jahrhundert, eine hohe Meinung von Musik und eine klare Vorstellung darüber, dass sie in der Evolution des Menschen wichtig gewesen sein muss. Diese Einsicht hat heute glücklicherweise wieder Konjunktur. Wir befinden uns mitten in einer Phase der Neubewertung und es ist spannend zu sehen, wo uns dies noch hinführen wird.

Die genauen Ursprünge des Menschen, seiner Sprache und seiner Musikalität sind rätselhaft. Der Grund dafür ist einfach. Menschliches Denken, Sprechen, Singen oder Tanzen hinterlässt keine Fossilien. Gemälde in steinzeitlichen Höhlen, Werkzeuge und Musikinstrumente sind neben Gräbern mit menschlichen Überresten, Bauten und allerhand Handwerk fast die einzigen Zeugnisse menschlicher Kulturen aus früheren Zeiten. Kurzum:

Selbst wenn wir noch einige Ötzis aus abschmelzenden Gletschern oder noch ältere mumifizierte Frühmenschen aus Mooren bergen können, die Melodien in ihren Köpfen bleiben uns verborgen.

Und doch kann es gelingen, von den Überresten vergangener Kulturen und von unserem heutigen Verhalten auf unsere musikalischen Ursprünge zurückzuschließen. Die Suche nach ihnen ist also weder unnütz noch zum Scheitern verurteilt. Es zeigt sich, dass die menschliche Fähigkeit zum Singen Sprache auf der einen und Bewegung auf der anderen Seite miteinander verbindet. Lieder sind bekanntlich vertonte Sprache, etwa in Form von Gedichten. Doch auch umgekehrt gibt es viele Sprachen, die Töne als Träger von Bedeutungen nutzen. Die sogenannten tonalen Sprachen sind viel zahlreicher, als es zunächst den Anschein hat. Allein in Asien gibt es unzählige Sprachen und Dialekte, die nahelegen, dass die menschliche Fähigkeit, verschiedene Tonhöhen auszusprechen, uralt sein muss. Wahrscheinlich haben sich Sprache und Gesang parallel entwickelt. Diese »Musisprache«, wie sie der kanadische Neurowissenschaftler Steven Brown (2000) getauft hat, verbindet die Vorzüge von Sprache, Bedeutungen mitzuteilen, mit denen von Musik. Wie sonst könnten wir Worte insistierend, zärtlich oder besorgt zum Ausdruck bringen, wenn es die Situation erfordert? Die Intonation von Sprache ist also nicht nur die Grundlage von professionellen Sprechern und Schauspielern, sondern begründet jede Form des Sprechens im Alltag.

Ein weiterer Grund, warum das Singen wohl prähistorisch bereits bedeutsam war, ist seine Verbindung mit rhythmischer Bewegung und dem Tanz. Der musikalische Rhythmus verleiht Liedern und Gesängen einen Puls oder ein zeitliches Gerüst. Der Mensch ist nicht wegen seines Herzschlags fähig, einem regelmäßigen musikalischen Grundschlag zu folgen. Vielmehr erwirbt er diese Kompetenz im Mutterleib durch rhythmische körperliche Bewegungen der Mutter: Im Vergleich zu ihrem Herzschlag erleben Föten ihre Fortbewegung als viel gleichmäßiger. Zudem haben Messungen von Verlangsamungen am Ende von barocken Musikstücken ergeben, dass das sogenannte Ritardando derselben zeitlichen Funktion folgt wie das Abbremsen beim Übergang vom Rennen zum Gehen und schließlich Stehenbleiben. Babys lassen sich später gerne in den Schlaf wiegen und singen, weil sie ja auch genau dann einzuschlafen pflegten, als sich ihre Mutter während der Schwangerschaft in Bewegung setzte.

Tänze zu Musik und Gesang in der Steinzeit könnten ähnliche Bedeutung gehabt haben wie heute: Sie machen den musikalischen Rhythmus als eine innere Wahrnehmung für die anderen Individuen nach außen sichtbar. Die Gleichzeitigkeit von Singen und Bewegung erzeugt dadurch Zusammenhalt, dass in diesem Augenblick alle beteiligten Individuen eine Vorstellung davon haben, was in den anderen vorgeht. Und das ist sehr wichtig. Das synchrone zwischenmenschliche Tun beseitigt eine Barriere, die uns für gewöhnlich voneinander trennt. Es ist kaum möglich, sich Singen und Tanzen vorzutäuschen. Das sieht bei der sprachlichen Kommunikation ganz anders aus: Wie oft im Alltag vorsätzliche Täuschungen oder auch unbeabsichtigte Missverständnisse auftreten, dürfte aufgrund eigener Erfahrungen hinlänglich bekannt sein.

Menschen halten sich mit den ihnen eigenen musikalischen Mitteln sozusagen gegenseitig einen Spiegel vor. Angst und Misstrauen wie auch Befangenheit gegenüber den Absichten der eigenen Gruppenmitglieder werden zerstreut. Möglicherweise konnten so Streitigkeiten wegen irgendwelcher Bagatellen schneller beigelegt werden, um die Aufmerksamkeit auf wichtigere, für die Gruppe insgesamt nützlichere Aufgaben zu lenken.

Der britische Anthropologe Stephen Mithen (2007) glaubt, dass die menschliche Musikalität und insbesondere das Singen bereits mit dem aufrechten Gang ihren Anfang genommen haben könnten. Diese anatomische Veränderung verschaffte den in Horden lebenden Frühmenschen auf der Suche nach Beute oder nach Fressfeinden nicht nur einen weiter reichenden Blick durch die Savanne; das Stehen und Gehen auf zwei Beinen veränderte auch die Anatomie von Kehlkopf und Rachenraum entscheidend: Sie erhielten größere Flexibilität und Resonanzräume. Dies sind zwar kaum hinreichende Bedingungen für die Fähigkeit zu singen, doch in Anbetracht der zahlreichen weiter oben skizzierten Theorien zum Ursprung von Musik und Gesang ergeben sich viele Argumente für die Annahme, dass das Singen ein steter Begleiter des Menschen gewesen ist, als er einst von Bäumen herabstieg, um in Höhlen zu leben.

Das Singen hat demnach eine tiefe evolutionäre Bedeutung für den Menschen. Eine der ältesten Ursprungstheorien ist die, dass Frühmenschen auf der Jagd nach Vögeln lernten, ihre Rufe zu imitieren, um sich ihnen möglichst unauffällig nähern zu können. Somit hätte sich der Gesang der Vögel ganz einfach auf den Menschen übertragen. Ungeachtet des Charmes dieser Vorstellung und der Tatsache, dass einige Ethnien noch heute diese Form der Jagd nach Vögeln und anderen Wildtieren betreiben, spricht dagegen, dass der Gesang spätestens mit der Entwicklung des Ackerbaus und der völligen Umstellung der Ernährung weg von Wildvögeln hätte bedeutungslos werden müssen. Doch offenkundig ist er uns erhalten geblieben. Aber warum?

Die meisten übrigen Ursprungstheorien gehen davon aus, dass nicht die Natur, sondern das menschliche Verhalten und das soziale Miteinander die Entstehung von Gesang, Tanz und Musik begünstigt haben dürften. Sowohl in Bezug auf das eine als auch in Hinsicht auf das andere gibt es, so die Grundidee, viel Bedarf, zwischenmenschliche Gefühle zu regeln. Familienleben bedeutet eine ständige Auseinandersetzung mit den eigenen Befindlichkeiten und den Gefühlen der anderen Mitglieder. Miteinander feiern oder trauern, sich langweilen, sich sorgen, einander Trost spenden, für Ruhe sorgen oder sich gegenseitig motivieren – und eben manchmal auch miteinander streiten – gehören zum Leben jeder Familie und jeder Gemeinschaft. In den Urhorden dürfte es kaum weniger emotional zugegangen sein. Um ein geregeltes Miteinander zu gewährleisten bedurfte es wirksamer Strategien, um überbordende Gefühle in Zaum zu halten, Menschen daran zu erinnern, dass die Grenzen von anderen möglichst wenig zu verletzen sind und dass schließlich eine positive Kontaktaufnahme notwendig ist, um individuelle wie gemeinschaftliche Ziele zu erreichen. Im Falle von Mutter-Kind-Beziehungen ist dieser positive Kontakt selbstredend überlebenswichtig. Kein Wunder also, dass die Mutter-Kind-Beziehung neben der Partnerwahl und dem Zusammenhalt von Gruppen die vermutlich am meisten akzeptierte Spielart musikalischer Ursprungstheorien ausmacht.

Mütter, die ihre neugeborenen Babys hegen und pflegen, tun dies nicht nur durch körperlichen und visuellen Kontakt, sondern auch mit ihrer Stimme. Sie verwenden dabei eine besondere Sprechweise, derer sich übrigens auch andere erwachsene Bezugspersonen – auch und gerade Väter – im Umgang mit Kindern bedienen, die sogenannte Ammensprache. Diese Form des Sprechens zeichnet sich durch eine Vielzahl musikalischer Merkmale aus. Merkmale wie Melodiekonturen, Dehnungen von Vokalen und lautmalerische Gesten begleiten dieses Sprechen, das von Säuglingen und Kleinkindern offenkundig als deutliches Zeichen von Zuwendung verstanden wird. Wiegenlieder oder auch aufmunternde Lieder in den Kinderstuben haben eine gewisse Nähe zu dieser Ammensprache, schaffen also fließende Übergänge zwischen alltäglicher Zuwendung und Ritualen, die den Tagesablauf in der Kindererziehung regulieren helfen, in denen die Intimität der Eltern-Kind-Beziehung gleichwohl spürbar bleibt.

Charles Darwin ist der wohl berühmteste Vertreter der Theorie, dass die Musik in der Partnerwahl nach dem Vorbild von Balztänzen und Gesängen im Tierreich ihren Ursprung genommen hat. Prinzipiell fällt es nicht schwer, sich einen steinzeitlichen Romeo unter dem Höhlenbalkon seiner ganzkörperlich behaarten Julia vorzustellen. Und warum sollte unsere steinzeitliche Julia nicht bereits wählerisch gewesen und sich den Partner mit der schönsten und kräftigsten Stimme auserkoren haben? Zwischen der eben genannten Ammensprache und dem Turteln zwischen frisch Verliebten gibt es viele Ähnlichkeiten. Im Vordergrund steht jeweils die Musikalität des Gesprochenen, während Worte und Bedeutungen nebensächlich erscheinen.

Singen für Sex ist keine Erfindung der Rolling Stones und wohl noch wesentlich älter als die mittelalterlichen Barden vermuten lassen, die für Shakespeares Drama eine der zahlreichen Vorlagen boten. Etwas tief in unseren Gehirnen reagiert auf den Sex-Appeal in attraktiven Stimmen, egal, ob die Stimme nun demselben oder dem anderen Geschlecht angehört und ebenso gleichgültig, zu welchem Geschlecht wir uns hingezogen fühlen.

Die Annahme, dass schöne Stimmen sexuelle Anziehungskraft entfalten können, hat zudem den Charme, dass es sich um ein in der Natur bereits lang erprobtes Erfolgsmodell handelt. Wir dürfen allerdings unterstellen, dass Romeo vor seinem Auftritt unter dem Balkon lange geübt hat. Amseln, Drosseln oder Nachtigallen sind dagegen bisher noch nicht beim Üben beobachtet worden. Doch wie dem auch sei, der attraktiven Stimme eines Sängers oder einer Sängerin zu verfallen, ist keine Schande, sondern in besonderer Weise natürlich und menschlich.

Bleibt noch die Theorie des Gruppenzusammenhalts durch gemeinsames Singen. Zunächst fallen – ausgerechnet – die Fußballfans als Kronzeugen ein. Tatsächlich haben sich schon einige Anthropologen und Musikwissenschaftler für dieses »Fanomen« interessiert. Fangesänge sind bemerkenswert: kein Dirigent weit und breit, Noten sowieso nicht. Dazu kommt eine beachtliche Kreativität im Umgang mit Liedern. Bekannte Melodien oder Fragmente werden mit passenden Texten in Lobeshymnen und Schmähungen neu eingekleidet, um Heimmannschaften anzufeuern und den Gegner möglichst zu demoralisieren.

In prähistorischer Zeit könnten die Funktionen von Gruppengesängen vergleichbar gewesen sein. Folgt man dieser Theorie, so vermittelten sie den nötigen Halt zwischen den Individuen, um innere Konflikte in Schach zu halten und nach außen unbedingte Geschlossenheit darzustellen. Der solidarische und zugleich martialische Charakter von Hymnen und Sängerwettbewerben könnte also etwas von der sozialen Dynamik menschlicher Gemeinschaften von jeher widerspiegeln.

Menschen in der Steinzeit mussten sich einfallenden Stämmen, kräftezehrenden Jagden und vielen anderen unwägbaren Gefahren aussetzen oder sich vor ihnen schützen. Es galt Individuen darauf vorzubereiten, den Schutz des Kollektivs über ihren eigenen zu stellen. Selbst im Militärwesen, das sich mit verbalem Befehl und Gehorsam offenbar noch nie begnügt hat, sind Gesänge verbreitet. Sie müssen sich offenkundig als nützliche Instrumente dafür bewährt haben, nicht nur die Stimmung in der Truppe anzuheben, sondern auch Individuen effektiver unterzuordnen.

Die bis hierher skizzierten Theorien sind über die letzten Jahre noch viel weiter ausgearbeitet worden. Doch ungeachtet ihrer Überzeugungskraft im Einzelnen bleibt offen, inwiefern sie notwendige und hinreichende Kriterien für den Ursprung des Singens ausreichend darstellen können.

Richten wir abschließend unseren Blick auf die prähistorischen Musikinstrumente. Die bisher entdeckten steinzeitlichen Artefakte sind mindestens 35.000 Jahre alt. Die Archäologen sind sich uneins, ob es sich dabei um Flöten oder um sogenannte Rohrblattinstrumente handelt. Diese Instrumente werden nicht direkt, sondern über ein schwingendes Blatt angeblasen. Das Mundstück der Oboe etwa besteht aus einem Schilf- oder Pfahlrohr. Aber selbst wenn es »nur« Flöten wären, die beispielsweise aus Schwanenknochen hergestellt wurden, so waren es deshalb keineswegs einfache Instrumente. Schon die Berechnung und das Anfertigen der Löcher erfordert eine Menge an physikalischem und Materialwissen. Die Produktion der Instrumente in Serie ist ohne eine gewisse Industrialisierung, etwa zur Herstellung der notwendigen Werkzeuge, schwer vorstellbar. Somit bedurfte es vermutlich vieler Generationen musikalischer und technischer Erfahrungen, um endlich zu den steinzeitlichen Instrumenten zu gelangen, die etwa in Geißenklösterle, einem Felsüberhang in der Nähe des baden-württembergischen Blaubeuren sowie in weit größerer Zahl in der südfranzösischen Grotte Isturitz und an anderen Orten entdeckt worden sind.

Es ist daher anzunehmen, dass der Gesang die sich womöglich über viele Generationen hinziehende Entwicklung prähistorischer Musikinstrumente stets begleitete. Singen hinterlässt zwar keine fossilen Spuren, dennoch ist es – in welcher Form auch immer – Teil unserer natürlichen Veranlagung. Es scheint also denkbar, irgendwann, vielleicht schon morgen, geeignete genetische Marker für gesangliche Fähigkeiten aufzudecken. Genauso wichtig aber ist es, den evolutionären Bedeutungen der Singstimme und ihren psychobiologischen Auswirkungen im modernen Menschen nachzugehen. Die Kunst der Wissenschaft besteht also darin, die aus so unterschiedlichen Disziplinen herrührenden Hinweise richtig zu deuten, um die Ursprünge des Singens aufzudecken.

Das Stimmwunder in uns allen

Jeder Mensch hat eine einzigartige, unverwechselbare Stimme. Sie verrät erstaunlich viel über die eigene Person, wie das Geschlecht, das ungefähre Alter, den momentanen Gemütszustand, die Herkunftsregion, aber auch die momentane psychische und körperliche Befindlichkeit eines Menschen, etwa das Vorliegen einer Stimmerkrankung oder allgemeiner Schwäche. »Per-sonare« kommt übrigens aus dem Lateinischen und bedeutet »Durch-Tönen«. Etwas von uns tönt durch die Stimme – Gefühle, Empfindungen, aber auch die eigene Befindlichkeit, Freude, Ängste, Ärger oder Langeweile. Imitationen von Stimmen geraten daher nur selten perfekt. Die Robustheit der Identität einer Stimme wiederum hilft Kriminologen bei der Aufklärung von Verbrechen. Schauspieler sind auf die ganze Bandbreite ihrer stimmlichen Möglichkeiten angewiesen, um einen Charakter authentisch erscheinen zu lassen. Die Stimme ist also an sich schon ein Wunder, selbst wenn wir zunächst gar nicht ans Singen denken. Doch auch und gerade darin offenbart sich schließlich eine ganz andere Welt des vokalen Ausdrucks.

Einfache Töne zu singen, fällt den meisten Menschen leicht. Im Vordergrund stehen dabei die Vokale – im Deutschen sind das etwa »a«, »e«, »i«, »o« und »u« nebst Umlauten sowie klingende Konsonanten wie »l« »m« oder »n«. Der Übergang vom Sprechen zum Singen ist mit ein wenig Übung und etwas Konzentration gut zu bewältigen. Das Italienische gilt wohl deshalb als eine besonders melodische Sprache, weil es die mit den Vokalen verbundenen Tonhöhen besonders zur Geltung bringt.

Da Tonhöhen Zeit brauchen, um als solche wahrgenommen zu werden, verlangsamt sich in der Regel die Lautbildung vom Sprechen hin zum Singen. Der qualitative Unterschied zwischen den beiden Äußerungsformen zeigt sich in der Art der Lautbildung, der Artikulation und der Atmung. Und hier beginnt sich die wunderbare Leistungsfähigkeit zu offenbaren, die unserem vokalen System innewohnt.

Die für die Lauterzeugung wichtigen Organe, die Stimmbänder im Kehlkopf, befinden sich an einer strategisch interessanten Position zwischen Gehirn und Körper. Diese anatomische Selbstverständlichkeit steht sinnbildlich für die Verbindung von Körper und Geist, die im Klang der Stimme widerhallt. Eine Babystimme ist nicht ausgereift und eine Greisenstimme mag brüchig klingen. Doch egal in welchem Alter und mit welcher Qualität wir singen (ein schwieriger Begriff übrigens, wenn es um das Singen geht), in jedem Fall steht uns ein äußerst lernfähiges und über die gesamte Lebensspanne uneingeschränkt nutzbares System zur Verfügung. Es sollte sich daher niemand nehmen lassen, dieses wunderbare Organ auch und gerade zum Singen ausgiebig einzusetzen.

Der amerikanische Stimmforscher Ingo Titze (2008) gehört neben seinem schwedischen Kollegen Johann Sundberg (1990) zu den international führenden Experten, die sich mit der Physik der Singstimme eingehend beschäftigt haben. Nach ihren Studien verblüfft dieses menschliche Musikinstrument allein schon durch seine Größe. Gegenüber jedem anderen Instrument erscheint es gerade unter physikalischen Gesichtspunkten in allen Belangen unterlegen. Es ist schwer zu glauben, dass gut ausgebildete Sänger ein ganzes Orchester überstrahlen können, wenn man es nicht selbst gehört hat. Und wie sollte man darauf kommen, dass zwischen Belcanto, Rock, Pop, Jazz und Rap bis hin zum Obertonsingen unzählige Gesangstechniken existieren? Nichts deutet auf die Flexibilität und Ausdrucksstärke der Singstimme hin. Nur eins scheint gewiss: dass wir vermutlich längst nicht am Ende sind, die Möglichkeiten unseres ureigenen Instruments annähernd auszuschöpfen.

Titze weist darauf hin, dass die im Kehlkopf auf Daumennagelgröße verpackten Stimmbänder über einen Tonumfang verfügen, der ein ganzes Orchester vom Kontrabass bis zur Piccoloflöte umfasst. Dazu werden sie über einen Luftstrom aus der Lunge in Schwingung versetzt. Mit etwas Übung schaffen es Laiensänger ohne Probleme, einen weiten Teil dieses Tonumfangs abzudecken. Grund für die Reichweite und Strahlkraft der Singstimme sind die Resonanzräume im gesamten Kopfraum, besonders aber jene im Rachen zwischen Stimmbändern und Lippen. Deren Abstand misst kaum mehr als 15 bis 20 Zentimeter – eine lächerlich geringe Strecke im Verhältnis zu herkömmlichen Musikinstrumenten. Eine abgewickelte Tuba dehnt sich locker über eine Länge von zwei bis drei Metern aus. Und doch kann die Singstimme in puncto Flexibilität mit fast allen Instrumenten mehr als nur mithalten. Kein einzelnes sonstiges Instrument vermag es, so viele Färbungen und Schattierungen in Tonhöhen und Lautstärken zu erzeugen wie die menschliche Stimme.

Titze vermutet, dass sich Stimmbänder und Resonanzräume, gerade weil sie auf so engem Raum angesiedelt sind, wechselseitig anregen. Diese physikalisch schwer zu berechnenden Rückkopplungen sind es, die den Klang der Stimme, ihre Kapazität und Energie bestimmen. Titzes Experimente mit einer Belcanto-Stimme aus dem Computer, den er sinnigerweise »Pavarobotti« getauft hatte, offenbaren den großen Unterschied zwischen Original und künstlichem Imitat. Das Problem ist weniger, einzelne Töne annähernd wie echte Stimmen erklingen zu lassen. Echte Schwierigkeiten ergeben sich vielmehr erst dann, wenn ganze melodische Linien bis in die Nuancen hinein authentisch klingen sollen.

Große Belcanto-Stimmen füllen Konzertsäle und durchdringen problemlos ein Symphonieorchester. Der »Trick« besteht darin, die physikalische Energie der Stimme in einem bestimmten Frequenzbereich anzuhäufen, der das Orchester überstrahlt. Den Rest erledigt dann unsere Hörwahrnehmung, die aus den wahrgenommenen Obertönen den Melodieverlauf rekonstruiert.

Die individuellen Leistungen der Singstimme, die wir in aller Regel mit auf die Welt bringen, sind beachtlich. Sie spiegeln einen psychobiologischen Prozess der Anpassung, der die Stimme zu einem äußerst wertvollen Werkzeug zur Sicherung des Überlebens und der Fortpflanzung geraten ließ. Die Stimmen von Sängerinnen und Sängern mit ihrer Ehrfurcht gebietenden Kunst ausstrahlen, mögen faszinieren und bezaubern, doch Selbstverwirklichung ist nicht alles. Der eigentliche Clou des Singens liegt darin, dass es beliebige Menschen, ob jung oder alt, ob gesund oder angeschlagen, ob aus demselben oder aus verschiedenen Sprachräumen, als gemeinsame Aktivität auf einfache und wirksame Weise miteinander verbinden kann.

Was sind nun die Kosten für so viel Stimmleistung? Ganz offenkundig sind die Auswirkungen verschiedener Gesangstechniken und Stimmlagen etwa auf die Sprachverständlichkeit sehr unterschiedlich. Sieht man von eventuellen Sprachbarrieren ab, so kann man Rappern nur deshalb kaum folgen, weil die Artikulationsgeschwindigkeit ungewöhnlich hoch ist. Damit wird eine paradoxe Unverständlichkeit der Sprachinhalte geschaffen, da sie einerseits die Kapazitäten des Arbeitsgedächtnisses überfordern, andererseits aber teils besser artikuliert sind, als wir es von manchen Rednern kennen, die langsamer, aber zuweilen nicht unbedingt deutlicher sprechen. Studien zur Textverständlichkeit klassischer Sängerinnen und Sänger bestätigen die Intuition, nach der höhere Stimmlagen es schwer haben, Texte silbengetreu darzustellen. Grund dafür ist, dass Vokale in hohen Lagen kaum noch unterschiedlich artikuliert werden können. Die Ober- oder Untertitelung in Opernhäusern scheint somit durchaus berechtigt.

Gut und schön, aber wie verständlich oder unverständlich sind eigentlich Chöre? Und inwieweit hängt das wiederum von der Größe des Chores ab. Die kanadischen Musikforscher Nathaniel Condit-Schultz und David Huron (2017), sind dieser Frage recht systematisch nachgegangen und stellten fest, dass es keinen großen Unterschied macht, ob vier Personen oder mehr gemeinsam unisono singen. Sofern also Einzelstimmen in einem mehrstimmigen Chor akustisch aus der musikalischen Textur heraus wahrgenommen werden, so nimmt bei guter Synchronisation der Sängerinnen und Sänger innerhalb der Stimmgruppen mit der Größe der Gruppe die Textverständlichkeit nicht unbedingt ab. Und dies ist nur ein Hinweis von vielen, die außerdem nahelegen, dass Chöre beispielsweise auch unterschiedlich laute Einzelstimmen gut vertragen können. Es gibt zwar immer wieder Diskussionen darum, inwiefern Stimmgruppen auch gegen vereinzelte Intonationsprobleme tolerant sind oder nicht, doch führt dies in eine komplexe und teilweise auch ideologisch aufgeladene Debatte.

Erinnern wir uns etwa daran, dass sich über viele Jahrhunderte aufgrund eines völlig fehlgeleiteten Stimmideals in verschiedenen europäischen Ländern ein Kastratentum etablieren konnte. Unzählige Knaben wurden für dieses Ideal ihrer Sexualität und ihrer Gesundheit beraubt. Viele verloren schon nach der Operation aufgrund mangelnder Hygiene durch Infektionen ihr Leben oder blieben für den Rest ihrer Tage gezeichnet. Stimmwunder an Stimmideale zu knüpfen erscheint mir in eine solchen Maße widersinnig, dass es nur um eines gehen kann: stetig daran zu erinnern, wie leicht hier die Grenzen zwischen ästhetischen Prinzipien und physischer Gewalt überschritten werden können, und sich davor zu verwahren, ästhetische Ideale der Integrität einzelner Menschen oder bestimmter Gruppen überzuordnen.

Wir halten fest: Stimmwunder sind wir alle und nicht nur ein paar wenige Hochbegabte. Und der Erfolg einer ganzen Reihe von gesanglich höchst erfolgreichen Künstlerinnen und Künstlern ist wohl vielem, nur ausgerechnet nicht einer besonders gut ausgebildeten Gesangsstimme zu verdanken. Doch wenn wir alle gut singen können, Künstlerkarrieren aber keine Option darstellen, so bleibt die Frage: Was haben wir von dieser Singstimme und was geschieht mit uns? Und vor allem: Was geht in unserem Gehirn vor, wenn wir sie nutzen?

Von Liedern und Neuronen

Wissenschaftlicher Fortschritt wird heutzutage auf zahlreichen Gebieten in Zeitschriftenartikeln dokumentiert. Neue Publikationen erscheinen sogar schon vor Drucklegung in Datenbanken und sind weltweit verfügbar. Eine ganze Flut von Artikeln zeigt sich beispielsweise, wenn man solche Datenbanken auf Begriffe wie *singing* (»Singen«) oder *brain* (»Gehirn«) hin durchforstet. Schnell stellt sich dann heraus, dass die meisten Treffer gar nicht mit Forschungen am Menschen, sondern vielmehr mit solchen an pfeifenden und trällernden Wald- und Wiesenbewohnern, vorzugsweise Finken, Spatzen und Amseln, zu tun haben.

Können neurobiologische Erkenntnisse über Vogelgesänge zum Verständnis des menschlichen Singens beitragen? Darüber lässt sich trefflich streiten. Vögel kennen nicht den Unterschied zwischen Sprechen und Singen. Gleichwohl sind einige Arten in der Lage, Laute zu imitieren und damit ihr Gesangsrepertoire zu erweitern. Vogelkinder brabbeln und lernen erst später zu singen. Es zeigt sich also eine Parallele zur menschlichen Entwicklung, doch bestehen hier auch gravierende Unterschiede. Vögel sind weder beim Üben einer Melodie noch bei der Gründung von Gesangsvereinen jemals beobachtet worden. Gesangstechniken wie Obertonsingen, Rappen oder Belting (eine Gesangstechnik aus der Pop- und Soulmusik) deuten auf eine unvergleichliche Flexibilität der menschlichen Singstimme. Wir umgrenzen unsere Territorien außerdem nur selten mit Gesängen, sondern viel häufiger mit Maschendrahtzäunen. Menschliches Singen setzt sich grundsätzlich von allen anderen Spezies zu Wasser, zu Land oder in der Luft ab. Daran ändert selbst die Darwin'sche Theorie der Singstimme als Mittel zur Brautwerbung wenig.

Es stellt sich also die Frage, was menschliches Singen aus Sicht von Kognitionspsychologie und Hirnforschung auszeichnet und wie es als Teil unseres Denkapparates zu begründen ist. Glücklicherweise ergab die Datenbankrecherche zumindest so viele Treffer, dass es sich durchaus lohnt, einen näheren Blick auf das zu richten, was vor allem in den letzten Jahren über die Gesänge in unseren grauen Zellen bekannt geworden ist.

Wie wir Melodien im Kopf behalten und erinnern

Lieder bestehen aus Melodien und Texten. Obwohl erst beide zusammen ein vollständiges Lied ergeben, prägen sie sich unterschiedlich gut ein. Kein Wunder, wenn man einmal die Töne einer Melodie zusammenzählt und mit der Textinformation in Liedern aus mehreren Strophen vergleicht. Man muss ein Lied schon sehr gut kennen, um neben der ersten auch die zweite oder dritte Strophe im Kopf zu haben. Glücklicherweise genügt es aber meistens, allein die Melodie zu behalten, wenn der Text auf Papier schon vorliegt.

Die amerikanische Psychologin Andrea Halpern (1988) machte ein gleichermaßen einfaches wie geniales Experiment, um dahinter zu kommen, wie Menschen sich Melodien einprägen. Dazu suchte sie Lieder aus, deren Melodien und Texte ihren erwachsenen Probanden geläufig waren. Die Probanden sollten sich zu einem vorgegeben Liedtitel die Melodie vorstellen. War die Melodie präsent, erfolgte die eigentliche Aufgabe. Sie bestand darin, von einem vorgegebenen Anfangston die richtige Tonhöhe zu einer bestimmten Silbe im Laufe des Liedes zu singen. Die Forscherin maß nun mittels einer Stoppuhr die Zeit zwischen dem Erklingen des Tons und der gesungenen Liedsilbe.

Die Ergebnisse zeigen, dass die Dauer zwischen dem Erklingen des Anfangstons und dem vom Probanden gesungenem Ton von der Länge der Melodie bis zur gesuchten Textstelle abhängig ist. Silben in der Nähe des Liedanfangs wurden nach kürzerer

Zeit gesungen als Silben, die erst am Ende der Melodie auftreten. Diese Beobachtung lässt sich so interpretieren, dass wir die Melodie eines uns bekannten Liedes als rhythmisch-melodisches Ganzes abspeichern. Die Einzeltöne dagegen sind nicht direkt abrufbar. Variationen des Experimentes, in denen etwa das Tempo mit einem Metronom vorgegeben wurde, zeigten immer dieselben Resultate. Wir erinnern Melodien ähnlich wie Gesichter oder Bilder. Zunächst ist uns ein Gesamteindruck präsent und nur über diesen Gesamteindruck gelangen wir zu den Details. Interessanterweise hilft uns genau diese Form der Speicherung dabei, aus gegebenen Details, seien es einzelne Partien eines Gesichts oder die ersten Töne einer Melodie, das gesamte Gesicht oder die gesamte Melodie zu erraten.

Der Philosoph Christian von Ehrenfels hatte bereits in seiner berühmten Schrift »Über Gestaltqualitäten« aus dem Jahre 1890 gemutmaßt, dass Melodien besonders sind: Ihnen wohnt etwas inne, das er als *Gestaltqualität* bezeichnete. Sie sind etwas anderes als nur eine Reihung von Tönen. Melodien ergeben nur dann einen Sinn, wenn die einzelnen Töne eine Beziehung zueinander und zur Tonfolge insgesamt aufweisen. Hier findet sich eine uralte philosophische Weisheit verwirklicht: *Das Ganze ist mehr als die Summe seiner Teile.* Und dieses Ganze als Gestaltqualität hat wiederum zur Folge, dass sie auch dann gewahrt bleibt, wenn wir eine Melodie in ihrem Tonraum verschieben. Musiktheoretiker nennen das Transposition. Kein einziger Ton aus der Ursprungsmelodie ist dann noch derselbe. Dennoch erkennen wir die Melodie sofort und merken sogar manchmal gar nicht, dass eine Transposition überhaupt vorliegt. Gleichwohl können auch scheinbar kleine Veränderungen in Rhythmus oder Tonfolge – beispielsweise das Vertauschen von zwei Tönen – den Charakter einer Melodie grundlegend verändern. Selbst wenn nur die Betonung in einer Melodie verschoben wird, ist sie oftmals kaum noch zu erkennen, wenngleich die Tonhöhen in ihrer Abfolge gleich bleiben. Diese vielschichtigen und verwirrenden Tatbestände sind uns beim Anhören von Musik und selbst beim Singen von Liedern natürlich in keiner Weise bewusst. Trotzdem verfügen wir über das entsprechende Wissen, um uns Hunderte, wenn nicht Tausende von Melodien einprägen und sie erinnern zu können. Melodien sind nicht weniger prägnant als beispielsweise Gesichter. Es leuchtet ein, dass wir uns Gesichter gut einprägen können sollten, damit wir unsere nächsten Verwandten jederzeit und schnell wiedererkennen. Warum wir eine ähnliche Fähigkeit in Bezug auf Melodien besitzen, ist weniger offensichtlich.

Melodien, wie wir sie in der westlichen Musik kennen, unterliegen bekanntlich Regeln, die als sogenannte Tonalität gebündelt sind. Diese erlernen wir ungefähr so wie die Grammatik unserer Muttersprache, nämlich einfach dadurch, dass wir im Laufe des Lebens Musik aus unserem Kulturbereich anhören und verinnerlichen. Das Anhören von Musik ist daher nur scheinbar ein passiver Vorgang. In Wirklichkeit versucht unser Gehirn ständig, Melodien zu verfolgen und den weiteren Verlauf vorherzusehen. Wir besitzen daher etwa ein sicheres Gefühl für die Vollständigkeit einer Melodie, das Auftreten von mehr oder minder passenden Tönen und ein brauchbares Rhythmusgefühl. Das sind mehr als genügend Fähigkeiten, um auch spontan in Gesänge mit einstimmen zu können. Der Unterschied zum Erlernen der Muttersprache besteht lediglich darin, dass wir dieses Wissen und die damit verbundenen Kompetenzen nur sporadisch nutzen, sodass wir sie irgendwann sogar vergessen oder nicht mehr daran glauben, dass wir über diese Fähigkeiten verfügen.

Kleinkinder hören und imitieren die Geräusche und Laute in ihrer Umgebung. Das Gehirn analysiert dann aufgrund der Wiederholungen, die sich im Laufe der Zeit einstellen, wo zwischen den Lauten die Grenzen verlaufen. Psychologen nennen diesen Vorgang implizites Lernen. Seit ungefähr 30 Jahren wird dieses implizite Lernen auch im Bereich der westlichen tonalen Musik erforscht. Die Prinzipien gelten aber auch für Musikkulturen, in denen ganz andersartige »Grammatiken« gelten. Das vermutlich wichtigste Prinzip ist, dass wir uns die Regeln allein dadurch aneignen, dass wir Musik in der Umgebung ausgesetzt sind. Kinder lassen keine Gelegenheit ungenutzt, sich rhythmisch zu bewegen und auch kräftig mitzusingen, wenn ihnen danach ist. Sie hören aber auch genau zu und dieses Zuhören allein beinhaltet eine viel weiter gehende Analyse musikalischer Ereignisse um sie herum, als es von außen den Anschein hat. Schon im ersten Lebensjahr, so zeigen ausgeklügelte Experimente, beginnt das Erlernen musikalisch-kultureller Eigenheiten. Hier entscheidet sich, ob und wie sich Kinder an einfache oder komplexe rhythmische Muster gewöhnen. Kinder, die etwa mit makedonischen oder bulgarischen Tänzen aufwachsen, die von wenig durchsichtigen, jedoch deswegen nicht weniger tanzbaren Rhythmen geprägt sind, nehmen diese Rhythmen noch im späteren Erwachsenenleben als eingängig wahr, während Erwachsene aus westlichen Kulturkreisen ohne diese musikalische Sozialisation den komplexen Rhythmen kaum folgen können (Hannon & Trehub, 2005).

Kehren wir zurück zu der Frage, wie wir uns so viele Lieder und Melodien überhaupt merken können. Die Eigenschaften und Strukturen spielen zwar eine wichtige, aber nicht die entscheidende Rolle. Melodien prägen sich beispielsweise besser ein, wenn sie uns von Anfang an gefallen. Dieser emotionale Reiz wird zusätzlich von der Situation verstärkt, in der wir Lieder hören. Das Bonmot »Liebling, das ist unser Lied!« beschreibt einen so einschlägigen Effekt, dass er in psychologische Lehrbücher eingegangen ist. Fragen Sie selbst einmal unter älteren Menschen, an welche Lieder sie sich erinnern und welches Lied zum ersten Kuss oder welcher Tanz zur Hochzeit gespielt wurde. Die Antworten sprechen für sich.

Zusammengefasst sind Tonhöhen, Tonabstände, relative Dauern der Töne und Tempi Informationen, die wir recht genau abspeichern, während die absoluten Tonhöhen für das Erinnern einer Melodie keine so große Rolle spielen. Klangfarben, Lautstärken oder Texte zu Melodien bleiben dagegen meist nur durch wiederholtes Hören und Mitsingen hängen. Entscheidend für das langfristige Behalten von Melodien sind Verknüpfungen mit Lebensumständen, besonders wenn diese emotional eingefärbt sind.

Übrigens ist die menschliche Fähigkeit, Melodien in unterschiedlichen Tonlagen wiederzuerkennen, ein wichtiges Merkmal, das unser Melodiengedächtnis von der Hörverarbeitung anderer Spezies unterscheidet. Die meisten Vogelarten etwa können transponierte Melodien viel weniger gut erkennen. Überhaupt ist diese Fähigkeit nur bei wenigen Spezies nachgewiesen worden, wie etwa bei einer aufsehenerregenden Studie über Rhesusaffen, die in Gefangenschaft nach langwierigem Training erlernt hatten, Melodien im Abstand einer Oktave wiederzuerkennen (Wright et al., 2000). Umso beeindruckender erscheinen die Sangesleistungen von Primaten, allen voran die einiger Gibbon-Arten, die – ungeachtet ihrer territorialen und sozialen Funktionen – von einigen Forschern als Wegbereiter menschlicher Musikalität gedeutet wurden (z. B. Geissmann, 2002).

Was leistet die Hirnforschung?

Einsichten in unser menschliches Gehirn, seine Strukturen und Funktionen verschafften sich Hirnforscher bis vor wenigen Jahrzehnten ausschließlich durch anatomische Studien an den Gehirnen von Verstorbenen. Ungeachtet des auf diese Weise bereits angehäuften Wissens über unser Denkorgan haben die bildgebenden Verfahren unsere Vorstellungen über Vorgänge wie Denken, Wahrnehmen, Erinnern und Fühlen zweifellos revolutioniert. Sie eröffnen ein neuartiges und faszinierendes Fenster in die Grundlagen unserer geistigen Fähigkeiten.

Wo befinden sich nun genau die vielen Melodien, die wir schätzen und erinnern? Gibt es Gehirnwindungen, die nur beim Singen aktiv werden oder nutzen wir dabei ähnliche Netzwerke wie für ganz andere Aufgaben, nur eben in besonderer Weise? Lässt sich aus Einsichten in die grauen Zellen ableiten, warum es manchen Leuten schwerer fällt als anderen, die richtigen Tonhöhen zu treffen? Angesichts all der großen Fragen, die Hirnforscher heutzutage bearbeiten, sollte es wohl nicht besonders schwierig sein, die neurobiologischen Grundlagen des menschlichen Singens zu erhellen.

Zunächst sollten wir die bildgebenden Verfahren, sofern sie beim Menschen eingesetzt werden, ins rechte Licht rücken, um uns vor zu euphorischen Erwartungen zu schützen und zugleich ihr Potenzial besser einschätzen zu können. Sie beruhen darauf, hirnelektrische Vorgänge oder den Sauerstoffumsatz in Blutgefäßen in der Nähe interessierender Neuronen zu erfassen. Die Forschergemeinde hat sich darauf verständigt, ihre Theorien auf statistische Zusammenhänge zwischen beobachteten (auch indirekt gemessenen) Veränderungen im Gehirn einerseits und nach außen sichtbaren Verhaltensweisen andererseits, wozu auch Selbstberichte von Personen zu zählen sind, zu begründen. Die biologische Aktivität innerhalb und zwischen den Nervenzellen bleibt also eine Unbekannte. Kaum nachzuweisen sind mit bildgebenden Verfahren zudem jene Vorgänge, die sich zwischen dem Gehirn und dem übrigen Körper über den Blutkreislauf und die Nervenbahnen abspielen, wobei Botenstoffe und Hormone lebenswichtige Akteure darstellen.

Wir sind also weit davon entfernt, das »Gehirn beim Denken zu beobachten«, wie es manchmal suggeriert wird. Erkenntnisse darüber, was uns durch den Kopf geht, wenn wir in einem Wald oder einem Supermarkt herumlaufen – oder gar unter der Dusche oder im Chor ein Lied singen – gibt es allenfalls in Ansätzen. Dennoch ist beeindruckend, welche Erkenntnisse wir der modernen Hirnforschung ungeachtet dieser wesentlichen Einschränkungen zu verdanken haben.

Das wohl allein aus Kostengründen am weitesten verbreitete Verfahren ist die sogenannte Elektroenzephalografie (EEG). Die von der Schädeloberfläche abgeleiteten elektrischen Ströme repräsentieren Aktivitäten von Neuronenverbänden bis zu einigen Millimetern Tiefe in der Hirnrinde. Dem Vorteil, diese Aktivitäten in Echtzeit verfolgen zu können, steht der Nachteil gegenüber, dass die gemessene Aktivität nicht exakt zu lokalisieren ist. Tiefer liegende Regionen, wie etwa das Mittelhirn, in dem die Gefühlszentren liegen, werden vom EEG nicht erkannt.

Bilder vom gesamten Gehirn (und dem gesamten Körperinneren) können etwa durch die Magnetresonanztomografie (MRT) oder die Magnetenzephalografie (MEG) erstellt werden. Neuerdings werden diese Verfahren durch Messungen der Verbindungen zwischen den Hirnregionen noch ergänzt. Während das MRT-Verfahren gegenüber dem EEG vergleichsweise langsam arbeitet und zeitkritische Vorgänge mit einer Verzögerung von etwa vier Sekunden darstellt, verfügt das MEG-Verfahren über die Geschwindigkeit des EEG.

Zunächst wollen wir unser Augenmerk aber etwas allgemeiner auf die Hirntätigkeit beim Singen richten. Das Gehirn ist bekanntlich um den Hirnstamm herum in unterschiedlichen Schichten organisiert. Das Mittelhirn etwa reguliert körperliche Funktionen, Emotionen und analysiert Sinnesinformation, während die Hirnrinde all jene Gebiete umfasst, die letztlich für unser Bewusstsein, Sprechen und Sprache, Denken, Erinnern und die Organisation von Bewegungen zuständig sind. Bemerkenswert erscheint, dass die Nervenbahnen zwischen den Ebenen in auf- und absteigenden Richtungen verlaufen. Das bedeutet, dass all das, was wir in der Hirnrinde an Wissen sammeln, wieder zurückwirkt – beispielsweise auch auf die Schärfe unseres Hörsinns. Wir können aus unserem Wissen und unseren Fähigkeiten dann am besten schöpfen, wenn wir diese Bahnen immer wieder benutzen. Es ist also schon von einem theoretischen Standpunkt der Hirnforschung aus betrachtet gar nicht so verkehrt, ein Repertoire an Liedern zu pflegen und dieses im Laufe des Lebens zu aktualisieren und auszubauen.

Kinder sind geradezu versessen auf ihre Lieblingslieder und können sie stundenlang ohne Anzeichen von Ermüdung oder Langeweile anhören. Im Erwachsenenalter fehlt uns dafür nahezu vollständig der Sinn – und vor allem auch die Zeit. Erst im höheren Lebensalter sowie bei eventuell einsetzender Demenz wird klar, wie besonders die im Laufe des Lebens in unser biografisches Gedächtnis aufgenommenen Lieder wirklich sind und was sie für uns bedeuten können.

Die gesanglichen Kapazitäten des Gehirns sind also aus verschiedenen Gründen würdige Forschungsgegenstände. Mit anderen Worten: Singen ist eine Art Fenster, durch das sich der menschliche Geist sowie verschiedene menschliche Fähigkeiten besser verstehen lassen. Erst am Ende eines noch recht weiten Forschungsweges wird sich zeigen, wie wichtig das Singen für das Gehirn, für seine Entwicklung und seine lebenslange Plastizität tatsächlich ist.

Neuronale Signaturen

Gibt es Bereiche im Gehirn, die für Musik und Gesang und nichts anderes zuständig sind? Bereits bei dieser Frage sind sich die Forscher nicht einig. Während die einen davon ausgehen, dass beispielsweise sprachliche und musikalische Fähigkeiten in ganz unterschiedlichen Zentren verarbeitet werden, und für diese Behauptung sehr gute Gründe anführen (Besson et al., 1998; Peretz et al., 1998), sehen andere viele Überlappungen der Netzwerke für die Wahrnehmung von Sprache, Musik und Gesang (Schön et al., 2010). Das Singen scheint also im Gehirn vielfältig vernetzt, ohne ganz spezifische Bereiche zu beanspruchen. Doch wie für viele andere Fähigkeiten und Fertigkeiten des Gehirns gilt auch hier das Credo der Hirnforschung »Use it or lose it«. Das bedeutet, dass wir aktiv bleiben müssen, um mentale Repräsentationen und erworbenes Erfahrungswissens zu erhalten und darauf zurückgreifen zu können. Es fragt sich, ob wir etwas vermissen sollten, das wir eventuell gar nicht haben. Schließlich singt nur ein verschwindender Teil der Bevölkerung regelmäßig und lebt damit offenbar recht gut. Doch schon im Sprechen und in der Sprache sind melodische und rhythmische Elemente verborgen: Wir reden mal lauter und mal leiser, mal schneller und mal langsamer – und mit Babys ganz anders als mit Erwachsenen. Zum Singen ist es daher nur ein kleiner Schritt. Wie wir heute wissen, lohnt es sich ein Leben lang, wenn wir diese zarten Pflänzchen zum Erblühen bringen und die Stimme zumindest gelegentlich, besser aber regelmäßig als Singstimme nutzen, um uns selbst und andere zu beglücken.

Der Neurowissenschaftler Boris Kleber von der Universität Aarhus in Dänemark vermutet, dass Sängerinnen und Sänger über ein ausgeprägtes feinmotorisches Gedächtnis verfügen, um die Kehlkopfmuskulatur zu kontrollieren. Schließlich liegt in den Stimmbändern der Schlüssel zu all den Nuancen und Techniken, welche die Singstimme hervorzubringen vermag, weswegen ihre professionelle Ausbildung entsprechende Spuren in den dafür zuständigen Hirnregionen hinterlassen sollte. Das etwas überraschende Ergebnis der Überprüfung dieser Annahme zeigte allerdings, dass sich Berufs- und Laiensänger in ihren Aktivierungsmustern weniger unterschieden als erwartet. Das schmälert die gesanglichen Leistungen und hörbaren Unterschiede dieser Gruppen zwar in keiner Weise, gleichwohl offenbart die Komplexität dieser Aktivierungen, dass nur wenige gesungene Töne ausreichen, um im Gehirn eine Vielzahl von Regionen miteinander in Kontakt treten zu lassen (Kleber et al., 2007, 2010).

Die Befunde von Kleber zeigen, wie schwierig es ist, biologische Merkmale der Qualität von Singstimmen im Gehirn auszumachen. Das ist bei Studien, die Singen und Sprechen miteinander vergleichen, etwas anders. Forscher des National Institute of Health Sciences in den USA unternahmen dazu eine der ersten Studien mittels der sogenannten Positronenemissionstomografie (PET), einem der Magnetresonanztomografie eng verwandten Verfahren (Jeffries et al., 2003). Dabei werden radioaktive Kontrastmittel in den Blutkreislauf der Probanden gespritzt, um Veränderungen in der Durchblutung interessierender Hirnregionen nachweisen zu können. Die Probanden sollten während der Messungen vorgegebene Wortsilben einmal sprechen und einmal singen. Die jeweils beobachteten Aktivierungen zeigten deutliche Ähnlichkeiten hinsichtlich spezifischer Regionen im Kleinhirn, in den Basalganglien und in der Hirnrinde. Unterschiede ließen sich dahingehend ausmachen, dass das Sprechen eher die rechte, das Singen eher die linke Hemisphäre beanspruchte, die Aktivierungen also teilweise spiegelverkehrt auftraten. Ein weiterer struktureller Unterschied zeigte sich darin, dass durch das Singen Regionen im Mittelhirn aktiv waren, die vom Sprechen unberührt blieben. Im Grundsatz werden diese Befunde von einer Studie von Steven Brown und Kollegen bestätigt, die allerdings unter nicht-professionellen Sängern unternommen wurde und noch stärker auf die Verbindung von Wahrnehmung und Reproduktion von Melodien ausgerichtet war. Dabei zeigte sich, dass eine bestimmte Region im Schläfenlappen beim Imitieren von Melodien zusätzlich aktiv war (Brown et al., 2004). Solche Beobachtungen sind grundlegend für Gesangstherapien bei Schlaganfällen oder anderen Hirnschädigungen, auf die wir später noch ausführlicher eingehen werden.

Eine PET-Studie des japanischen Neurowissenschaftlers Yoko Saito und seiner Mitarbeiter brachte zutage, dass Melodien eher rechts- und Texte eher linkshemisphärisch repräsentiert sind (Saito et al., 2006). Anders als in der Studie von Jeffries schienen die Netzwerke für Melodien mehr über beide Hemisphären verteilt, jene für Liedtexte eher einseitig linkshemisphärisch – ein Befund, der übrigens auch von anderen Wissenschaftlern bestätigt wurde (Özdemir et al., 2006). Die Autoren der PET-Studie verweisen darauf, dass Text und Melodie eines Liedes von verschiedenen Netzwerken hervorgebracht werden. Eine bezüglich lautlicher Produktionsarten (Singen, Sprechen und Summen) noch umfassendere Studie, bei der auf das Verfahren der Magnetenzephalografie zurückgegriffen wurde, führte die kanadisch-deutsche Forschergruppe um Atsuko Gunji zu den motorischen Gebieten durch, die hierfür verantwortlich sein sollen (Gunji et al., 2007). Es zeigte sich, dass allein das Imaginieren eines bekannten Liedes eine ganze Reihe motorischer Zentren aktivierte. Aufgrund der engen Verbindung zwischen den für die Imagination und die Ausführung von Bewegung zuständigen Hirnstrukturen ist zu vermuten, dass das Mitsingen, Nachsingen und intensive Hören von Melodien langfristig sehr viel zum Aufbau mentaler Kapazitäten für das Singen beitragen kann.

Was genau lässt sich nun aus diesen sehr unterschiedlichen einzelnen Studien ableiten, von denen wir bis hierher nur ein paar wenige in Augenschein genommen haben? Gemeinsam mit seiner kanadischen Kollegin Jean Mary Zarate verfasste Boris Kleber einen Übersichtsartikel, der sich den für die Kontrolle des Vokalapparats bei Primaten und Menschen zuständigen Hirnzentren widmete und beansprucht, den neuronalen Voraussetzungen individuellen und gemeinsamen Singens auf den Grund zu gehen (Kleber & Zarate, 2019). Die Autoren stellten beispielsweise fest, dass das angeleitete Hören von Gesangsstimmen durchaus geeignet ist, die audio-vokale Wahrnehmungs- und Unterscheidungsfähigkeit schon nach einigen Wochen zu verbessern, und auch die neuronale Aktivität in den beteiligten Netzwerken verändert. Gleichwohl ändern sich, wie wohl zu erwarten war, die Gesangsfähigkeiten selbst dadurch nicht.

Wie verändert sich das Gehirn aufgrund von Stimmbildung und Gesangsübungen über kürzere oder längere Zeiträume? Die zitierten Studien von Boris Kleber belegen, dass sich im Vergleich zwischen Profisängern und Nichtsängern signifikante Unterschiede in den somatosensorischen Hirnzentren ausmachen lassen, die für die Kontrolle des Vokalapparates zuständig sind. Leider zielt die Mehrzahl der Studien auf die neuronalen Prozesse beim professionellen Singen ab. Dies ergibt forschungsstrategisch durchaus Sinn, da auf diese Weise die grundlegenden Strukturen, die menschliche Singstimmen ausmachen, besonders gut zu erforschen sind. Demgegenüber fehlen Informationen darüber, wie sich gesangliche Übung und Erfahrung bei Laien hirnanatomisch und -strukturell kurz- und mittelfristig auswirken. Zumindest indirekt ist jedoch zu vermuten, dass sich das regelmäßige Singen auf eine Vielzahl von zerebralen Netzwerken nachhaltig auswirken kann, die auch nicht-gesangliche Aufgaben zu bewältigen haben.

Die für Wahrnehmung und Produktion von Liedern zuständigen Netzwerke arbeiten offenkundig eng zusammen. Dabei ergeben sich bereits auf der Wahrnehmungsseite recht interessante Fragen. Wie erkennt das Gehirn eigentlich, dass eine Melodie bekannt ist? Und welche Rolle spielen dabei beispielsweise der Melodieverlauf oder der Text eines Liedes? Diesen Fragen ging eine amerikanisch-französische Forschergruppe in einer EEG-Studie nach. Im Mittelpunkt standen sogenannte ereigniskorrelierte Potenziale (EKP) (Gordon et al., 2010). Damit sind statistische Veränderungen im Zeitverlauf von hirnelektrischen Wellen gemeint, die als charakteristisch für bestimmte Denkvorgänge interpretiert werden können. Jenes N400-Potenzial, das hier im Zentrum stand, tritt immer dann auf, wenn das Gehirn eine Bedeutung erfasst hat, beispielsweise den Sinn eines Wortes oder eines Bildes dechiffriert hat oder einen Klang oder Wahrnehmungseindruck so weit verarbeitet hat, dass wir dem Ereignis einen Sinn zuweisen. In der vorliegenden Studie erreichte das Potenzial sein Maximum zwischen ungefähr 370 und 450 Millisekunden nach Einsetzen eines Reizes. Im Klartext heißt das: Für das Gehirn ist eine Melodie genauso bedeutend wie ein Wort oder ein Bild. Wir können sozusagen gar nicht anders, als den Melodien, denen wir Aufmerksamkeit schenken, Sinn zu geben und sie in unserem Gedächtnis zu bewahren wie andere bedeutsame Ereignisse.

Nebenbei bemerkt: Im Erkennen unserer Umwelt hinken wir den Ereignissen ständig einige Zehntelsekunden hinterher. Doch dieses Defizit kompensieren wir dadurch, dass wir aufgrund unserer Erfahrung und den immer wieder auftretenden Mustern Zeitverläufe recht gut vorhersehen können. Das beste Beispiel ist das Gespräch mit einer anderen Person. Im Geiste ergänzen wir einen begonnenen Satz des Gegenübers während des Hörens, bevor er ganz ausgesprochen ist. Wir sind dann in unserer Wahrnehmung der Zeit etwas voraus. Gleichzeitigkeit ist im psychologischen Sinne also eher ein Zeitraum, den unser Bewusstsein auf einen Punkt reduziert.

Lieder sind ideal, um unsere Zeitempfindung und Vorgänge wie das Erkennen von Bedeutungen zu veranschaulichen und wissenschaftlich zu untersuchen. Denn aus Sicht der Hirnforschung ist diese knappe halbe Sekunde, in der wir ein Lied erkennen, schon eine ganze Ewigkeit. Bis dahin hat unser Gehirn schon eine Vielzahl von Wahrnehmungsaufgaben in überwiegend automatisierter Weise erledigt. Das eben angesprochene N400-Potenzial ist ganz besonders bedeutsam, weil es Informationen anzeigt, mit denen wir kraft unseres Bewusstseins aktiv umgehen können.

Die Forscher um Reyna Gordon hatten aber noch mehr im Sinn. Sie konfrontierten ihre Probanden mit Paaren von gesungenen Worten aus Liedern unter vier Bedingungen: Melodie und Text waren (a) identisch oder (b) unterschiedlich; (c) der Text unterschied sich bei gleicher Tonhöhe sowie (d) die Tonhöhe unterschied sich bei gleichem Text. Während der EEG-Ableitungen wurden zugleich Reaktionszeiten gemessen, um zu überprüfen, wie schnell die Gleichheit oder Unterschiedlichkeit von Text und Tonhöhe innerhalb der gesungenen Töne erkannt wurde.

Die Ergebnisse zeigen, dass abweichende Tonhöhen sehr viel schneller erkannt wurden als abweichende Worte. Doch ungeachtet dieses Unterschiedes trat die N400-Komponente in beiden Fällen in ähnlicher Weise in Erscheinung, unabhängig davon, ob sich die Aufmerksamkeit auf die Melodie oder auf den Text richtete. Daraus lässt sich ableiten, dass das Gehirn in der Wahrnehmung von Liedern den Worten und Melodien die gleiche Beachtung schenkt. Unabhängig voneinander betrachtet unterscheiden sich die Verarbeitungsvorgänge zwischen Sprache und Musik, da jeweils andere Analysestrategien benötigt werden. Lieder bilden aus neurobiologischer Sicht einen Sonderfall sprachlicher Repräsentationen. Zwar mögen Melodie und Text auf bestimmten Verarbeitungsstufen eine Einheit bilden, gleichwohl existieren sie in unserem Gehirn aber auch als unabhängige, jeweils bedeutungstragende Strukturen.

Das beliebte Umdichten von Liedern in Fußballstadien, um beispielsweise den Gegner zu schmähen, greift genau auf diesen Sachverhalt zurück. Das Original des Liedes schwingt durch die Neudichtung noch hindurch. Interessant ist allerdings eine gewisse Asymmetrie zwischen Melodie und Text hinsichtlich der kognitiven Anforderungen: Der Denkaufwand, zu einer gegebenen Melodie einen neuen Text zu finden, ist ungleich geringer als der, zum gleichen Text eine ebenso gut passende Melodie zu erfinden.

Zusammenfassend zeigen neurowissenschaftliche Gesangsexperimente Aktivierungen in vielfältigen Hirngebieten. Darunter sind auch solche, die mit Gefühlen und Emotionen zusammenhängen. Diese im Mittelhirn um den Hirnstamm herum angesiedelten Bereiche stehen in engem Austausch mit der Hirnrinde, in der wir Erinnerungen, Handlungen und unser ganzes Wissen abspeichern. Die für das Singen zuständigen Netzwerke befinden sich im Vergleich zu den für die Sprache zuständigen Arealen vermehrt in der rechten Hemisphäre. Dabei ist zu bedenken, dass wichtige Funktionen beider Domänen über beide Hirnhälften verteilt sind. Doch schon aufgrund der Tatsache, dass Tonhöhen und Melodien auch unabhängig von Worten abgespeichert werden und eine eigene Bedeutung besitzen können, beispielsweise in Bezug auf bestimmte biografische Ereignisse, liegt es auf der Hand, dass Singen auch neurobiologisch ein andersartiges System darstellt als Sprechen. Anders ist kaum zu erklären, wie etwa angesichts von degenerativen Hirnerkrankungen Lieder als bedeutungsvolle Inhalte präsent sein können und das Singen als nahezu einzige Form des vokalen Ausdrucks überhaupt noch vorhanden ist.

Die Hirnforschung zum menschlichen Singen steckt, ungeachtet mancher Fortschritte im Laufe der letzten zwanzig Jahre, eher noch in den Kinderschuhen. Es sind gleichwohl weitreichende Beziehungen zwischen Sprach- und Musikverarbeitung aufgedeckt worden, die das Singen nicht nur neurobiologisch, sondern auch hinsichtlich pädagogischer und therapeutischer Wirkungen in ein günstiges Licht rücken. Hier werden Grundlagen geschaffen, um das Singen in Kontexte zu stellen, die von der Sprachentwicklung bis zur Hirngesundheit reichen. Wenn es um praktische Empfehlungen für das Erlernen und die Entwicklung des Singens und der Singstimme geht, sollte man die Hirnforschung allein jedoch nicht überbewerten. Deren Erkenntnisse sind bedeutsam, da sie Zusammenhänge zwischen verschiedenen Kulturtechniken offenlegen. Und das bedeutet wiederum das soziale und kulturelle Umfeld, in das wir hineingeboren werden, mit zu bedenken. Dieses Umfeld ist sozusagen ein wesentlicher Teil der neuronalen Signatur unserer Singstimme. Kurzum: Entscheidend ist sowohl, was innerhalb des einzelnen als auch, was zwischen verschiedenen Gehirnen geschieht. Und genau diese Wechselwirkung irgendwie greifbar zu machen, ist ein zentrales Problem bei der Erforschung des Singens. Und daher sollten wir nun jenen Mechanismus beleuchten, der das gemeinsame Singen prägt und dessen Komplexität leicht unterschätzt wird:

Körperliche und mentale Synchronisation

Chorsingen beruht darauf, dass verschiedene Menschen mit ihren Stimmen dasselbe tun. Doch was heißt das? Und wie weit funktioniert diese Form der Synchronizität? Ist das Ganze, wie die Philosophie uns in vieler Hinsicht lehrt, auch an dieser Stelle mehr als die Summe seiner Teile? Jeder Mensch lebt in seinen eigenen Rhythmen: Herztätigkeit, Atmung und viele andere biologische Vorgänge spielen sich in periodisch wiederkehrenden Mustern ab. Doch sowohl die Häufigkeit dieser Schwingungen als auch ihre Form und Ausprägung variiert von Individuum zu Individuum. Möchte man untersuchen, wie viel Gleichschritt durch das gemeinsame Singen im Körper entsteht, so bedeutet dies, den gemeinsamen Anteil der Varianz aufgrund der Gruppenaktivität aus der individuellen Varianz in den einzelnen Vorgängen – seien es Atemzyklen, Herzraten oder komplexere Maße –, mit denen körperliche Vorgänge beschrieben und quantifiziert werden können, rechnerisch zu isolieren. Als wäre das alles noch nicht kompliziert genug, sollen die dazu notwendigen mathematisch-physikalischen Verfahren auf der Grundlage biologischer Rhythmen verlässliche und nachvollziehbare Maße hervorbringen, die zwischen dem Chorsingen als sozialer Aktivität auf der einen Seite und den unbewussten physiologischen Vorgängen auf der anderen eine Verbindung herstellen. Auf den ersten Blick wirkt diese Aufgabe durchaus lösbar. Denn wie anders sollten Choristen gemeinsam singen, wenn sie nicht sich irgendwie körperlich synchronisieren, etwa durch ein annähernd synchrones Ein- und Ausatmen? Zudem ist bekannt, dass die Herztätigkeit zu einem bestimmten Anteil vom Atemzyklus beeinflusst wird. Doch ganz so einfach ist es auch wieder nicht, da bei lang angehaltenen Tönen die beteiligten Sängerinnen und Sänger unterschiedlich atmen müssen. Und zudem sind Atem- und Herzraten niemals in absoluter, sondern in relativer, zwischen den Individuen stark schwankender Übereinstimmung. Es gibt also jede Menge »Störfeuer«, die die Annahme eines im Grunde trivialen Forschungsansatzes untergraben und klarstellen, dass die sich hier auftürmenden Probleme nur mittels sehr avancierter Strategien beherrschbar sind.

Diese Vorrede scheint mir angemessen, um damit zugleich die Forschungsleistung einer Gruppe des Berliner Max-Planck-Instituts für menschliche Entwicklung um die Psychologen Victor Müller und Ulman Lindenberger zu würdigen, die schon seit einigen Jahren genau diesen Vorgängen auf der Spur sind (z. B. Müller et al., 2019). Die Forscher nutzen als Grundlage ihrer Studien Messungen der Herz- und Atemtätigkeit von erwachsenen Choristen (Laien) bei Gesangsdarbietungen, um die Synchronizität beim Singen auf biologischer Ebene zu erkunden. Die Forscher nehmen an, dass sich Individuen bei allen Leistung fordernden Aktivitäten, ob Sport, Feldarbeit oder eben Chorsingen, aneinander orientieren müssen, um optimale Leistungen zu erbringen. Es interessiert daher, inwiefern Körper und Nervensystem diese soziale Synchronisation mitvollziehen und somit der so oft metaphorisch umschriebene »Hyperorganismus« sozialer Gemeinschaften in physiologischen Mustern aufzufinden ist. Das Chorsingen drängt sich als Modell für solche sozialen »Biomarker« auch deshalb auf, weil die Stimmen unterschiedlich gesetzt werden können, etwa im Unisono, Kanon oder auch in mehrstimmigen bis freien Sätzen, in denen im Extremfall jede Chorstimme eigene musikalische Wege und Ziele verfolgt.

Zunächst aber interessierten sich Victor Müller und seine Kollegen für eher einfache Arten des gemeinsamen Singens, vor allem im Unisono und als Kanon. Die Auswertung der Atem- und Herztätigkeit bei solch einfachen Gesängen stellt, wie schon angedeutet, beträchtliche Anforderungen an die statistische Methodik. Ohne dass diese Verfahren hier eingehender reflektiert werden können (da dieses Buch sonst als Einführung in mathematische Netzwerktheorien enden würde, worin der Autor allerdings überhaupt nicht kompetent ist), lassen sich aus den bisher erzielten Beobachtungen zwei Befunde besonders hervorheben. Der erste ist, dass sich ein gewisses Maß kardiorespiratorischer Synchronizität innerhalb und zwischen den Sängerinnen und Sängern bereits bei einfachen, unisono vorgetragenen Liedern einstellt (Müller & Lindenberger, 2011). Wichtig dabei ist, dass nicht die Anpassung der Pulsrate entscheidend ist, sondern deren Variabilität. Mit anderen Worten: Die Beschleunigungen und Verlangsamungen des Pulses, die teilweise dem Atemrhythmus folgen, sind entscheidend und nicht die Anzahl von Herzschlägen pro Minute. Der zweite aus meiner Sicht wichtige Befund ist, dass sich im Vergleich zwischen dem Singen im Unisono und im Kanon eine Verschiebung der kardiorespiratorischen Synchronizität im Sinne einer erhöhten interindividuellen Koppelung ergab. Im Klartext: Im Kanon spiegelte sich auf biologischer Ebene das Singen als eine soziale Aktivität, die buchstäblich Herz und Atmung der Singenden erfasste.

Zur Einordnung dieser Ergebnisse ist es wichtig zu verstehen, dass eine Synchronisation unter Choristen hinsichtlich der Herzratenvariabilität auch in anderen Studien bereits dokumentiert worden ist, allerdings mit der Einschränkung, dass diese nur bei bestimmten musikalischen Tempi und relativ engen strukturellen Vorgaben an die Musik zum Vorschein gebracht werden können (Vickhoff et al., 2013). Dies schmälert die Originalität und Bedeutung der Studien von Victor Müller und seinem Team in keiner Weise. Aus ihrer Sicht sind soziale Systeme als Hyper-Organismen zu begreifen, die im Dialog der natur- und sozialwissenschaftlichen Disziplinen wissenschaftlich erschlossen werden können. Daran sind tiefe philosophische Fragen geknüpft: Warum sind wir Menschen überhaupt soziale Wesen? Was bedeutet das für unser Selbstverständnis? Inwieweit ist dieses auf körperlichen Funktionen begründet, die auf Interaktionen mit anderen Individuen angewiesen sind – und zwar über alle Lebensalter und Lebenslagen hinweg? Die hier skizzierten Forschungsstränge versprechen eine ganzheitliche Erkenntnis der sozialen Körperlichkeit des Singens. Doch jede Gemeinschaft steht und fällt mit den Einstellungen der Individuen. Und ausgerechnet dann, wenn es ums Singen geht, schwindet bei vielen Menschen das Zutrauen in die eigene Stimme. Wie kann das sein? Und wer hat recht: jene, die stets behaupten, dass jede Stimme auch eine Singstimme sei, oder jene, die meinen, sich selbst oder anderen eine für das Singen ungeeignete Stimme attestieren zu müssen?

Wer kann singen – und falls nicht, warum?

Wie kann es sein, dass viele Menschen ihrer Singstimme misstrauen und sich wenig berufen fühlen, in einem Chor mitzuwirken. Sie meinen zu spüren, dass ihrer Stimme etwas fehlt, dass sie zu wenig talentiert sind oder – warum auch immer – schon von Kindesbeinen wussten, dass sie nie in einem Chor mitsingen würden. Häufig werden solche Stigmatisierungen jedoch von außen herangetragen: »Deine Stimme taugt nicht« oder »Überlass das Singen besser den anderen« sind in dieser oder ähnlicher Form gar nicht so seltene Erfahrungen vieler Menschen. Die Folge kann sein, dass man sich über Jahrzehnte nicht zu singen traut. Fehlt diesen Menschen zum Singen schlicht die Übung, das Talent, die Motivation oder fehlt von allem ein bisschen?

Eine naheliegende Vermutung wäre, dass manche Leute Tonhöhen nicht richtig wahrnehmen und folglich auch nicht singen können. Eine ganze Reihe von Studien über das Treffen und Nicht-Treffen von Tonhöhen bei unterschiedlich geübten Sängerinnen und Sängern findet sich beispielsweise in der Fachzeitschrift *Journal of Voice*, einem Flaggschiff unter den wissenschaftlichen Journalen zur Stimme und zum Singen. Forscher schätzen, dass in der erwachsenen Bevölkerung etwa zehn bis 15 Prozent Probleme damit haben, Tonhöhen zu treffen (Granot et al., 2013). Bei diesen Menschen hilft selbst ein gezieltes Training zur Verbesserung der Tonhöhenwahrnehmung nicht weiter, zumindest kurzfristig gesehen (Zarate et al., 2010). Deswegen ist für diese Menschen aber noch lange nicht Hopfen und Malz verloren. Das liegt vor allem daran, dass der Weg von der Sprech- zur

Singstimme nicht besonders weit ist, wenn wir die Stimme nur entsprechend einsetzen. Da überrascht es wenig, dass weit mehr als die Hälfte jener Personen, denen es auf Anhieb nicht gelingt, einen Ton zu treffen, es lediglich an Übung und Erfahrung im Singen selbst mangelt (Murry, 1990). Und tatsächlich zeigt sich bei der Mehrzahl der Personen, die Gesangsunterricht erhalten, auch eine deutliche Verbesserung beim Treffen von Tönen. Besonders stark ist dieser Effekt bei jenen Personen, die anfänglich am meisten danebenschmetterten, wenn der Unterricht unter Anleitung erfahrener Sänger erfolgt (Granot et al., 2013).

Gibt es demnach gar keine Menschen, die nicht lernen können, die Tonhöhen eines Liedes richtig zu treffen? Die kanadische Psychologin Isabelle Peretz erforscht seit Jahrzehnten die musikalisch-kognitiven Defizite bei Menschen, denen es partout nicht gelingen will, Tonhöhenkonturen zu erlernen und abzuspeichern (Peretz et al., 1998). Die Betroffenen sind unfähig, Lieder wie *Happy Birthday* oder *O du fröhliche* wiederzuerkennen. Sie verarbeiten Melodien grundsätzlich als Folgen unverständlicher Töne. Solche Defizite erfüllen die klinischen Kriterien einer *Amusie*. Interessant ist Amusie vor allem deshalb, weil sie weitgehend unabhängig von den Sprachkompetenzen der amusischen Person auftreten kann. Das bedeutet, dass betroffene Menschen hinsichtlich ihrer Sprachfähigkeiten (und ihrer allgemeinen Intelligenz) unauffällig sind, mit Melodien aber dennoch nichts anfangen können. Peretz und ihre Mitarbeiter gingen auf die Suche nach genetischen und Verhaltensmerkmalen von Amusie und fanden, dass maximal vier Prozent der Bevölkerung davon betroffen sind und dies zu 39 Prozent erblich bedingt ist (Peretz et al., 2007).

Der Begriff Amusie ist etwas irreführend. Amusische Menschen können, wie angedeutet, Melodien bei bestem Willen nicht abspeichern oder wiedererkennen. Gleichwohl dringen bei ihnen emotionale und klangliche Merkmale durchaus ins Bewusstsein. Dieses Paradox, Emotionen in der Musik empfinden zu können, ohne Melodien erinnern zu können, belegt, dass die Wahrnehmung von Musik vielschichtig ist und wir die damit verbundenen Vorgänge im Gehirn heute allenfalls in einigen Grundzügen verstehen. Das wissenschaftliche Verständnis von Amusie ist dabei keine Ausnahme.

Peretz meint, dass sich Amusie besonders darin zeigt, dass es Personen nicht annähernd gelingt, Melodien nachzusingen. Zwar ist das kein hinreichendes Kriterium für mangelnde Singfähigkeit, da zumindest einige wenige der Betroffenen tatsächlich Lieder anstimmen können (Dalla Bella et al., 2009), doch gibt spätestens eine Testung der Musikalität mittels der Montreal Battery for the Evaluation of Amusia (MBEA; Peretz et al., 2003) Gewissheit. Dazu sollen die Probanden Melodien und Rhythmen jeweils paarweise anhören und beurteilen, ob sie gleich oder verschieden sind. Sofern ein allgemeiner Hörschaden ausgeschlossen werden kann, ist dieser Test für die meisten Menschen so einfach, dass er fast im Schlaf zu bewältigen ist – und zwar auch von vielen Menschen, die von sich selbst glauben, falsch zu singen. Ganz anders für Personen mit Amusie. Diese absolvieren den Test nahe dem Zufallsniveau. Anders ausgedrückt: Ob sie eine Melodie erkennen oder nicht, ist reine Glückssache. Das ist nicht allein für Nichtbetroffene schwer nachzuvollziehen. Es gibt eine Reihe von Amusikern, die wirklich alles unternommen haben, um ihre Musikalität zu entwickeln und zu lernen, Lieder zu singen, die sie gerne hören – doch nur mit bescheidenem Erfolg. Übung macht eben nicht immer den Meister.

Karen Wise, eine britische Doktorandin und ihr Mentor, der Psychologe und Friedensforscher John Sloboda, unternahmen eine Feldstudie, um herauszufinden, ob unter Personen, die sich selbst für völlig unmusikalisch halten, tatsächlich eine klinische Amusie vorliegt. Und in der Tat meldeten sich viele jüngere und ältere Menschen, die sich sicher waren, weder Töne treffen noch Melodien nachsingen zu können. Doch ungeachtet der zahlreichen Meldungen erwies sich nur ein Bruchteil der Teilnehmer der Studie nach den Ergebnissen der MBEA und anderen Tests als tatsächlich amusisch (Wise & Sloboda, 2008).

Diese Befunde geben weiterhin Rätsel auf. Selbst wenn in einigen Fällen Defizite hinsichtlich bestimmter Aspekte der Musikverarbeitung, insbesondere im Bereich von Tonhöhen und Rhythmen, vorliegen, kann dies nicht der einzige Grund für eine mangelnde Singkompetenz sein. Umgekehrt ist es sogar möglich, dass einige Personen singen können, denen es an der Fähigkeit mangelt, sich die Tonhöhen einer Melodie bewusst zu machen.

Peter Pfordresher, ein Psychologe an der Universität Buffalo in den USA, unternahm eine ganze Reihe faszinierender Studien, um Sängern, die Tonhöhen nicht gut treffen können, von einer anderen Seite auf die Spur zu kommen. Dazu analysierte er die Gesänge von ungeübten Personen mit akustischen Verfahren und suchte nach Hinweisen darauf, welche Merkmale gute und schlechte Sänger genau auszeichnen. Der Vorteil seiner Herangehensweise ist, dass sie den Vorgang des Singens quasi vom anderen Ende her betrachtet, denn die akustische Information ist wie ein ferner Fingerabdruck der Bewegungen des Vokalapparats und damit der perzeptuell-motorischen Vorgänge. Zunächst konnte er in mehreren Studien nachweisen, dass das zentrale Problem tatsächlich nicht in der Wahrnehmung und der Speicherung von Tonhöhen zu suchen ist, sondern in der Umsetzung von Wahrnehmung in Bewegung liegt. Genau genommen bedeutet das Nachsingen von Melodien, zu entschlüsseln, wie aus einer inneren Vorstellung Bewegungen so auszuführen sind, dass sie mit der wahrgenommenen Melodie übereinstimmen.

Pfordresher vermutet ein perzeptuell-motorisches Übertragungsproblem als Hauptgrund für mangelnde Singfähigkeit (Pfordresher & Brown, 2007). Gemeinsam mit Doktoranden und Kollegen identifizierte der Psychologe zumindest zwei Faktoren, die das Treffen der Tonhöhen beim Singen besonders stark beeinflussen. Demnach spielt das auditive Vorstellungsvermögen ebenso eine Rolle (Pfordresher & Halpern, 2013) wie die Tatsache, ob es sich bei der Muttersprache einer Person um eine sogenannte tonale Sprache handelt. Tonale Sprachen, etwa das chinesische Mandarin, zeichnen sich dadurch aus, dass sich Bedeutungen von Wörtern durch die Tonhöhen unterscheiden, mit denen sie ausgesprochen werden. Aus tonalen Sprachen werden zwar nicht automatisch Gesänge, doch unterstützen sie offenkundig die allgemeine Singfähigkeit (Pfordresher & Brown, 2009). Interessant ist, dass selbst gesanglich ungeübten Probanden es leichter fällt, Melodien eines Liedes zu imitieren als die Melodie einer Sprachkontur.

Gleichzeitig gibt es allerdings einen Zusammenhang dahingehend, dass die individuelle Qualität der Gesangsimitation jene der Sprachimitation vorhersagt (Mantell & Pfordresher, 2013).

Es gibt also hinsichtlich der Einschätzung, wer nun singen kann und wer nicht, einige Botschaften aus den wissenschaftlichen Studien zu verarbeiten. Tonhöhen schlechter wahrzunehmen ist vermutlich nicht der Kern des Problems (Hutchins & Peretz, 2012). Unser Hörsystem ist außerordentlich gut darin, noch feinere Tonhöhenunterschiede wahrzunehmen als zum Singen benötigt. Wenn es sich um vertraute Melodien handelt, speichern wir diese in etwa auf der Tonhöhe ab, in der wir sie vernommen haben. Dem steht gegenüber, dass mit bis zu vier Prozent klinisch amusischer Personen zu rechnen ist. Diese Menschen fallen neurologisch kaum auf, können aber dem Anschein nach selbst durch Übung ihre gesanglichen Fähigkeiten nicht verbessern.

Ist das gemeinsame Singen also nutzlos für Menschen, die nicht gut hören können, was sie selber singen? Erwiesen diejenigen sich und ihrer Umgebung letztlich einen großen Gefallen, wenn sie eine andere Beschäftigung wählen, um sich besser zu fühlen? Dass diese Fragen nicht ganz leicht zu beantworten sind, zeigt eine Studie des kanadischen Psychologen Frank Russo, der mit seinem Team schon seit vielen Jahren an Hörgeräten forscht, um ihren Trägern einen besseren Musikgenuss zu ermöglichen. In weiteren Forschungslinien, auf die wir an anderer Stelle eingehen werden, untersuchte Russo auch die Wirkungen des Singens auf das Sprachlernen bei Kindern. Ein entscheidender Punkt dabei ist, dass Kinder, die unter Störungen oder Verzögerungen ihrer Sprachentwicklung leiden, besonders häufig Defizite bei der Unterscheidung von Tonhöhen und anderer Klangmerkmale aufweisen. Russo folgerte, dass Hörverluste sich verringern müssten, wenn es gelingt, die elementaren Unterscheidungsleistungen des Gehörs zu verbessern. Und da man beim Singen eben besonders genau auf die Intonation und die Tonhöhen achtet, könnte dies die Wahrnehmung und Verarbeitung nicht nur der Tonmerkmale, sondern der Sprache insgesamt verbessern. Nun lag es in den Händen von Russos Doktorandin Ella Dubinsky, einen gemeinsam entwickelten Forschungsplan umzusetzen, in dem die Forscher zwei Gruppen von älteren Erwachsenen bildeten, die in ungefähr demselben Maße unter Hörverlusten und eingeschränkten Sprachwahrnehmungsfähigkeiten litten (Dubinsky et al., 2019). Jeweils vor und nach einer zehnwöchigen Intervention mit wöchentlichem Chorsingen wurden alle Choristinnen und Choristen einzeln umfangreichen Hörtests einschließlich enzephalografischer Messungen unterzogen. Die Ableitung von Hirnströmen von der Schädeloberfläche ermöglicht es beispielsweise, die neuronale Verarbeitung von Tonhöhen zu untersuchen und festzustellen, wie gut das Hörsystem einem Tonhöhenverlauf bei gleichzeitigem Hintergrundrauschen zu folgen vermag. Die Studie brachte eine ganze Fülle interessanter Ergebnisse zutage – vielleicht am wichtigsten: Es bestätigte sich die Hypothese, dass sich die Sprachhörfähigkeit unter den Probanden nach der Intervention um etwa ein Dezibel verbesserte. Das klingt nicht nach besonders viel, doch ist zu bedenken, dass hier die Menschen mit Hörverlusten selbst aktiv wurden und diesen Erfolg sich selbst und nicht einer irgendwie technisch verbesserten Prothese verdankten. Darüber hinaus war für die beobachtete Veränderung die genauere Tonunterscheidungsfähigkeit verantwortlich, was also exakt der Vermutung entsprach. Professor Russo eröffnete mir, dass ihn der Klang des Chores nicht gerade begeisterte. Glücklicherweise hatte ich die Gelegenheit, mir im März 2020 bei einem Besuch in Toronto selbst einen Eindruck von diesem besonderen Chor zu verschaffen. Und ich muss sagen, dass ich mich nicht nur gut aufgenommen fühlte, sondern auch den Klang bei Weitem nicht als so schlecht empfand, wie es mir mein Freund und Kollege suggeriert hatte. So paradox es klingen mag: Singen ist gut für Menschen, selbst wenn sie weder gut hören können, noch anderen damit eine besondere Freude bereiten. Ästhetische Ideale sind eben längst nicht alles. Chöre arbeiten viel und vor allem sehr erfolgreich daran, ihr Klangbild zu verbessern und Nuancen im musikalischen Ausdruck zum Erklingen zu bringen. Wir müssen nur aufpassen, dass sich diese Ideale nicht verselbstständigen und quasi als unantastbar gehandelt werden. Ausgangspunkt sollte immer der Mensch sein, egal welche Defizite vorliegen und welche gesanglichen Qualitäten daraus resultieren oder nicht resultieren. Es ist genauso wie mit vielen anderen Dingen im Leben: Am Ende sind Stigmata, Vorurteile und Ausgrenzungen nur durch mehr Offenheit und Toleranz zu überwinden. Und wohin das führen kann, zeigen uns die Studien der kanadischen Forscher recht eindrücklich.

Die gute Nachricht ist und bleibt, dass unsere Hörfähigkeiten im Bereich des Vorstellungsvermögens für Klänge und Melodien, die ebenfalls im Zusammenhang mit gesanglichen Fähigkeiten stehen, in besonderem Maße durch Lernen veränderbar sind, selbst wenn sich diese Plastizität im Laufe des Lebens verringert. Insofern ist es stets sinnvoll, für den Anfang auf bekannte wie auch auf solche Lieder zu setzen, für die wir eine genauere Vorstellung haben. Wie beim Erlernen einer Fremdsprache können wir auch beim Erlernen eines Liedrepertoires auf eine gewisse Lernfähigkeit in der Hörverarbeitung bauen, die sich positiv auf das Singen auswirken kann. Es sei daran erinnert, dass sich durch Stimmbildung und Singen auch bei erwachsenen Menschen der Umfang singbarer Töne vergrößern kann und dass eine genauere Kontrolle des Vokalapparates und der Atmung längerfristig außer Frage stehen.

Zusammengefasst gibt es in uns nur wenige, zum allergrößten Teil überwindliche Barrieren, die uns vom gemeinsamen Singen abhalten können. Einstiege in das Chorsingen können allerdings wesentlich leichter fallen, wenn Liedgut verwendet wird, das allen vertraut und in der Hörvorstellung bereits verankert ist. Auf dieser Basis steht der Eroberung eines weiteren Repertoires aus individueller Sicht wenig entgegen.

Singen in jungen Jahren

Der Schlüssel zu unserer Gesangskultur und dem, was daraus entstehen kann, liegt – wie könnte es anders sein – in den Elternhäusern, Kindergärten und in den Grundschulen. Hier spielen sich sämtliche für das Leben entscheidende, grundlegende Bildungsprozesse ab. Doch leider läuft es auch und gerade hinsichtlich des gemeinsamen Singens längst nicht so gut, wie es sein könnte. Daher ist es besonders wichtig, die Wirklichkeit des Singens in diesen Institutionen besser zu verstehen.

Das Singen mit Kindern in den ersten Lebensjahren ist einerseits aus Sicht der musikalischen Bildungsforschung interessant, um etwa die Rolle von Lernen und Begabung für die weitere musikalische Entwicklung zu verstehen und zu ergründen, wie Kinder dabei optimal zu fördern sind. Das Singen mit Kindern ist aber auch unter einem anderen Blickwinkel bedeutsam, da die lautlichen Imitationsversuche der Kleinen untrüglich musikalische Elemente in sich bergen. Kurzum: Das Singen geht dem Sprechen voraus und zwingt daher auch Sprachforscher dazu, sich mit den gesanglichen und musikalischen Aspekten im Spracherwerb sehr ernsthaft auseinanderzusetzen.

Wie wir sehen werden, sind wissenschaftliche Studien zur Entwicklung des Singens zwar längst kein Novum mehr, jedoch sind aus deren Erkenntnissen keine praktischen Konsequenzen für die Erziehung und Bildung gezogen worden. Anders gesagt: Wissenschaftlich fundierter, guter Praxis steht ein veraltetes Denken gegenüber, nach dem musikalische bzw. gesangliche Begabung nicht im verbindenden Sinne zur Förderung möglichst aller Kinder verstanden wird, sondern im Sinne eines unterscheidenden Merkmals, bei dem es nur darauf ankommt, die sich im Laufe der Zeit darstellenden Talente möglichst nicht zu übersehen. Es ist höchste Zeit, diese Denkweise zu überwinden und mittels einiger der folgenden Beobachtungen eine Neubewertung anzugehen.

Säuglinge und Kleinkinder

Mit dem ersten Schrei beginnen Neugeborene ihre Umwelt zu erobern. Die Stimme ihrer Sprösslinge veranlasst Eltern, sich für sie um Nahrung, Wärme und körperliche Nähe zu bemühen und überhaupt aufmerksam und liebevoll mit ihnen umzugehen. Mein Kollege Heiner Gembris von der Universität Paderborn hält es für schwer vorstellbar, dass wir uns von den frühen gesanglichen Erfahrungen im Laufe des Lebens vollständig lösen (Gembris, 1998, S. 307). Sie sind der Anfang unserer persönlichen, unauslöschlichen musikalischen Biografie und vermutlich ein wesentlicher Grund dafür, warum uns Singen so nachhaltig berührt und in den ersten Lebensjahren etwa hinsichtlich der emotionalen, sozialen und sprachlichen Entwicklung prägt.

Die Stimme ist also von Anfang an ein Mittel der Regulation von Gefühlen und der Verständigung zwischen Eltern und Kind. Die körperliche Entwicklung setzt zwar auch der Stimme zunächst Grenzen, doch Mütter und Väter lernen recht schnell, dass sie mit einem Lied oder melodiösem Sprechen ihr Kind beeinflussen, es beruhigen oder stimulieren können. Diese Funktionen der wechselseitigen Verhaltensbeeinflussung durch die Stimme sind Gegenstand der in früheren Kapiteln erwähnten Ursprungstheorien des Singens. Und sie begründen ebenso unsere aktuelle Gesangskultur und alle Potenziale, die im Laufe des Lebens daraus erwachsen und letztlich zu Gesundheit und Wohlbefinden beitragen können.

Eltern reagieren natürlicherweise höchst sensibel auf das Schreien, Brabbeln, Gähnen, Seufzen und alle möglichen Laute, die der Kehlkopf eines kleinen Erdenbürgers hervorbringen mag.

Gerade angesichts der begrenzten Beweglichkeit und sonstigen Ausdrucksfähigkeit von Säuglingen verhilft ihnen die Stimme zu der notwendigen Aufmerksamkeit. Umgekehrt animieren Eltern ihre Kinder intuitiv durch ihr eigenes Tun dazu, dass ihre Schutzbefohlenen von den stimmlichen Möglichkeiten reichlich Gebrauch machen.

Melodien prägen sich vor allem über das Singen ein – und damit zugleich Klangfarben, Motive, Motivgrenzen und andere Merkmale, die besonders nach häufiger Wiederholung für das Kind deutlich hervorzutreten beginnen. Singen ist somit eine Art verlangsamtes Sprechen mit mehr hohen und tiefen Tönen sowie stärker gedehnten Vokalen, als dies bei der Normalsprache der Fall ist. Es gibt viele Hinweise darauf, dass Säuglinge und Kleinkinder in der frühen Phase des Spracherwerbs, vermutlich aber auch in späteren Phasen, sehr davon profitieren, wenn Eltern, ältere Geschwister, Verwandte oder andere Bezugspersonen mit ihnen singen.

Kein Wunder also, dass die Bedeutung der Stimme in der frühen Lebensphase eine ganze Menge an wissenschaftlichem Interesse auf sich gezogen hat. Verständlicherweise ist dieses Forschungsinteresse der Sprachentwicklung geschuldet, unserer un bestritten wichtigsten kulturellen Technik. Die präverbale Phase, die es Säuglingen im ersten Lebensjahr noch nicht ermöglicht, Worte zu artikulieren oder Bedeutungen zu erschließen, ist also vor allem von den musikalischen Elementen in der sprachlichen Kommunikation geprägt. Selbst wenn es die Eltern nicht unbedingt so nennen würden, ist es buchstäblich die Musik in ihrer Stimme, die eine Verständigung mit ihren Kindern mit ermöglicht.

Sandra Trehub, eine herausragende Persönlichkeit der musikalischen Entwicklungsforschung und emeritierte Professorin an einer kanadischen Universität in der Nähe von Toronto, widmete einen großen Teil ihrer wissenschaftlichen Laufbahn der Frage, welche musikalischen Fähigkeiten Säuglinge und Kleinkinder auf die Welt mitbringen und wie sich diese in den ersten Lebensjahren entfalten. Tatsächlich erwiesen sich ihre vorsprachlichen Probanden in einer großen Zahl von Experimenten als ganz hervorragende Musikhörer. Sie können nicht nur Tonhöhen, Tonabstände, Klangfarben, Melodien und andere Eigenschaften von Klängen unterscheiden, sondern sie gewöhnen sich recht schnell an die musikalischen Strukturen in ihrer Umgebung und entwickeln sogar ein Gespür für Tonsysteme. Kurz gefasst sind sie die idealen Empfänger für die musikalischen Elemente im Sprechen und Singen ihrer Mütter und Väter.

Die Ammensprache, also jener Singsang, mit dem Erziehungsberechtigte ihre Sprösslinge umgarnen, unterscheidet sich von der Alltagssprache durch höhere Register und einen deutlich größeren melodischen Ambitus. Sie erinnert tatsächlich an eine Art Sprechgesang und ist weder eindeutig der einen noch der anderen Domäne zuzuordnen. Dass sie manchmal als übertrieben oder als kitschig empfunden wird, ändert nichts daran, dass sie höchstwahrscheinlich eine Reihe von Funktionen in der kindlichen Entwicklung erfüllt.

Sandra Trehub und ihr japanischer Kollege Takayuki Nakata fanden heraus, dass wenige Wochen alte Babys auf die Sprech- und die Singstimme ihrer Mütter unterschiedlich reagierten. In ihrer Untersuchung sollten die Mütter versuchen, die Aufmerksamkeit der Kinder möglichst lange aufrechtzuerhalten. Die Babys zeigten sich beim Ansingen aufmerksamer, hielten längeren Blickkontakt und zappelten weniger im Vergleich zu Situationen, in denen sie nur angesprochen wurden (Nakata & Trehub, 2004). Die Gründe dafür sind unklar. Die Forscher gehen davon aus, dass die musikalischen Anteile in der Stimme in diesem Entwicklungsstadium für die Kinder von größerer Bedeutung sind und entsprechend mehr Interesse wecken als die Sprachinformation.

Das elterliche Ansingen, so fand das Team bei etwas älteren Säuglingen heraus, bewirkte auch biologische Veränderungen. In der entsprechenden Studie wurden Mütter eingeladen, im Experimentallabor unter wissenschaftlicher Aufsicht mit ihren fünf- bis siebenmonatigen Babys 20 Minuten lang zu singen und zu spielen. Vor und nach dem Singen entnahmen die Forscher Speichelproben aus dem Mund des Säuglings und ließen im Labor die Konzentrationen des Hormons Cortisol bestimmen. Cortisol ist ein biologischer Marker für die Aktivität des Stresssystems. Die Dauer der Intervention reicht aus, um Veränderungen des Cortisolspiegels auf das mütterliche Singen zurückführen zu können.

Die Ergebnisse zeigten, dass die Cortisolwerte vor dem Singen sehr breit gestreut waren, nach dem Singen dagegen auf einen mittleren Wert zuliefen. Bei einigen Säuglingen stiegen die Werte von vorher zu nachher an, während sie bei anderen Säuglingen sanken. Die Forscher unterteilten die Säuglinge in solche mit hohen und solchen mit niedrigen Cortisolausgangswerten und stellten einen signifikanten Unterschied zwischen diesen Gruppen fest. Daher ist zu folgern, dass das Singen auf einige Kinder anregend und auf andere Kinder beruhigend gewirkt hat (Shenfield et al., 2003). Dieses Ergebnis belegt die Effektivität elterlichen Singens für die Gefühlsregulation. Interessant wäre es, herauszufinden, inwiefern auch die elterlichen Stresssysteme von diesen Wirkungen mitbetroffen sind.

Vorläufig ist aus diesen Studien zu folgern, dass Singen ein wirksames und schwer verzichtbares Mittel der elterlichen Fürsorge darstellt. Zumindest deutet einiges darauf hin, dass es die sprachliche Entwicklung beeinflusst. Zudem tragen Ammensprache und Singen dazu bei, die Beziehungen kommunikativ und affektiv zu gestalten. Insgesamt erweisen sich diese Formen der Ansprache im natürlichen sozialen Bindungsverhalten als bedeutsam. Die Melodiekonturen, mit denen Mütter ihren Nachwuchs bezirzen, sind übrigens intraindividuell ziemlich konstant. Das bedeutet, dass sie den Säuglingen helfen können, wichtige Bezugspersonen zu identifizieren. So lässt sich quasi tiefenpsychologisch erklären, warum wir im späteren Leben stark (positiv) emotional auf Lieder und Gesänge reagieren und darüber hinaus Vorlieben für ganz bestimmte Melodien entwickeln, die uns im Zweifelsfall ein ganzes Leben lang begleiten.

Kinder unterscheiden sich erheblich in der Art und Weise und im Zeitpunkt des Übergangs vom Hervorbringen vorsprachlicher Laute zur Bildung von ersten Worten und Sätzen. Doch unabhängig davon, wie dieser Übergang verläuft, ist das Singen ein steter Begleiter. Es erfüllt mehrere Rollen in der Sprach- und auch in der sozialen Entwicklung. Sprechen ist nur abwechselnd möglich. Beim Singen erklingen die Stimmen gemeinsam und es entsteht dabei ein neuer Klang. Diese Erfahrung beeindruckt Kleinkinder oft nachhaltig. Sie merken, dass sie diese Fähigkeit mit anderen teilen.

Ein Team um die kanadische Psychologin Laurel Trainor widmete sich in Studien Eltern-Kind-Gruppen mit Jungen und Mädchen im Alter von ein bis drei Jahren. Es unterteilte die Teilnehmer in zwei Gruppen, von denen eine an einem angeleiteten Musikprogramm mit gemeinsamem Singen, Bewegung zu Musik und häufiger Wiederholung derselben Lieder teilnahm. Die andere Gruppe wurde von derselben Person angeleitet, doch lief bei diesem Musikprogramm die Musik nur als Hintergrundbeschallung und sie wechselte häufiger. Beide Programme liefen ein halbes Jahr und wurden von den Teilnehmern wöchentlich besucht. Die Ergebnisse liefen darauf hinaus, dass Kinder in der ersten Gruppe mehr kommunikative Gesten sowie weniger Episoden von Stressverhalten zeigten als die Kinder in der zweiten Gruppe. Die Forscher betonen, dass alle Kinder ähnlich viel Zuwendung erhielten und in beiden Gruppen für eine entspannte und spielerische Atmosphäre gesorgt wurde (Gerry et al., 2012).

Was ist daraus zu folgern? Kinder profitieren durch Ansingen und gemeinsames Singen in verschiedener Hinsicht, beispielsweise hinsichtlich der Sprachanbahnung, aber auch im Sozialverhalten. Durch die Wiederholung von Liedern und ihre Einbettung in Rituale wie Begrüßung, Verabschiedung, Geburtstage, Feiern oder Feste entwickelt sich zudem ein Sinn für Tagesabläufe. Solche Rituale stärken die familiäre Bindung und zeigen Kindern wie Eltern, was es bedeutet, buchstäblich mit einer Stimme miteinander zu kommunizieren. Eine Familie ist schließlich weitaus mehr als die Summe von mehr oder weniger miteinander kommunizierender Einzelwesen. Kurzum: Das Singen mit Säuglingen und Kleinkindern in alltäglichen Ritualen, also beim Windeln, Waschen, Schlafengehen, vor und nach dem Essen, zu Feiern und vielen anderen kleineren und größeren Anlässen – nicht zuletzt auch und gerade in alltäglichen Krisensituationen –, birgt für die kindliche Entwicklung zu viele potenzielle Vorteile, um es als beiläufige Randerscheinung zu übergehen.

Vorschulkinder

Kinder besitzen bereits im Vorschulalter ein erstaunliches Gedächtnis für Lieder und Melodien, die sie manchmal nach nur einmaligem Hören tagelang rezitieren können. Sie beginnen zudem damit, bekannte Lieder umzubauen und quasi nach Belieben umzudichten. Sie verwenden Musik wie Spielmaterial – und begleiten sich selbst zuweilen singend beim Spielen. Die Entwicklung dieser Singfähigkeit hat auch wissenschaftliches Interesse auf sich gezogen.

Einige der Untersuchungen setzen bei den Entwicklungsverläufen einzelner Kinder an, während andere dazu angelegt sind, übergreifende Tendenzen aus der Betrachtung größerer Gruppen von Kindern sowohl in verschiedenen Altersbereichen als auch im Verlauf abzubilden. Die Schweizer Entwicklungspsychologin Stefanie Stadler Elmer etwa unternahm eine Serie von Fallstudien zur Singentwicklung ihrer eigenen Kinder. Dazu nutzte sie Tonaufzeichnungen, die sie mit einer speziellen Analysesoftware hinsichtlich Tonhöhenkonturen und Verknüpfungen zwischen Melodien und Texten untersuchte (Stadler Elmer, 2002). Die Studien vermitteln eindrucksvoll, wie sich einerseits unterschiedliche Entwicklungsverläufe gestalten und wie sich andererseits aus scheinbar beliebigen und zufälligen Resonanzen auf Liedangebote allmählich Kompetenzen im Umgang mit Liedmaterialien herausbilden. Es darf nicht vergessen werden, dass schon einfache Kinderlieder komplexe Materialien darstellen, deren Aneignung sukzessive und wenig offensichtlich erfolgt. Im Grunde erfüllen sich in dem unscheinbaren Spielen mit der Stimme und den ins Bewusstsein gedrungenen Liedern sämtliche Kriterien, die wir menschlicher Kreativität zuschreiben, ohne dass daraus große künstlerische Leistungen resultieren müssen.

Heiner Gembris' Forschungsübersicht ist zu entnehmen, dass zwischen dem vierten und sechsten Lebensjahr die grundsätzlichen stimmlich-gesanglichen Fähigkeiten im Umgang mit Liedmaterial in keiner Hinsicht denen erwachsener Laien nachstehen (Gembris, 1998, S. 315ff.). Voraussetzung hierfür ist allerdings ein soziales Umfeld, in dem sich die natürlichen musikalischen Veranlagungen entfalten können. Positive Rückmeldungen für kindliche Gesänge und aktive Anregungen sind dafür äußerst hilfreich. Es leuchtet ein, dass viele verschiedene Lernangebote mit dem Singen problemlos verbundenen werden können: das Kennenlernen von Fremdsprachen, traditionellem Handwerk, das in Liedern beschrieben wird und dazu einlädt, Dinge auszuprobieren, und überhaupt sehr viele kulturelle Facetten, die über das Reproduzieren von Melodien, Texten, Reimen und Strophen weit hinausgehen.

Es gibt noch weitere Gründe, warum Singen mit Kindern im Vorschulalter eine sehr gute Idee ist. Schließlich häufen sich in diesem Alter durch den Besuch des Kindergartens Begegnungen mit Altersgenossen und sehr viel Erziehungsarbeit ist darauf gerichtet, den Kindern einen sozial verträglichen Umgang zu ermöglichen. Dazu gehört nicht nur die Beachtung von Regeln und Grenzen der eigenen und fremden persönlichen Bedürfnisse, sondern auch die Förderung von Kooperationsbereitschaft und Mitgefühl.

Sebastian Kirschner und Michael Tomasello vom Max-Planck-Institut für Evolutionäre Anthropologie in Leipzig führten eine Studie durch, in der sie genau diese kindlichen Eigenschaften auf den Prüfstand stellten. Die Forscher gingen davon aus, dass Musik in der Evolution eine besondere Rolle im zwischenmenschlichen Verhalten gespielt hat. Kinder im Vorschulalter sind hervorragend geeignet, um prosoziale Verhaltensweisen und Kooperation zu studieren. Sie befinden sich schließlich noch relativ am Anfang, was das Erlernen sozialer Regeln betrifft. Deshalb erschienen sie den Max-Planck-Forschern als besonders geeignete Kandidaten, um die Annahme, dass Musik und Tanz sich ursprünglich als Techniken zur Förderung zwischenmenschlicher Empathie und Kooperation entwickelten, experimentell zu überprüfen (Kirschner & Tomasello, 2010).

Die Forscher wählten Jungen und Mädchen aus Leipziger Kitas aus, die sie paarweise per Losverfahren in zwei Gruppen einteilten. Die erste Phase des Experimentes verlief für beide Gruppen unterschiedlich, die zweite Phase vollkommen gleich. In der ersten Phase spielten Versuchsleiter und Kinderpaare ein Spiel, in dem sie um einen kleinen grünen Teppich herumliefen, einen »Teich«, in dem einige »Frösche« schliefen. Diese waren hölzerne Schlaginstrumente in Froschgestalt, die entweder durch ein Lied und rhythmische Bewegungen, die der Versuchsleiter erst vormachte und welche die Kinder dann nachmachten, »aufgeweckt« oder aber lediglich hochgenommen und um den Teich herum getragen wurden. Es fand also stets eine Interaktion zwischen Versuchsleiter und Kindern statt und sie gingen mit denselben Materialien um. Musik- und Kontrollbedingung unterschieden sich lediglich durch die musikalischen Elemente.

Der Versuchsleiter lud die Kinder in der zweiten Phase zu einem weiteren Spiel ein. Dabei galt es »Fischfutter« in Form von Kugeln in einen Behälter zu füllen, um diese zu einem wenige Meter entfernten »Teich« zu transportieren. Ein Behälter war defekt, sodass die Kugeln beim Einfüllen zu Boden fielen, während der andere Behälter intakt war. Wie würde nun das Kind mit einem unversehrten Behälter reagieren? Die beobachteten Verhaltensweisen zeigten interindividuell unterschiedlich große Hilfsbereitschaft. Es bestätigten sich frühere Befunde, nach denen Mädchen generell hilfsbereiter waren als Jungen. Der Vergleich offenbarte zudem, dass die Kinder der ersten Gruppe häufiger aktive Hilfe leisteten als jene der zweiten. Ein weiteres Experiment zeigte außerdem, dass nicht nur die Hilfsbereitschaft, sondern auch die Kooperationsbereitschaft größer ausfiel, wenn die Kinder sich vorher musikalisch betätigten.

Natürlich spielt auch und gerade das Elternhaus im Vorschulalter eine entscheidende Rolle für die psychische und soziale Entwicklung, wenngleich Studien in diesem Kontext rar gesät sind. Forscher eines New Yorker Kinderkrankenhauses entdeckten beispielsweise, dass das gemeinsame Spielen, Singen und Geschichtenerzählen jeweils mit einer größeren sozial-emotionalen Gesundheit der Kinder verbunden war (Muñiz et al., 2014). Außerdem schlafen Kinder besser, wenn sie abends Lieder singen oder Geschichten erzählt bekommen (Hale et al., 2011). Solche familiären Rituale sind möglicherweise äußerst bedeutsam für die psychische Stabilität, mentale Gesundheit und kognitive Entwicklung der Kinder in der Schulzeit.

Musik ist eine Art Werkzeug, das es Menschen erleichtert, sich gegenseitig mehr zu helfen und miteinander Probleme zu lösen – diese Sichtweise ist nicht nur evolutionstheoretisch interessant, sondern sollte auch Erziehungswissenschaftlern zu denken geben. Die Studien lassen offen, welche Aktivitäten für welches Kind am meisten geeignet sind, um sich optimal zu entwickeln. Und doch bleibt der Eindruck, dass gemeinsames Singen ein besonders effektives Mittel darstellt, um nicht nur emotionale Bindungen, sondern auch das Selbstbild sowie die sozial-emotionalen Kompetenzen der Kinder zu stärken.

Kinder im Kindergartenalter

Eltern wünschen sich musikalische Kinder und freuen sich über jede entsprechende Regung. Viele wollen diese Musikalität fördern oder zumindest – etwa in der Kindertagesstätte – gefördert wissen. An eine spätere Künstlerkarriere seines Kindes denkt dabei kaum jemand. Positive Auswirkungen auf das Sozialverhalten, wie im vorigen Abschnitt dargestellt, sind dabei nicht einmal Teil des Kalküls. Doch intuitiv setzen Eltern auf musikalische Bildung als eine langfristige Perspektive, auch und gerade vor dem Schuleintritt. Die Realität in den Kindergärten ist jedoch vielerorts eine ganz andere.

Peter Brünger, Professor für Musikpädagogik an der Katholischen Universität Eichstätt, untersuchte vor einigen Jahren die Singangebote in niedersächsischen und bayrischen Kindergärten (Brünger, 2003). Er unternahm dazu umfangreiche Recherchen und Befragungen unter Erziehern, um repräsentative Aussagen treffen zu können. Denn es ist wichtig, sich nicht von einzelnen »Leuchttürmen« musikalischer Früherziehung blenden zu lassen. Zudem machen es generell mangelnde Qualitätsstandards schwierig, die Effektivität entsprechender Angebote richtig einzuschätzen. Keine einfache Aufgabe also, wenngleich die Frage so einfach klingt: Wann und wie wird in Kindergärten eigentlich gesungen?

Der Musikpädagoge entdeckte eine große Diskrepanz zwischen dem allgemeinen Anspruch, auf der einen Seite das Singen als Teil der kindlichen Alltagskultur auch und gerade der Kinder im Vorschulalter zu fördern, und der Wirklichkeit in den Kindertagesstätten auf der anderen. Er beobachtete, dass regelmäßiges und professionell angeleitetes Singen für alle Kinder nur selten angeboten wird. Professionelle Anleitung meint hier eine kindgerechte, die psychologischen und physiologischen Voraussetzungen der Kinderstimme berücksichtigende Form des Singens. Dem steht entgegen, dass weniger als die Hälfte der Befragten angab, dass die Singstimme überhaupt irgendeine Rolle in ihrer Ausbildung gespielt habe. Die vielleicht beste Umschreibung der Befunde insgesamt liegt wohl in dem Adjektiv »halbherzig«. Erzieherinnen und Erzieher werden auf den Einsatz der Singstimme in ihrem Beruf kaum vorbereitet und so kommt es, dass in den Kitas durchschnittlich einmal täglich gesungen wird – und dies in vielen Fällen eher als beiläufiges Ornament. Das ist auch kaum anders möglich, da nach Brüngers Beobachtungen vielerorts Liedrepertoires nicht systematisch aufgebaut werden, sondern allenfalls zufällig verfügbares Liedgut in die Singaktivitäten einfließt.

Die Folge einer mangelhaften Versorgung mit Singangeboten ist offenkundig, dass Kinder mit einem Repertoire von Liedern auf die Grundschule vorbereitet werden, das ihrer Aufnahmefähigkeit und Motivation für das Singen Hohn spricht. Denn die Sangeslust und Begeisterung von Kindern für gemeinsames Singen, besonders in Verbindung mit Rhythmen, Tanz und Bewegung, ist selbst den zur Förderung dieser Potenziale so unzureichend ausgebildeten Erzieherinnen und Erziehern augenscheinlich. Bemühungen dahin gehend, zumindest einigen wenigen Kindern gegen Entgelt musikalische Früherziehung zur Verfügung zu stellen, sind kaum mehr als Notbehelfe. Die gesanglichen Kompetenzen der ausführenden Musiklehrkräfte hinsichtlich der Kinderstimmbildung unterliegen zudem keinerlei Standards oder Überprüfungen.

Es bleibt unverständlich, warum die musikalische und gesangliche Früherziehung als Privatangelegenheit und nicht als kindliches Potenzial von gesellschaftlicher Tragweite begriffen werden. Dabei läge es beispielsweise auf der Hand, mit Liedern aus unterschiedlichen Kulturen Brücken zwischen den Lebenswelten zu bauen, die angesichts von Migration in den Kitas aufeinandertreffen. Wie können Kinder eigentlich besser voneinander lernen, gemeinsame Identität entwickeln und sich für das Andersartige einer fremden Kultur zu interessieren beginnen, wenn nicht über Kunst und Musik?

Offenbar fehlt es den Trägern der Kindergärten sowie Kommunen und Ländern an Einsicht oder Weitsicht, das gemeinsame Singen als bedeutendes kulturelles Bildungsziel anzuerkennen. Leidtragende sind nicht nur die Kinder, sondern gerade auch die Erzieherinnen und Erzieher. Sie gehen unbestritten, wie alle anderen Lehrkräfte auch, einem stimmintensiven Beruf nach und könnten gleich mehrfach profitieren, wären Stimmbildung sowie die Vermittlung grundlegender musikalischer Kompetenzen Teil der Ausbildung. Letztlich bleibt es sozial- und bildungspolitischen Entscheidungsträgern vorbehalten, inwieweit sie bereit sind, Stimme und Gesang in Erziehungsberufen buchstäblich mehr Gehör zu verschaffen. Potenziale für positive emotionale, soziokulturelle und sprachliche Förderung sind vielfach vorhanden. Niemand könnte behaupten, entsprechende Hinweise lägen nicht in mehr als ausreichendem Maße vor.

Singen in Kindergärten und im Elternhaus könnte problemlos alle Kinder erreichen. Doch anstatt es als natürliches Element der kindlichen Entwicklung zu verstehen, wirkt es eher als ein von außen beizubringendes, schönes, aber eher nutzloses Kulturgut. Die Ausbildungskonzepte entsprechend anzupassen, der Psychophysiologie des Singens darin etwas Raum zu verschaffen, wäre ein erster notwendiger Schritt, um daran etwas zu ändern. »Bildungsgutscheine« sind sicher nicht die schlechteste aller Formen kultureller Förderung, doch wären diese Mittel beispielsweise in mehr gesanglicher Ausbildung viel besser investiert. Eltern, Kinder und Erzieher würden es politischen Entscheidungsträgern höchstwahrscheinlich danken.

Kinder im Grundschulalter

Kinder im Grundschulalter müssen heute in aller Regel nicht mehr allein vor der Klasse singen. Doch käme es in vielen Grundschulen erst gar nicht dazu, da es an Fachunterricht vielerorts mangelt. Erhebungen in verschiedenen Bundesländern zufolge werden bis zu 80 Prozent des Musikunterrichts gar nicht oder von fachfremden Lehrkräften erteilt. Das muss nicht in jedem Einzelfall nachteilig sind, aber ein positives Zeugnis für den Stellenwert dieses Unterrichts sieht anders aus.

Das Singen in der Grundschule knüpft somit im schlechten Sinne nahtlos an die Verhältnisse in den Kindergärten an. Es finden sich sicherlich so manche herausragende, musikalisch intensiv arbeitende Einrichtungen, in denen Singen und Tanzen in dem Maße gelebt werden, wie es den Bedürfnissen und Ressourcen aller Beteiligten entspricht. Dennoch widersprechen solche »Leuchttürme« dem Gesamteindruck keineswegs, der keinen anderen als den folgenden Schluss zulässt: Strukturelle Veränderungen sind unumgänglich, um unsere Gesangskultur langfristig in allen Bevölkerungsschichten zu erhalten.

Es ist schwierig, wenn nicht unmöglich, die heutige Realität des Singens in der Grundschule ohne einen kursorischen Blick in die jüngere Zeitgeschichte zu verstehen. Hier zeigen sich – für meine Begriffe unmissverständlich – die Spuren von historischen Bildungsreformen nach dem Zweiten Weltkrieg. Diese erscheinen übrigens nirgends so deutlich wie ausgerechnet im Musikunterricht –nachvollziehbar, dass es damals Bemühungen gab, fehlgeleiteten und zerstörerischen politischen Ideologien wie dem Rassenwahn der Nationalsozialisten den kulturellen Nährboden zu entziehen. Lieder und Märsche waren untrüglich Teil von Propaganda und geeignetes Mittel zum Schüren von Hass und Ressentiments.

Das gemeinsame Singen in der Schule und insbesondere auch im Musikunterricht generell an den Rand der Stundenpläne zu drängen, erscheint beinahe verständlich. Gleichwohl stellt sich die Frage, wovor genau die Nachkriegsgenerationen eigentlich geschützt werden sollen. Erschwerend kommt hinzu, dass die moderne Musikpädagogik als Fachwissenschaft kaum in der Lage oder willens ist, sich mit Wirkungsaspekten des Singens eingehender zu befassen. Die generell problematische Haltung zum Singen spiegelt sich besonders eindrücklich in informellen Befragungen zur individuellen Bedeutung des Singens unter erwachsenen Personen wider. Dabei zeigt sich, dass ungefähr 15 bis 20 Prozent angeben, wenigstens einmal eine abwertende Bemerkung über die eigene Singstimme erhalten zu haben. Und häufig wirken solche Erfahrungen so nachhaltig, dass sich viele Menschen tatsächlich über Jahre oder Jahrzehnte nicht zu singen trauen.

Vieles deutet darauf hin, dass gerade in der Grundschulzeit durch systematische Förderungen des individuellen und gemeinsamen Singens die Weichen für eine lebenslange und nachhaltige kulturelle Teilhabe gestellt werden können. Das Ausbleiben dieser systematischen Förderung könnte hingegen individuelle negative Erfahrungen begünstigen. Eine latente Geringschätzung des gemeinsamen Singens im weiteren Leben wäre die logische Konsequenz.

Es ist paradox, auf der einen Seite die mangelnde Bindung zwischen den Generationen zu beklagen und auf der anderen Seite Generationen verbindende Praktiken, unter denen das gemeinsame Singen besonders leicht zu verwirklichen scheint, kaum systematisch zu fördern. Die Isolation älterer Menschen betrifft logischerweise auch die jüngere Generation. Dabei sind alle Formen gesellschaftlicher Spaltung im Zeitalter des demografischen Wandels kaum vorteilhaft. Es käme sehr darauf an, die Bedürfnisse und Interessen zwischen den Generationen auszugleichen.

Das sozialintegrative Potenzial gemeinsamen Singens in der Grundschule offenbart eine Studie aus Großbritannien (Welch et al., 2014). Die Autoren untersuchten die individuellen Singfähigkeiten von über 6.000 Jungen und Mädchen, die an einem nationalen Singprojekt teilgenommen hatten. Die Kinder befanden sich zu 95 Prozent in einer Altersspanne von sieben bis zehn Jahren und wurden zusätzlich zu ihrer sozialen Identität als Sängerin oder Sänger (z.B. »Ich bin ein guter Sänger«, »Singen macht mich glücklich« etc.) sowie zu ihrer sozialen Verbundenheit (z. B. »Ich habe viele Freunde«; »Ich weiß, wie man mit anderen Menschen umgeht« etc.) befragt. Die Ergebnisse zeigten einen zwar schwachen, aber statistisch signifikanten Zusammenhang zwischen der standardisierten individuellen Singfähigkeit einerseits und dem Gefühl sozialer Verbundenheit andererseits. Fähigere Sängerinnen und Sänger zeigten sich sozial besser integriert.

Auf das zentrale Problem der Studie weisen die Forscher selbst hin: Statistische Zusammenhänge allein sagen nichts über Ursache und Wirkung aus. Womöglich singen sozial integrierte Kinder einfach mehr und wähnen sich auf diese Weise glücklicher. Allerdings widersprechen zumindest einige dieser Sichtweise. Eine früher durchgeführte, kontrollierte Studie, die zwar auf einer etwas kleineren, dennoch soliden Stichprobe italienischer Schülerinnen und Schüler (N = 92) basiert, offenbarte beispielsweise einen Vorteil hinsichtlich sozialer Integration von singenden im Vergleich zu nicht singenden Kindern im Laufe eines Jahres (Welch et al., 2010). Aufgrund dieser Ergebnisse ist es zumindest wahrscheinlich, dass qualitativ hochwertige Singangebote die soziale Integration von Grundschulkindern langfristig deutlich fördern könnte.

Kindergartenkinder sind, wie wir weiter oben gesehen haben, empathischer und kooperativer, wenn sie Gelegenheit bekommen, sich gemeinsam singend oder tanzend synchron zu Musik zu verhalten. Gilt nun Ähnliches auch für Kinder im Grundschulalter? Die kanadische Psychologin Arla Good von der Ryerson-Universität Toronto ging dieser Frage auf den Grund. Sie und ihr Team besuchten ein Sommercamp für Kinder und luden diese zu verschiedenen Aktivitäten – Singen, Malen und Sport – ein. Sie teilten die Kinder in drei Gruppen ein, wobei jede nur einer dieser Aktivitäten nachging. Die Kinder aus jeder Gruppe sollten anschließend paarweise ein Kartenspiel spielen, das es in sich hatte. Die Besonderheit lag in der Regelauslegung, nach der Kinder einzeln mehr oder gar nichts, zu zweit zwar weniger, aber immerhin etwas gewinnen konnten. Die Ergebnisse zeigten, dass sich die Kinderpaare aus der Singgruppe in viel höherem Maße als die Kinderpaare in den anderen Gruppen für die kooperative Spielvariante entschieden. Die Chorkinder akzeptierten weniger Risiko und weniger Gewinn zugunsten des Teilens (Good & Russo, 2016). Zu bemerken ist, dass es sich um sozioökonomisch und ethnisch sehr gemischte Gruppen handelte, also keineswegs um privilegierte Kinder.

Singen ist eine deutlich unterschätzte Praxis, um Individuen innerhalb von und zwischen den Generationen einander auf einfache Weise näher zu bringen. Es scheint besonders geeignet dafür, ein Denken und Handeln zu initiieren, das die gemeinsamen Interessen über alle unterschiedlichen Lebensentwürfe und mit verschiedenen Lebensphasen verbundenen Ansprüche stellt. Politische Initiativen zur Förderung des Singens sind auf den ersten Blick begrüßenswert, doch sind sie oft nicht sehr nachhaltig und wirken eher wie symbolische Gesten. Sie folgen damit einer kurzlebigen Projekt- oder Eventkultur. Kurzum: Entsprechende Initiativen bleiben allzu häufig hinter den Chancen, das soziale Miteinander zu verbessern, zurück.

Zusammenfassend kann man festhalten: Das gemeinsame Singen in der Familie, im Kindergarten und in der Grundschule birgt vielfältige Potenziale, etwa in Bereichen wie Stimm- und Sprachentwicklung, Emotionsregulation bis hin zur Förderung sozialer Bindungen zwischen den Generationen. Zudem ist das Singen unbestritten auch eine Grundlage der musikalischen Entwicklung. Unser Bildungssystem gibt der Entfaltung dieser Potenziale keinen ausreichenden Rahmen. Viele Eltern singen zwar regelmäßig mit ihren Kindern, doch in etwa jedem vierten Haushalt geschieht dies nicht; Eltern mit geringer Schulbildung singen sogar nur zu etwa 60 Prozent mit ihren Kindern.[2] Erzieherinnen und Erzieher erhalten meist gar keine musikalische Ausbildung, um mit Kindern zu singen und zu tanzen. Grundschulen fehlen zu häufig die Fachkräfte, um Musik so zu unterrichten, wie es die Lehrpläne vorsehen. Die Bertelsmann-Stiftung beziffert das

2 Diese und weitere statistische Daten sind zu finden unter: http://www.miz.org/downloads/statistik/205/126_EN_Musikalische_Aktivitaeten_in_Familien_mit_Kindern_unter_6_Jahren.pdf (28.07.2020).

Defizit auf 23.000 fehlende Musiklehrer, Tendenz steigend.[3] Das ist eine bittere Realität, die in einem so reichen Land beschämend wirkt. Statistiken dieser Art sind alarmierend, sollten aber auch nicht zu voreiligen Schlüssen verleiten. Denn sie verraten nicht, wen musikalische Angebote erreichen und wen nicht. Und sie geben keine Auskunft darüber, welche Faktoren hauptverantwortlich sind. Da es hier aber um die Kleinsten und Schwächsten in der Gesellschaft geht, denen die Zukunft gehört, sollten wir uns für diese Fragen besonders interessieren und alles dafür tun, herauszufinden, was wir unternehmen können, um die Lage zu verbessern. Wie wir sehen werden, gilt das für ältere Kinder und Jugendliche genauso.

Jugendliche

Wenn Kinder zu Jugendlichen heranwachsen, ist dieser Übergang gerade für die Jungen kaum deutlicher wahrzunehmen als durch die Stimme. Unter dem Einfluss von Testosteron vollzieht sich im Vokaltrakt ein Wachstumsschub; die Stimmlippen verlängern sich um ca. einen Zentimeter innerhalb eines insgesamt vergrößerten Kehlkopfes. Mädchen vollziehen ebenfalls einen Stimmbruch, gleichwohl fällt dieser weit weniger dramatisch aus. Das hat natürlich Folgen für den Umgang mit der Singstimme, zumal sich der Bruch bei den Jungen von wenigen Monaten bis zu etwa einem Jahr hinziehen kann.

Die Literatur zum Stimmbruch und seinen Folgen in der Pubertät ist recht umfangreich und geprägt von vielen Diskussionen, etwa auch über Umwelteinflüsse, die vermutlich zu Verschiebungen der kindlichen Entwicklungsphasen hin zur Adoleszenz beitragen. Gesangspädagogen sind gespalten hinsichtlich ihren Empfehlungen, dass Jungen in der Phase des Stimmbruchs das Singen besser unterlassen sollten oder aber durchaus in Chören

3 https://www.bertelsmann-stiftung.de/de/themen/aktuelle-meldungen/2020/maerz/an-deutschen-grundschulen-fehlen-23000-ausgebildete-musiklehrer-tendenz-steigend (28.07.2020).

verbleiben, dabei allerdings ihre Stimmen so gut es geht schonen und jede Belastung vermeiden sollten. Denn offenbar steht zu einem gewissen Zeitpunkt die glockige Knabensopranstimme zur Disposition, sofern sich nicht bereits ein Wechsel in die etwas tiefere Altstimme empfohlen hat.

Die Hannoveraner Musikpsychologen Anna Wolf, Lea Wolpert und Reinhard Kopiez untersuchten die gesanglichen Motivationen unter zehn- bis zwölfjährigen Schülerinnen und Schülern (Wolf et al., 2013). Dazu analysierten die Autoren zunächst das Arbeitsfeld Singen im niedersächsischen Kerncurriculum für die allgemeinbildenden Schulen. Darin ist von recht hohen Praxisanteilen, einer funktional richtig eingesetzten und intonationssicheren Stimme als Zielvorgaben die Rede. Lehr- und Lernpläne sind gleichwohl graue Theorie, die mit einer teils recht hart abweichenden Realität konfrontiert ist. Denn zumindest in den Grundschulen sind die Voraussetzungen für einen flächendeckenden Musikunterricht als Fachunterricht nicht gegeben. Unterrichtsausfälle und Musikunterricht durch fachfremde Lehrkräfte sind vielmehr an der Tagesordnung. Die Beobachtungen der Hannoveraner Forschergruppe fielen deutlich aus: Die sich am Übertritt in die Pubertät befindlichen Kinder fühlen sich nach dem Singen meistens glücklicher; sie erfahren, dass sich die Stimme durch Übung verbessert und spielen zumindest mit dem Gedanken, Gesangsunterricht zu nehmen. Geschlechterunterschiede spielten in dieser Studie generell keine Rolle. Inwiefern die Einschätzungen dieser Gymnasialschüler auf andere Schulformen übertragbar sind, sei dahingestellt, denn der sozioökonomische und Bildungshintergrund der Elternhäuser dürfen hier nicht außer Acht gelassen werden. Schließlich rekrutieren sich, wie wir im nächsten Kapitel noch genauer betrachten werden, Laienchöre aus der gesellschaftlichen Mittel- und Oberschicht. Es bleibt daher unbedingt festzuhalten, dass die Gelegenheiten zum Singen und zum Erwerb positiver Gesangserfahrungen womöglich ungleich verteilt sind, die Liebe zum Singen und die Freude an Liedern mit anderen zu teilen dagegen ganz sicher nicht.

Eine Interviewstudie des Pädagogen Stephen Paparo unter Mitgliedern eines Jugendchores in den USA ergab, dass sich ein

Einsatz der Feldenkrais-Methode zur Förderung von Körperbewusstsein recht positiv auf die individuellen Singerfahrungen auswirkte (Paparo, 2016). Das nach Moshé Feldenkrais benannte Verfahren umfasst eine Reihe von Übungen, die darauf ausgerichtet sind, Bewegungsabläufe und Bewegungsmuster durch erhöhte Aufmerksamkeit genauer wahrzunehmen, um eventuelle Blockaden zu lösen oder um grundsätzlich die Möglichkeiten und Zusammenhänge von körperlichen Bewegungsabläufen als Ressourcen für neue Handlungsmöglichkeiten zu verstehen. Die pädagogischen, künstlerischen und therapeutischen Implikationen sind Gegenstand ausführlicher Debatten in sehr unterschiedlichen Bereichen. Vor allem aber sind bewegungsintensive Tätigkeiten wie Sport und Musizieren häufig im Fokus der Verfahren und entsprechender Zielsetzungen. Im Falle der Untersuchung von Paparo (2016) ging es darum, den jungen Choristen aufzuzeigen, wie ihre gesangliche Aktivität körperliche Vorgänge beeinflusst und wie diese umgekehrt auch das Singen verändern. In der Tat legen verschiedene Äußerungen nahe, dass den Teilnehmenden beispielsweise deutlich wurde, wie sich körperliche Spannungs- und Entspannungszustände und darüber hinaus auch mentale Einstellungen, Bilder und Vorstellungen stimmlich auswirkten. Es zeigte sich somit, dass verbreitete Techniken der Gesangspädagogik, die häufig mit dem Ziel verbunden sind, die Stimme als eine Art Projektor wahrzunehmen, also die Stimmgebung nur indirekt zu adressieren, auch in der Chorarbeit mit Jugendlichen sinnvoll angewendet werden können. Erfahrungen lehren, dass es wenig produktiv ist, die Aufmerksamkeit beim Singen hauptsächlich etwa auf den Kehlkopf oder überhaupt auf den Vokalapparat selbst zu richten. Viel wirkungsvoller, so scheint es, entwickeln sich Gesangstechniken besser, wenn Stimmklang und Klangqualität im Vordergrund stehen. Dies erfordert sehr viel individuelle Arbeit, in der stimmgesundheitliche und ästhetische Aspekte dieselbe Aufmerksamkeit erhalten. Als hilfreich erweist sich zudem immer wieder das gezielte Trainieren der Atmung und des Stützapparates, also dort, wo die Energie für die Singstimme herkommt und die Grundlagen für eine stimmhygienisch einwandfreie Gesangstechnik gelegt werden.

Zur Demografie des Chorsingens

Choräle erklingen in Kirchen und Gemeindesälen, Schulchöre versammeln sich in Aulen oder Klassenzimmern, freie Chöre treffen sich zu Proben und Konzerten in allen möglichen Räumen, die ihnen zur Verfügung gestellt werden. Das Singen zieht allerdings noch viel weitere Kreise. Regelmäßige Singangebote sind auch in Altenheimen und Gesundheitseinrichtungen zu finden. Und es entstehen neuerdings Singgruppen in psychiatrischen und Reha-Kliniken, Krankenhäusern und sogar in Arztpraxen. Mit Kulturpflege allein sind diese Aktivitäten kaum zu begründen. Allem Anschein nach gibt es also gute Gründe, Liedgut zu verbreiten und für das gemeinsame Singen Angebote bereitzuhalten. Offenbar gibt es zudem Menschen, die auch angesichts von Erkrankungen statt Trübsal zu blasen lieber mit anderen ein Lied anstimmen und solche Angebote wahrnehmen.

Spricht aus diesen Beispielen nun ein Land voller Menschen, die jede Gelegenheit im Alltag zum Singen nutzen? Zweifelsohne trügt dieser Eindruck, denn die Defizite, die das gemeinsame Singen im Elternhaus, im Kindergarten und in der Grundschule betreffen, machen sich längst in einer – statistisch betrachtet – sehr moderaten Sangeslust bemerkbar. Insbesondere der Anteil von Chorsängern bleibt – so wird sich zeigen – hinter dem vorhandenen Potenzial weit zurück.

Die Statistik des Deutschen Musikrats über vokales Laienmusizieren macht für das Jahr 2018 kaum mehr als 2,1 Millionen Mitglieder aus, die in ungefähr 22.000 weltlichen und 33.000

kirchlichen Chören organisiert sind.[4] Das bedeutet, dass immerhin bis zu drei von 100 Bewohnern unseres Landes regelmäßig in Chören singen. Es bedeutet aber auch, dass der weit überwiegende Teil der Bevölkerung weit davon entfernt scheint, sich für das eigene Singen ernsthaft zu interessieren, geschweige denn bereit ist, sich einem Chor anzuschließen.

Chöre in der Arbeitswelt sind sicherlich nicht ganz selten, doch werden darüber kaum Statistiken geführt und so geben Zeitungsartikel über Werks- und Firmenchöre nur wenig Aufschluss darüber, wie solche Singgemeinschaften entstehen und was sie den Beschäftigten bedeuten. Norwegische Sozialforscher (Giaver et al., 2017) berichten über eine Initiative, in deren Rahmen acht Chöre mit Arbeitnehmern aus einer städtischen Region gegründet und von drei professionellen Chorleitern begleitet wurden. Zusätzliche Anreize sollten neben den wöchentlichen Proben und kleineren Konzerten auch Wettbewerbe zwischen den Chören und ein großes Chorfinale schaffen. Wenngleich die betreffenden Chöre nur drei Monate lang existierten und auch nur etwa jede dritte unter 1.100 angesprochenen Personen sich zur Teilnahme bereit erklärte, offenbarte sich den Forschern ein komplexes Bild der Chancen, Barrieren und Auswirkungen dieser Maßnahme. Grundsätzlich werden solche Initiativen an Arbeitsplätzten durchaus geschätzt. Bewegte Pausen, Sport- und Entspannungsangebote sind nicht nur willkommene Abwechslung, sondern können das Betriebsklima sowie individuelle Motivation und Leistungsbereitschaft begünstigen. Inwiefern dies auch im Falle des Chorprojektes erreicht werden konnte, sollte eine anschließende Befragung klären. Hier trafen die Autoren der Studie allerdings auf gemischte Erfahrungen. Zunächst einmal zeigten sich teilweise unerwartete Barrieren in Form von Selbststigmatisierungen unter den Teilnehmenden, die ahnen lassen, dass eine Dunkelziffer von Personen von vornherein aus mangelndem Zutrauen in die eigenen stimmlich-musikalischen

4 Die Statistik ist auf dem Portal http://miz.org einsehbar und direkt abrufbar unter: http://www.miz.org/downloads/statistik/41/41_Choere_Mitglieder.pdf (28.07.2020).

Fähigkeiten nicht erreicht werden konnte. Als hilfreich erwies sich dabei allerdings die Ansprache von Kollegen, deren Beispiel in vielen Fällen mehr bewirkte als allgemeine Informationen und E-Mails. Positive Rückmeldungen zeigten sich in vielen Bereichen, insbesondere waren die Teilnehmerinnen und Teilnehmer hochzufrieden mit den Konzerten und dem großen Finale. Menschen mögen es – und man kann es ihnen nicht verdenken –, Leistungen zur Schau zu stellen. Es ist nichts Verwerfliches daran, auf ein gelungenes Musikstück stolz zu sein. Doch genau daraus ergaben sich auch Misstöne dahin gehend, dass manche Teilnehmer die Erfolgsorientierung auch als ausgrenzend und die dafür aufgewendete Energie als ungebührlich hoch empfanden. Nach dem Ende der Intervention schien das Gefühl der Leere bei einigen Personen so ausgeprägt, dass sich die Autoren diesem Aspekt ausführlicher widmeten. Angesichts positiver und überwiegend erfüllter Erwartungen ist es verständlich, dass die Autoren damit indirekt auch mit der schon häufiger angeprangerten Projektkultur ins Gericht gehen: Es ist eine Sache, Menschen etwas Gutes zu tun, dagegen eine ganz andere, dieses Gute gerade dann wieder zu entziehen, wenn sich Erfolge einstellen. Jedenfalls zeigt dieses Beispiel, dass Kommissionen für Ethik und Forschungsfolgen abschätzungen zumindest danach fragen sollten, wie eventuell sinnvolle und von vielen Beteiligten positiv bewertete Maßnahmen fortgeführt werden könnten und welche Ressourcen oder individuelle Lösungen dafür vorgesehen sind.

Die norwegische Studie erinnert daran, wie schwierig es ist, Selbststigmatisierungen zu überwinden und Menschen darin zu bestärken, das Chorsingen wenigstens zu versuchen. Einerseits wählen anspruchsvolle Konzertchöre ihre Mitglieder mit Initiationsritualen aus, während andere Chöre händeringend nach neuen, vor allem jüngeren Mitgliedern suchen. Es ist in der Regel auch kein Problem, individuellen Stimmbildungsunterricht zu bekommen, um vermeintliche oder tatsächliche Schwächen der eigenen Stimme zu bearbeiten. Und dennoch haben es Chöre vielerorts schwer zu überleben. Es liegt also nicht an mangelnden Gelegenheiten. Ist das Singen für weite Teile der Bevölkerung schlichtweg unattraktiv? Wer singt überhaupt (noch) im Chor?

Und wie sind diese eifrigen Chorsänger überhaupt dazu gekommen, sich regelmäßig singenden Gruppierungen anzuschließen?

Es führt letztlich kein Weg daran vorbei, sich mit den Werdegängen von Laiensängern näher zu befassen. Da es sich nicht um berufliche Werdegänge handelt, ist deren Erkundung freilich etwas umständlicher und mühseliger. Es zeigte sich aber, dass Choristen nicht nur sangeslustig sind, sondern auch gerne Informationen über sich preisgeben, die wiederum Sozialwissenschaftlern helfen können, die demografische Struktur und die Hintergründe dieser Menschen genauer zu verstehen.

Peter Brünger von der Katholischen Universität Eichstätt, der selbst seit Jahrzehnten und mit großem Erfolg Chöre leitet und Generationen von Musiklehrern ausgebildet hat, hat sich vor einigen Jahren mit mir verbündet, um diesen Fragen auf den Grund zu gehen (Kreutz & Brünger, 2012b). Wir gingen davon aus, dass gemeinsames Singen große Chancen hat, aber womöglich auch Barrieren schafft, an denen etliche Menschen scheitern. Diese beiden Seiten erkundeten wir in einer repräsentativen Befragung.

Mitglieder von Chören innerhalb und außerhalb des Deutschen Chorverbandes erhielten über Mailinglisten Einladungen zur anonymen Teilnahme an einer Onlinebefragung. Viele Chorsänger widmen sich aufgrund ihrer Lebensumstände nur zeitweilig dem gemeinsamen Singen, sodass es ratsam erschien, nicht nur die am besten organisierten Sängerinnen und Sänger zu erreichen. Solchen Bedürfnissen entsprechen sogenannte Projektchöre, die in einem bestimmten Zeitraum mit einer zuvor festgelegten Anzahl von Proben Werke zur Aufführung bringen. Papierversionen des Fragebogens verteilten wir zusätzlich, um vor allem ältere Menschen, die weniger online sind, einzubeziehen. Der Rücklauf umfasste 3.145 beinahe vollständig ausgefüllte Bögen (online und auf Papier). Dieser unerwartet hohe Zuspruch deutet auf eine große Motivation und begünstigt natürlich auch die statistische Aussagekraft der Erhebung.

Die Befragten machten demografische Angaben zu ihrer Person und lieferten Informationen über aktuelle und frühere Berufstätigkeit, zur musikalischen Entwicklung und Ausbildung, darüber, in welcher Art von Chören sie seit wann und in welchen Stimmlagen aktiv sind und einiges mehr. Manche Fragen bezogen sich also auf die Vergangenheit bis hin zu den ersten Chorerfahrungen, während andere mehr auf die aktuelle Situation und Einstellungen zum Singen eingingen. Darunter waren auch offene Fragen, etwa zu guten und schlechten Erfahrungen mit dem Singen.

Die Ergebnisse zeigen zunächst das erwartete Geschlechterverhältnis von zwei (weiblich) zu eins (männlich). Und auch das durchschnittliche Lebensalter von 40 bis 45 Jahren bei einer Altersspanne von 15 bis 89 Jahren entspricht den Werten aus anderen Stichproben. 60 Prozent der Befragten berichteten über erste Chorerfahrungen vor dem zwölften Lebensjahr, während weniger als fünf Prozent erst nach dem 40. Lebensjahr in einen Chor eingetreten sind. Frauen waren bei ihren ersten Chorerfahrungen mit knapp 14 Jahren deutlich jünger als Männer mit rund 17 Jahren. Dies allein erklärt natürlich nicht, warum Männer in Chören unterrepräsentiert sind. Es scheint lediglich festzustehen, dass in Kindheit und Jugend die Weichen für eine spätere Mitgliedschaft gestellt werden.

Vier von fünf Sängern entschieden sich bereits vor dem 20. Le bensjahr für einen Chor. Allein diese Beobachtung widerlegt den oberflächlichen Eindruck, Chorsingen sei hauptsächlich etwas für ältere Menschen. Die Teilnehmer waren zum Zeitpunkt der Erhebung durchschnittlich fast 20 Jahre in Chören aktiv. Das ist selbst unter Berücksichtigung der Streuung und Altersbandbreite der Stichprobe beachtlich. Die langjährigen Chormitgliedschaften deuten auf wenige Unterbrechungen im Erwachsenenalter und einen quasi familiären Umgang miteinander im Chor hin. Die Mitglieder sind ausgesprochen treue Seelen. Ob sie ihren Lebenspartnern dieselbe Treue zukommen lassen, war allerdings nicht Gegenstand dieser Erhebung.

Der Vergleich mit einer Familie oder einer Ehe ist dennoch nicht ganz verkehrt. Tatsächlich sind es häufig Angehörige wie Elternteile, Großeltern oder Geschwister, die den ersten Kontakt herstellen. Sie spielen eine mindestens so wichtige Rolle wie Musiklehrer und Chorleiter, die ihrerseits natürlich auch in ihrem Umfeld das gemeinsame Singen propagieren. Bleiben wir einen Moment beim Singen in der Familie. Es liegt auf der Hand, dass dieses nicht spurenlos an den Familienmitgliedern vorbeigeht – im positiven Sinne. Der Oldenburger Familiensoziologe Michael Feldhaus beschäftigt sich schon seit vielen Jahren mit wichtigen Fragen rund um das Familienleben: Was sind eigentlich gemeinsame Aktivitäten und was bedeuten sie für die Beziehungen und Einstellungen der Familienmitglieder zueinander? Wie wichtig ist es etwa, gemeinsam zu essen, miteinander zu spielen und überhaupt Zeit miteinander zu verbringen, die nicht durch das Erledigen von Aufgaben und Pflichten besetzt ist. Nachdem wir über die Jahre mehrfach auf dem Unicampus miteinander ins Gespräch kamen, fiel endlich der Groschen und es war klar, dass wir unsere Kräfte bündeln und herausfinden sollten, ob und wie Aktivitäten wie Singen und Musizieren auf die Beziehungsqualität der Familienmitglieder wirken und wodurch diese Zusammenhänge beeinflusst werden (Kreutz & Feldhaus, 2018). Denn Musik- oder Gesangsunterricht ist teuer und auf den ersten Blick scheinen Familien mit mehr Einkommen deutlich im Vorteil zu sein. Auf den zweiten Blick aber ist das gemeinsame Singen unter ökonomischen Gesichtspunkten als absolut barrierefrei zu verstehen. Anders gesagt: Man hat es in der Hand und es ist keine Frage des Geldes, ob man seine Zeit vor dem Fernseher oder mit kulturellen Aktivitäten verbringt. Feldhaus und ich zogen als empirisches Fundament unserer Studie eine bereits existierende Datenbasis heran, das Beziehungs- und Familienpanel namens pairfam, das von renommierten Soziologen durch eine Förderung der Deutschen Forschungsgemeinschaft (DFG) ins Leben gerufen wurde. Der Kernpunkt dieses Panels sind regelmäßige Befragungen in mehreren Hundert Familien im gesamten Bundesgebiet über ihr Familienleben. Daraus ist über die Jahre ein sehr großer Datenbestand erwachsen, der es Forschern aus der ganzen Welt ermöglicht, herauszufinden, welchen Einflüssen und Veränderungen das Familienleben unterworfen ist. Uns genügte allerdings ein sehr kleiner Ausschnitt von Daten, um unsere Forschungsfragen bearbeiten zu können. Eine erste Erkenntnis war die, dass ungefähr jede zehnte Familie angab, täglich miteinander zu singen oder zu musizieren. Zweitens kam zum Vorschein, dass die Eltern in musizierenden Familien ihren Kindern ein besonders stark ausgerichtetes prosoziales Verhalten bescheinigten. Und drittens erwies sich dieser Zusammenhang als unbeeinflusst vom Familieneinkommen, wohl aber abhängig von der Bildung der Eltern einerseits und dem Geschlecht des Kindes andererseits. Unterm Strich allerdings konnten wir beobachten, dass das Singen und Musizieren durchaus positiv auf das Familienleben zurückwirkt – und das in einer Phase, in der die Kinder allmählich zu pubertieren und mit ihrer Freizeit selbstständiger umzugehen beginnen (Kreutz & Feldhaus, 2018).

Kommen wir auf unsere Chorstudie zurück, die übrigens auch einige Schattenseiten zutage förderte. Wie in jeder Beziehung ist auch hier so manche Krise zu überstehen. Wenn Menschen über längere Zeit – sei es über Jahre oder Jahrzehnte – miteinander umgehen, lässt das nicht zwangsläufig durchweg »Friede, Freude, Eierkuchen« erwarten. Und tatsächlich berichtete jeder dritte Befragte von schlechten Erfahrungen mit Chören (Kreutz & Brünger, 2012a). Am häufigsten treten Probleme mit den Chorleitern auf und am zweithäufigsten mit anderen Chorsängern, während Proben, Repertoire oder Leistungsanforderungen an sich nur selten als belastend empfunden werden. Berichte über die Austritte von Chorleitern und einzelnen Chormitgliedern zeigen, dass diese Gemeinschaften auf eine gute Kommunikation und auf von allen Individuen akzeptierte soziale Regeln angewiesen sind. Bei allen individuellen Vorkommnissen treten insgesamt auch einige durchaus positive Aspekte zutage. Beispielsweise gaben die Befragten das Singen auch nach schwierigen zwischenmenschlichen Episoden nicht auf. Selten wird darüber hinaus von Problemen mit der eigenen Singstimme berichtet. Es ist zwar nicht ausgeschlossen, dass die Stimmbänder auch bei Laien überbeansprucht werden können, doch sind solche gesundheitlichen Folgen anscheinend eher zu vernachlässigen. Und schließlich zeigen negative Erfahrungen auch auf, dass eine ganze Menge passieren muss, bevor sich jemand genötigt sieht, auf andere Hobbys auszuweichen. Chöre sind folglich sehr stabile soziale Gemeinschaften, in denen sich die Beteiligten weitgehend tolerieren. Das schließt jedoch die Notwendigkeit einer guten Verständigung nicht aus. Somit spiegeln die Stimmen und Klänge eines Chores durchaus auch emotionale Stimmungen und echte Freude an der Gemeinschaft wider, welche die Mitglieder miteinander teilen. Sie sind in der Lage, an Schwierigkeiten zu wachsen und den Zusammenhalt letztlich zu bestärken.

Die traditionellen gemischten Chöre bilden zwar auch heute die zentralen Anlaufpunkte für Gesangsinteressierte, doch diese Dominanz scheint bereits seit geraumer Zeit zu bröckeln. Projektchöre, die nur zeitweilig existieren, sowie Chöre, die sich populären Musikstilen widmen (z.B. Pop, Jazz oder Gospel) und in kleineren Nischen des musikalischen Geschmacks etabliert sind, gewinnen an Bedeutung. Interessant ist, dass Chorsingen auch als Teil des Lebensstils verstanden wird (z.B. schwul-lesbische Chöre). Parteien, Firmen und andere Einrichtungen verfügen ebenfalls über eigene Singgruppen. Sie entstehen fast überall, wo Menschen aus unterschiedlichen Gründen aufeinandertreffen, mehr oder weniger freiwillig zusammenarbeiten und eine längerfristige Perspektive benötigen, um gut miteinander auszukommen. Unsere Befragung, so umfangreich sie auch angelegt war, kann nur die Spitze des Eisbergs erfassen. Sie ermöglicht auch keine Aussagen über die Qualität und den langfristigen Zuspruch zu gesanglichen Sparten. Gleichwohl wird deutlich, dass das Angebot von und die Nachfrage nach Chorsingen von vielen musikalischen und gesellschaftlichen Einflüssen geprägt sind. Es wäre interessant, diese Dynamik des Chorlebens über einen längeren Zeitraum zu verfolgen, um zu sehen, wohin sich diese Landschaft entwickelt und wo neue Blüten entstehen.

Einige Beobachtungen stimmen nachdenklich. Es bedrückt, dass erwachsene Menschen ohne eine frühere Chorerfahrung in Kindheit und Jugend kaum Zugang zu einem Chor finden. Die Hälfte aller Befragten gab an, im Schulchor die ersten Chorerfahrungen gemacht zu haben. Schulchöre rangieren in ihrer zahlenmäßigen Bedeutung weit vor Kinder- oder Jugendchören, die sicherlich sehr viel zur Gesangskultur beitragen. Mit Blick auf die prekäre Lage des Musikunterrichts an den allgemeinbildenden Schulen liegt die Frage nahe, ob nicht jede Generation von Schülern, die kaum Gelegenheit zum Chorsingen erhält, zugleich auch eine verlorene Generation für das Laiensingen darstellt – mit langfristigen Folgen, die wir heute nur schwer abschätzen können.

Es mag überraschen, dass früherer Instrumentalunterricht weitaus häufiger angegeben wird als Gesangsunterricht. Doch ist zu bedenken, dass Sänger ausgesprochene Spätzünder sind, und zwar selbst in Bezug auf die gesangliche Ausbildung von Profis. Das Instrumentallernen ist folglich eine gute Grundlage für einen späteren Eintritt in einen Laienchor.

Die insgesamt ausgeprägte musikalische Bildung von Chorsängern spiegelt sich auch in allgemeinen soziografischen Merkmalen wider. Hohe Bildungsabschlüsse sind verbreitet und statistisch viel häufiger als im allgemeinen Bevölkerungsdurchschnitt. Entsprechend herrscht so gut wie Vollbeschäftigung unter den im arbeitsfähigen Alter befindlichen Chorsängern – im Gegensatz zum Gesamt der bundesdeutschen Bevölkerung. Es entsteht der Eindruck, als sei hier eine handverlesene Gruppe aus der Mittelschicht rekrutiert worden. Zumindest lässt sich erahnen, wie schwierig es für Menschen in prekären Lebenslagen und aus unteren sozialen Schichten sein muss, sich einem Chor anzuschließen.

Zusammenfassend lässt die demografische Beschreibung von Chören die Charakterisierung zu, dass es sich um generationsübergreifende, fast familiär anmutende Gemeinschaften mit starken Bindungskräften handelt. Die Studie lässt zwar offen, warum die Mitgliedschaften in Chören seit Jahren in absoluten Zahlen gemessen tendenziell abnehmen; sie macht aber deutlich, dass sich viele gesanglich Interessierte weniger mit Chören, festen Probeterminen und Vereinskulturen identifizieren. Dieser Trend speist sich aus einem Musikleben mit vielen Farben und Vermischungen zwischen Karaoke und Rudelsingen in der Kneipe.

Der Altersdurchschnitt in den Chören, der dem landläufigen Bild grau melierter Herren und jung gebliebener Damen im besten Lebensalter durchaus entspricht, täuscht in einem Punkt: Es ist keine Gemeinschaft, die von Menschen mittleren Alters besonderen Zulauf hätte. Denn die heute 40- bis 60-jährigen

Choristen sind bereits mindestens 20 Jahre oder länger aktiv dabei – und sicherlich bereit, noch einige Jährchen draufzupacken. Zur demografischen Wirklichkeit des Chorwesens zählen sicherlich auch die aufgezeigten musikalischen und sozialen Barrieren. Es wäre naiv, zu meinen, Chorsingen wäre für alle Mitmenschen gleichermaßen verfügbar und erreichbar. Es bleibt eine Generationenaufgabe, die Barrieren sozialer Herkunft *und* fehlender musikalischer Bildung nachhaltig zu beseitigen. Die Situation ist allerdings nicht ohne Hoffnung. Und in der Zwischenzeit zählt, zumindest was das gemeinsame Singen betrifft, buchstäblich jede Stimme. Die Ära der traditionellen Chöre ist damit zwar keineswegs zu Ende, doch sorgt die Vielfalt musikalischer Bedürfnisse und Lebensstile dafür, dass sich die Chorlandschaft stark zu verändern beginnt.

Gesundheit und Wohlbefinden – eine Frage der Kultur?

Die allgemeine Versorgung mit lebensnotwendigen Gütern und damit die Gesundheit ganzer Bevölkerungen ist in der Welt sehr ungleich verteilt. In Erhebungen, die die Lebenserwartung betreffen, führen Menschen in den Industrienationen weltweit alle Statistiken an. Sauberes Trinkwasser, gesunde Nahrungsmittel und eine exzellente medizinische Versorgung sind neben einem hohen allgemeinen Bildungsstandard die hierfür wesentlichen Faktoren. Es geht uns insgesamt gesehen recht gut.

Gesundheit, wie sie die Weltgesundheitsorganisation (WHO) definiert, bedeutet jedoch weitaus mehr:

> »Health is a state of complete physical, mental and social well-being and not merely the absence of disease or infirmity.«[5]

Diese Definition stammt aus der Präambel zur Verfassung der WHO nach einer Expertenkonferenz in New York. Sie wurde am 22. Juli 1946 durch Regierungsvertreter von 61 Staaten unterzeichnet (Official Records of the World Health Organization, no. 2, S. 100), und trat am 7. April 1948 in Kraft (Hurrelmann & Razum, 2016). Spätere Erweiterungen dieser Definition schlossen auch ein spirituelles Wohlbefinden mit ein.

---

5 Gesundheit ist ein Zustand völligen körperlichen, geistigen und sozialen Wohlbefindens und nicht nur die Abwesenheit von Krankheit oder Gebrechen (Übersetzung G. K.).

Interessant ist der im Mittelpunkt stehende Begriff *Wohlbefinden*. Damit ist Gesundheit weder das ausschließliche Ergebnis einer guten Grundversorgung, noch ist sie als ein rein medizinisches Phänomen zu betrachten. Eine Definition allein erklärt allerdings noch nicht, wie Gesundheit zu fördern ist und krankmachende Einflüsse in Schach zu halten sind. Es ist sicher nicht verkehrt, sich gesund zu ernähren und für ausreichend Bewegung zu sorgen, genauso wie der Schutz unserer Umwelt einen positiven Effekt haben dürfte. Aber reicht das allein aus?

Gesundheit und Krankheit sind die Endpunkte eines Kontinuums. So jedenfalls lautet die sogenannte salutogenetische Sichtweise, die einst der israelische Arzt Aaron Antonovsky (1997) dem pathogenetischen Ansatz der Allgemeinmedizin gegenüberstellte. Erstere steht übrigens völlig im Einklang mit der WHO-Definition von Gesundheit. Sie betont, dass die für Heilung und Genesung von Verletzungen und Krankheiten notwendigen Ressourcen von außen und von innen kommen müssen. Der salutogenetische Ansatz bringt zutage, wie unerlässlich unsere eigenen psychischen, seelischen und körperlichen Kräfte in Krisensituationen sind. Gleichwohl wirkt er beinahe wie ein Fremdkörper oder geradezu wie ein Gegenentwurf zu einem Gesundheitssystem, das medizinökonomisch sehr stark auf Behandlungsmaßnahmen wie Medikamente, Operationen und prothetische Eingriffe ausgerichtet ist. Die uns interessierende Frage ist nun, inwiefern kulturelle Bildung im Allgemeinen und kulturelle Techniken wie das Singen im Besonderen salutogenetisch relevante Faktoren darstellen. Wir haben es nicht in der Hand, wo und unter welchen Umständen wir geboren werden und unter welchen Lebensbedingungen wir aufwachsen. Gesundheit scheint aus vielen Gründen eine Frage des individuellen Geschickes zu sein und ebenfalls davon abzuhängen, ob es gelingt, Risiken aus dem Weg zu gehen. Kriege, Umweltkatastrophen und Klimawandel legen scheinbar nahe, dass Gesundheit auch auf Ebene ganzer Bevölkerungen ähnlichen Launen des Schicksals unterworfen ist. Doch das ist nur ein Teil der Wahrheit. Zumindest in Friedenszeiten und unter günstigen ökonomischen und klimatischen Bedingungen, wie sie in den Industrienationen vorherrschen, lauern gesundheitliche Probleme an ganz anderer Stelle. Alarmierende Statistiken über sogenannte Zivilisationskrankheiten wie Diabetes Typ 2, Bluthochdruck, bestimmte Krebserkrankungen oder die Folgen von Alkohol- und Drogenmissbrauch führen regelmäßig zu Kampagnen, die zu mehr Freizeitsport und Fitness, medizinischer Vorsorge sowie generell zur Vermeidung von Gesundheitsrisiken aufrufen. Diese Problematiken rühren ganz offenkundig eher wenig von genetischen oder von Umwelteinflüssen her. Stattdessen liegt der Schlüssel zu mehr Gesundheit in uns selber und insbesondere darin, *wie wir uns verhalten*.

Die Ausbreitung von Wohlstandskrankheiten wie Bluthochdruck und Diabetes liegt in unserer Hand. Wie man es dreht und wendet, wir müssen Dinge tun, die gut für uns sind, und Dinge meiden, die uns längerfristig schaden. Das klingt viel zu einfach, um wahr zu sein. Doch dürfen wir eines nicht übersehen: Jede Minute, die wir mit sinnvollen Aktivitäten verbringen, nimmt im gleichen Maße Zeit von jener Uhr, die quasi in die Gegenrichtung tickt. Eine Stunde Singen am Abend mit lieben Leuten ist eine Stunde weniger vor dem Fernseher oder in der Ecke eines Lokals. Das muss nicht gleich einen völligen Sinneswandel hin zur Askese bedeuten. Es geht darum, eine Balance zu wahren und sich bewusster darüber zu sein, was wir tun.

Ein anderes gesellschaftliches Problem von großem Ausmaß, das uns alle erreichen wird, hängt mit dem demografischen Wandel zusammen. So wird für viele Menschen ein langer Lebensabend mit der trüben Aussicht verknüpft sein, einen großen Teil davon unter der Obhut von Betreuern und Pflegern verbringen zu müssen. Demenzerkrankungen etwa stehen statistisch gesehen jeder fünften Person nach dem 80. und jeder zweiten spätestens nach dem 90. Lebensjahr bevor. Noch häufiger werden uns wohl Herz-Kreislauf-Probleme und andere chronische Leiden ereilen, die häufig von psychischen Beschwerden begleitet sind.

Wie steht es nun um unsere natürlichen Veranlagungen und Bedürfnisse? Wäre es nicht sinnvoll, unsere individuellen Ressourcen wahrzunehmen und zu nutzen, um besser zu leben? Wie sieht es etwa mit Singen, Tanzen und Musizieren aus? Offenkundig tragen sie zum individuellen Wohlbefinden im Sinne der WHO-Definition bei – genügend Anlass, wie ich finde, um sich über gesundheitliche Bedeutungen kultureller Aktivitäten weiter gehende Gedanken zu machen.

Wie können uns ausgerechnet kulturelle Aktivitäten zu mehr Gesundheit verhelfen? Wir nehmen Kulturangebote schließlich wahr, solange wir uns gesund fühlen und genießen sie als Unterhaltung oder auch, um unsere Sicht auf die Welt zu hinterfragen. Die finanziellen Mittel dafür sehen wir als gut investiert an, und zwar ganz egal, ob es den Neubau oder den Unterhalt eines Konzert- oder Opernhauses, den Klavierunterricht für das Kind oder die Konzertkarte für ein Open-Air-Festival betrifft. Kultur ist Bestandteil unserer Identität. Sie symbolisiert, wer wir sind. Höhlenzeichnungen, Museen oder Konzertsäle repräsentieren die Vitalität und Schaffenskraft von früheren und heutigen Gesellschaften. Leistet Kultur damit nicht schon genug? Wir sollten entsprechende Tätigkeiten auch als Investitionen in unsere Gesundheit begreifen, anstatt dafür anfallende Kosten einfach als Freizeitausgaben abzuschreiben. Weder erscheint es sinnvoll, Aspirin gegen Konzertkarten oder Chorsingen einzutauschen, noch dürfte es zweckdienlich sein, das eine gegen das andere auszuspielen. Wir haben große Probleme vor uns und keine Antworten auf die Frage, wie unser Gesundheitssystem in den kommenden Jahrzehnten mit den vorhandenen materiellen Mitteln auskommen soll. Es ist höchste Zeit, unsere immateriellen individuellen Ressourcen besser zu verstehen und zu prüfen, was sie für uns und unser Wohlbefinden leisten können.

Die Wissenschaft, die sich als Teil der Medizin mit der Verbreitung von Krankheiten sowie darüber hinaus mit allgemeinen Gesundheitsrisiken und Vorsorge auf Bevölkerungsebene befasst, ist die Epidemiologie. Epidemiologische Studien stehen hinter vielen Statistiken, die fast täglich über die Nachrichtenticker laufen und uns beispielsweise auch darüber informieren, in welchem Maße unterschiedliche Berufsgruppen von bestimmten psychischen oder körperlichen Leiden heimgesucht werden. Versicherungen richten ihre Konditionen und Tarife an epidemiologischen und anderen Daten aus. Und auch für staatliche

Behörden ist es natürlich interessant zu wissen, von welcher Seite unser von Steuern und Beiträgen finanziertes Gesundheitssystem besonders belastet sein wird. Dazu werden aus der gesamten Bevölkerung repräsentative Stichproben gezogen. Jede ausgewählte Person erhält dann Fragebögen oder wird verschiedenen Tests unterzogen. Zudem werden die persönlichen Angaben in Beziehung zu den Krankenakten, Medikamentenverschreibungen und anderen Daten gesetzt. Daraus lässt sich dann ein umfassendes Bild darüber gewinnen, welche Risiken, Krankheiten und Gebrechen – auf Altersgruppen oder Lebensräume bezogen – bestehen und welche Faktoren diese Risiken beeinflussen. Es versteht sich, dass solche Informationen in hohem Maße gesundheitspolitisch verantwortliches Handeln erfordern.

Epidemiologische Studien, die seit den 1990er Jahren in Skandinavien unternommen wurden, trugen viel dazu bei, die gesundheitliche Bedeutung kultureller Aktivitäten auf Ebene der Bevölkerung zumindest ansatzweise zu verstehen. Der schwedische Epidemiologe Lars-Olov Bygren und sein Team (Bygren et al., 1996) gehören zweifellos zu den Pionieren auf diesem Gebiet. Sie fanden heraus, dass die wöchentliche Teilnahme an kulturellen Veranstaltungen mit einer längeren Lebensdauer verknüpft war und dass kulturell aktive Personen auch seltener schwer erkrankten im Vergleich zu anderen Menschen aus derselben Stichprobe mit ähnlichen Risikoprofilen. Eine Forschergruppe um Markku Hyyppä aus Finnland verglich die Lebenserwartung unter schwedisch und finnisch sprechenden Finnen. Sie entdecken höhere Werte und zugleich auch ein größeres kulturelles Kapital bei der ersten Gruppe, den schwedisch sprechenden Finnen. Kulturelles Kapital bemisst sich in diesem Zusammenhang daran, inwieweit Menschen bereit sind, Traditionen zu pflegen, Zeit und Geld in Dinge wie Chorsingen, Volkstänze und andere Ausdrucksformen zu investieren (Hyyppä et al., 2006).

Die naheliegende Frage ist nun: Was ist die Ursache und was ist die Wirkung? Sind kulturell aktive Menschen nicht auch gerade diejenigen, die auch sonst viel für ihre Gesundheit tun? Verfügt diese Gruppe eventuell über ein höheres Einkommen und mehr Freizeit als der Rest der Bevölkerung? Solche Einflüsse zu kontrollieren und auszuschließen ist das tägliche Brot von Gesundheitsforschern und Psychologen, die genau wissen, dass ein statistisch bedeutsamer Zusammenhang nur ein Anfang ist, um nach tiefer gehenden Erklärungen zu suchen. Es darf aber auch nicht der Eindruck entstehen, all diese Studien blieben folgenlos und führten nur zu steigendem Forschungsbedarf. Dafür etwa, dass das Rauchen nun als Ursache für Krebserkrankungen zweifelsfrei überführt scheint, brauchte es eine sehr lange Zeit. Die Zweifel an den wissenschaftlichen Belegen, die nicht nur Lobbygruppen der Tabakindustrie immer wieder ins Feld führten, bewirkten allerdings dennoch etwas Gutes. Denn inzwischen sind die methodischen Standards so hoch, dass ihre Einhaltung in sehr viel kürzerer Zeit zu belastbaren Ergebnissen führen kann. Davon profitieren auch epidemiologische Studien, die sich gesundheitlich *positiven* Verhaltensweisen widmen, für die schließlich dieselben Regeln gelten müssten wie für schädliches Verhalten.

Der niederländische Epidemiologe und Sozialwissenschaftler Koenraad Cuypers und seine Kollegen fanden im Rahmen einer in Norwegen durchgeführten Populationsstudie Hinweise darauf, dass kulturell aktive Menschen – ungeachtet ihres sozioökonomischen Status – viel weniger unter Ängsten und Depressionen litten und sich im Vergleich zu Personen mit ähnlichen demografischen Merkmalen, die weniger am Kulturleben teilnahmen, auch gesünder und lebenszufriedener fühlten. Insbesondere Männer scheinen von Kulturangeboten in besonderem Maße zu profitieren (Cuypers et al., 2012). In eine ähnliche Richtung weisen Untersuchungen des Karolinska-Instituts in Stockholm, die unter der Leitung von Anna Wilkinson und Lars-Olov Bygren durchgeführt wurden (z. B. Wilkinson et al., 2007). Deren Gegenstand war insbesondere die Ermittlung von Zusammenhängen zwischen der regelmäßigen Teilnahme an kulturellen Angeboten und dem Auftreten bestimmter Krebsarten. Es zeigte sich, dass ein vermindertes Risiko nur Stadtbewohner betraf, wohingegen Teilnehmer aus ländlichen Regionen nicht zu profitieren schienen (Bygren et al., 2009). Solche Unterschiede zu erklären, fällt schwer. Eventuell sind die Ergebnisse Folge einer

Landflucht, bei der Menschen mit geschwächten Immunsystemen eher zurückbleiben. Doch ohne weitere Daten bleibt dies pure Spekulation. Auf jeden Fall lohnend wäre es, darüber nachzudenken, ob und wie hochwertige kulturelle Angebote in städtischen und ländlichen Regionen angemessen und flächendeckend zu organisieren wären. Denn hier scheinen Ungleichgewichte zu bestehen, die aufgearbeitet werden müssten.

Nun gehören skandinavische Länder sicher nicht zu den ärmsten der Welt. Doch selbst wenn sozioökonomische Unterschiede in den genannten Studien berücksichtigt sind, stellen sich viele weitere Fragen. Profitieren Menschen in anderen, ärmeren Regionen der Erde ebenso von kulturellen Angeboten, die schlechtere Umweltbedingungen und soziale Schieflagen in den Bevölkerungen wohl kaum ausgleichen können? Es würde den Rahmen des Buches sprengen, diese Frage in der gebührenden Weise zu vertiefen. Es gibt tatsächlich viele Beispiele dafür, wie Musik, Theater, Tanz und Kunst genutzt werden können, um Menschen über gesundheitliche Risiken aufzuklären, wie musikalische Bildung Kindern und Jugendlichen dazu verhilft, eine bessere Lebensperspektive für sich und ihr unmittelbares Umfeld zu entwickeln, oder wie gemeinsames Tanzen dazu beiträgt, sozial benachteiligten Menschen gesündere Lebensweisen mit mehr Bewegung und weniger kalorienreicher Nahrung nahezubringen. Kurzum: Sozioökonomische Unterschiede sind kein Argument dafür, auf die wertschöpfenden Wirkungen immaterieller kultureller Werte und Güter auch und gerade in ärmeren Ländern zu verzichten.

Die Frage, die uns nun beschäftigt, lautet: Inwiefern besitzt das gemeinsame Singen, das in den epidemiologischen Studien ja nur einen Teil des kulturellen Kapitals ausmachte, für sich genommen eine gesundheitliche Relevanz? Wir neigen dazu, die gesundheitliche Bedeutung des Singens, Tanzens, Malens, Musizierens oder sonstiger künstlerischer Beschäftigungen zu unterschätzen, weil wir kulturelle Aktivitäten als *Folge* von Wohlstand und Gesundheit anstatt als eine ihrer *Ursachen* begreifen. Unglücklicherweise verstärken Castingshows den Eindruck, dass musikalisches oder künstlerisches Talent äußerst rar ist und höchstens im Einzelfall zu persönlichem Glück beiträgt. Die Existenz zu Recht oder zu Unrecht als weniger begabt dargestellter Menschen suggeriert, dass wir es mit der Kunst – und insbesondere mit dem Singen – doch selbst bitteschön besser sein lassen sollten.

Das alles macht es nicht einfacher, jenen Studien und Beobachtungen zu vertrauen, die eine ganz andere Sicht nahelegen, aus der kulturelle Aktivitäten tatsächlich als *Ursache* von mehr Wohlbefinden und mehr Gesundheit infrage kommen. Es gibt zumindest theoretische Ansätze, die diese Wirkungsrichtung auch begründen und erklären können. So stehen beispielsweise kulturelle Aktivitäten hoch auf der Liste der Dinge, die im Sinne der einflussreichen Selbstwirksamkeitstheorie nach Albert Bandura für ein selbstbestimmtes Leben wichtig sind. Der Psychologe vermutet, dass Gesundheit und Wohlbefinden davon abhängen, wie Menschen ihre eigenen Handlungs- und Verarbeitungsmöglichkeiten in der Zukunft beurteilen. Dadurch, dass kulturelle Aktivitäten die Selbstwirksamkeit einer Person bestärken, verändern sie deren Sicht auf die eigene psychische, körperliche und geistige Gesundheit und damit auch indirekt ihr gesundheitsrelevantes Verhalten (Bandura, 2004).

Eine weitere Theorie besagt, dass positive Empfindungen und Affekte gesundheitlich von Bedeutung sind. Die Alltagsweisheit »Lachen ist gesund!« hat also auch einen ernsthaften wissenschaftlichen Hintergrund. So zeigt eine Vielzahl von Studien um die amerikanische Psychologin Barbara Fredrickson, dass eine positive Lebensführung mit sozialen Kontakten, Zufriedenheit und Liebe gut für Herz, Kreislauf und Immunsystem ist (z. B. Fredrickson, 2004). Gründe dafür sind, dass weniger Stress entsteht, dieser frühzeitiger abgebaut wird und der Körper nach einer Belastung schneller wieder in einen unbeschwerten Zustand zurückfindet. Solche Forschungen im Bereich der sogenannten Positiven Psychologie unterstreichen, dass häufige angenehme Episoden im Alltag die Entstehung von Krankheiten günstig beeinflussen können. Der Weg von Freude zu mehr Gesundheit ist allerdings komplex und verläuft auf unterschiedlichen Pfaden durch unser Nervensystem. Der Schlüssel liegt teils im Gehirn, teils in anderen Organen, in denen jeweils Hormone und Botenstoffe unsere inneren Zustände beeinflussen (Pressman & Cohen, 2005).

Zusammenfassend offenbaren sich signifikante, gleichwohl schwer zu fassende Zusammenhänge zwischen kulturellen Aktivitäten auf der einen Seite und Indikatoren für psychische und körperliche Gesundheit auf Bevölkerungsebene auf der anderen. Individuelle Unterschiede wie etwa Geschlecht, Herkunftsregion, Formen der rezeptiven oder aktiven kulturellen Betätigung und andere Faktoren, von denen längst nicht alle identifiziert zu sein scheinen, spielen wesentlich in diese Zusammenhänge hinein. Diese sind generell bedeutsam, da sich in epidemiologischen Studien zufällige Einflüsse von Bildung, sozioökonomischen Hintergründen und anderen demografischen Merkmalen recht gut kontrollieren lassen. Gleichwohl fehlen bislang Untersuchungen, die die gesundheitliche Relevanz einzelner Aktivitäten aufdecken – etwa die des Chorsingens. Dass hierfür ein Bedarf besteht, steht mit Blick auf die nachfolgenden Kapitel außer Frage.

Ist Singen gesund?

Gesundheit geht aus vielen Umfragen als unser wichtigstes persönliches Gut hervor. Sie ist demnach eine, wenn nicht *die* Grundlage für unser persönliches Glück. Kein Wunder, dass ein gesundheitsbewusstes Leben selbst ohne jeden ärztlichen Rat selbstverständlich geworden ist. Was aber hat man ausgerechnet davon, in einem Chor zu singen? Wir haben bereits gesehen, dass Dinge, für die wir uns frei entschließen, Freude machen und uns zum Lachen bringen, unser Wohlbefinden fördern können. Es spricht also grundsätzlich nichts dagegen, gesundheitliche Effekte auch im Singen zu vermuten. Was aber genau liegt zwischen dem Vorgang des Singens und dem Glück und der Zufriedenheit, von denen so viele Choristen berichten? Was haben vibrierende Stimmbänder mit dem psychischen, körperlichen oder geistigen Wohlbefinden überhaupt zu tun? Es gibt bis heute keinen einzigen wissenschaftlichen Beleg dafür, dass singende Menschen gesünder wären als nicht singende Menschen; oder dass Menschen, die über viele Jahre im Chor singen, weniger häufig schwer erkrankten oder eine höhere Lebenserwartung in sich trügen.

Freilich liefert die Epidemiologie einen Anstoß, nach solchen Belegen zu suchen. Doch sind dazu Studien mit weiteren wissenschaftlichen Verfahren erforderlich, die viel näher an Individuen innerhalb von Bevölkerungsgruppen ansetzen. Schließlich geht es darum, Auswirkungen insbesondere in jenen Menschen zu beschreiben, die sich aktiv dem Singen widmen und sich in diesem Merkmal von ihren Mitmenschen unterscheiden.

Das klingt recht kompliziert. Machen wir es uns damit nicht vielleicht etwas zu schwer? Gesundheitliche Wirkungen des Singens sind schon allein deshalb anzunehmen, weil es so stark mit Glücksgefühlen verbunden ist. Doch damit geraten wir in eine zirkuläre Argumentation, indem wir Singen als Ursache von Glück, Glück und Freude als Ursache von Gesundheit und schließlich die Gesundheit wieder als Motivation für das Singen erklären. Damit wäre nun nichts gewonnen, selbst wenn wir die Wirkrichtung herumdrehen oder die Reihenfolge verändern. Wie also können wir die Frage im Titel des Kapitels so beantworten, dass in genügendem Maße wissenschaftliche Kriterien erfüllt werden?

Gesundheitliche Wirkungen des gemeinsamen Singens darzustellen gleicht einer Fahrt zwischen Skylla und Charybdis. Dieses Bild eines Schiffes aus der griechischen Mythologie, das vor der beinahe unmöglichen Aufgabe steht, eine Meeresenge zwischen zwei Inseln bei rauem Wetter zu passieren, versinnbildlicht den engen Spielraum, der zwischen trügerischen Alltagsweisheiten und einer (noch) unzureichend informierten Wissenschaft übrig bleibt, um den Stand der Forschung zu unserer Fragestellung angemessen darzustellen. Wissenschaftler müssen stets auf der Hut sein, sich nicht in Annahmen zu verrennen, die sich nach Jahren und Jahrzehnten doch als haltlos erweisen; genauso fatal wäre es, wenn sie Wirkungszusammenhänge ignorierten, für die es jede Menge praktische Erfahrungen, jedoch vorerst keine wissenschaftlichen Belege gibt.

Unser Schiff, um im antiken mythologischen Bild zu bleiben, soll also weder an allzu simplen Heilsversprechen zerschellen, die sich aus dem bloßen Zusammendenken von Singen, Glück und Gesundheit aufdrängen mögen, noch sollte die große Herausforderung, wissenschaftliche *Beweise* vorzulegen, davon ablenken, dass praktische Erfahrungen ihre eigene Sprache sprechen.

Die methodischen Ansprüche etwa der medizinisch-pharmakologischen Forschung hier zugrunde legen oder einfordern zu wollen, erscheint weder machbar noch besonders sinnvoll. Zum einen ist das Singen für kaum einen Menschen wirklich etwas Neues – ganz anders bei Medikamenten: Sie sind für den Körper unbekannte Substanzen oder werden zumindest in unnatürlich hohen Konzentrationen zugeführt, um ganz gezielt zu wirken. Die Effekte lassen sich dann entsprechend gut überprüfen. Wirkungen des Singens zu untersuchen, erscheint methodisch weitaus problematischer. Um zu verstehen, welche Vorgänge mit dieser Aktivität angestoßen werden und wie weit sie sich auf Psyche und Organismus auswirkt, reicht ein einfacher Vergleich zwischen Singen und Nichtsingen nicht aus. Es gilt nämlich, möglichst viele Variablen zu kontrollieren, die das Singen alleine oder mit anderen mit sich bringt, um seine Wirkung einzugrenzen.

Zum anderen ist es natürlich kaum möglich, Singen wie ein Placebo zu verabreichen. Wer singt und nicht allzu stark alkoholisiert oder sonstigen Trübungen des Bewusstseins ausgesetzt ist, weiß recht genau, was er tut. Dementsprechend lässt sich kaum ein Versuchsdesign verwirklichen, in dem Experimentator und Probanden gar nicht wüssten, dass sie singen. Genau das wäre aber die Erwartung an sogenannte Doppelblindversuche, in denen Substanzen verabreicht werden, von denen weder die Person, die sie ausgibt, noch diejenige, die sie einnimmt, weiß, ob es sich um ein Placebo oder um das Medikament handelt.

Placebokontrollierte Doppelblindversuche zu fordern, würde bedeuten, das Kind mit dem Bade auszuschütten. Schließlich wären unter diesem methodischen Regime wissenschaftliche Studien zu fast allen menschlichen Regungen und Tätigkeiten ausgeschlossen. Physiotherapie, Amateursport, Freizeitverhalten oder Praktiken wie Yoga oder Meditation mögen als Beispiele genügen, die von der Agenda wissenschaftlicher Forschung zu streichen wären. Die alltägliche Verschreibung von Physiotherapie bei Unfällen, Ergotherapie bei Lernschwierigkeiten oder Verhaltenstherapie bei psychischen Problemen beruht also auf einem wissenschaftlichen Fundament, das bei Weitem nicht an die methodische Ultima Ratio heranreicht, von der zumindest eine Vielzahl von Forschern in der Medizin annimmt, dass sie die beste Evidenz verspricht.

Notwendige Alternativen zu Doppelblindstrategien können zumindest auf eine wichtige Grundlage für wissenschaftliche Aussagen zurückgreifen, nämlich *kontrollierte* Verfahren. Kontrolle bedeutet in diesem Zusammenhang, dass zwischen den unterschiedlichen Bedingungen, unter denen die Probanden teilnehmen, Vergleiche angestellt werden. Diese leisten etwas Ähnliches wie die Placebos in der pharmakologischen Forschung. Nun kommt es darauf an, Verhaltensweisen zu verschiedenen Zeitpunkten zu beobachten, um zu schauen, ob sich etwaige Veränderungen im Zeitverlauf auf Versuchs- oder Kontrollbedingungen zurückführen lassen. Die Anfangsdaten bzw. die sogenannte *Baseline* stellt den Zustand in einer interessierenden Variable zu Beginn einer Intervention dar. Die zur Baseline und zu späteren Zeitpunkten erhobenen Daten werden sogenannten Varianzanalysen unterzogen. Je nachdem, wie ein Versuch angelegt ist, kann vorher bestimmt werden, wie viele Probanden einbezogen werden müssen, um statistisch abgesicherte Aussagen treffen zu können. Ohne auf die Details dieser Verfahren einzugehen, kann als ihr wesentlicher Vorteil festgehalten werden, dass Veränderungen auch in unerwarteter Richtung mit gleicher Stringenz aufgedeckt werden können. Damit ist sichergestellt, dass das Verfahren selbst nicht die Richtung der Ergebnisse beeinflusst. Der britische Philosoph Karl Popper hielt die Möglichkeit, Hypothesen zu widerlegen, für eines der wichtigsten Kriterien wissenschaftlicher Forschung überhaupt.

Nun gibt es zwei Möglichkeiten, wie Interventionen angelegt sein können: Entweder nehmen dieselben Personen an verschiedenen Bedingungen teil (Innersubjekt-Design) oder es werden unterschiedliche Personen den Bedingungen zugeteilt (Zwischensubjekt-Design). In letzterem Fall ist sicherzustellen, dass sich die Personengruppen in wesentlichen Merkmalen ähnlich genug sind, sodass etwaige Veränderungen im Experiment von allgemeinen Gruppenunterschieden unabhängig sind. Diese Fehlerquelle ist bei sogenannten Innersubjekt-Studien ausgeschlossen. Jene haben aber den Nachteil, dass sich von Bedingung zu Bedingung Lerneffekte einstellen können. Auch die Auswahl von Bedingungen hat es in sich. Schließlich möchte man beispielsweise beim gemeinsamen Singen gerne verstehen, wie sich die Wirkungen davon unterscheiden, wenn Menschen einfach nur zusammen sind, miteinander plaudern oder etwas anderes tun, das genauso anstrengend ist wie das Singen. Schon diese oberflächliche Sicht auf methodische Probleme zeigt, dass unwiderlegbare Beweise kaum zu erwarten sind. Allerdings gilt das, wie weiter oben schon ausgeführt wurde, für so gut wie alle menschlichen Regungen und Verhaltensweisen, die mit kontrollierten experimentellen Methoden untersucht werden. Wissenschaftliche Zusammenhänge zwischen dem Singen auf der einen Seite und (positiven) gesundheitlichen Veränderungen auf der anderen darzustellen, ist also durchaus möglich. Es kommt darauf an, die Grenzen von Interpretationen wahrzunehmen und für die Praxis die richtigen Schlüsse zu ziehen. Dieser letzte Schritt liegt nicht mehr in den Händen von Forschern, sondern allein bei den politischen und gesellschaftlichen Entscheidungsträgern.

Kontrollierte Studien, die sich der Untersuchung gesundheitlicher Wirkungen des Singens verschrieben haben, sind in der hier beschriebenen Weise durchgeführt worden, und zwar sowohl als Innersubjekt- als auch als Zwischensubjekt-Studien. Ihr besonderer Reiz liegt auch darin, dass die Zeiträume für die Interventionen sehr unterschiedlich sein können, sie reichen von Stunden bis hin zu Monaten und im Einzelfall auch Jahren. Daher ist zu berücksichtigen, dass längere Zeiträume zwar schwieriger zu kontrollieren sind, dennoch sogar lebenslange Aktivitäten in ihren Auswirkungen, wie wir gesehen haben, mittels epidemiologischer Verfahren durchaus darstellbar sind.

Die folgenden Beispiele, nämlich Studien über die Gesundheit von Stimme und Lunge, sind mit Bedacht ausgewählt, um die Chancen und Herausforderungen der skizzierten Methoden zu verdeutlichen. Der Stimm- und Sprechapparat wird vom Singen nicht nur beansprucht, sondern zugleich auch trainiert – und dies bereits in jungen Jahren, zumal gerade Kinder und Jugendliche für ihre Entwicklung starke Stimmen brauchen. Nebenbei bemerkt bieten viele Laienchöre Hilfestellungen im Bereich individueller Stimmbildung an, sodass auch der Einstieg in das Singen später im Leben erfolgreich gestaltet werden kann. Das zweite Beispiel – zu Atmung und Atemwegserkrankungen – betrifft eher ältere Menschen und offenbart, dass das Singen auch in der Rehabilitation wichtige Funktionen übernehmen kann. Da gerade ältere Menschen nicht selten von mehreren unterschiedlichen chronischen Erkrankungen betroffen sind, vertiefen wir die Diskussion entsprechend in den weiteren Kapiteln. Doch vorerst geht es darum, plausibel zu machen, wie und warum gemeinsames Singen ursächlich für mehr Wohlbefinden und mehr Lebensqualität sein könnte – und daher geeignet ist, gesellschaftliche Probleme besser zu bewältigen.

Singen als Stimmprophylaxe

Babys können stundenlang schreien, ohne ihre Stimme irgendwie zu schädigen. Sie verfügen über einen natürlichen Schutz ihrer Stimme. Sofern keine organischen Befunde vorliegen, muss man sich also über vorbeugende Maßnahmen zur Stimmgesundheit keine allzu großen Gedanken zu machen. Diese Situation verändert sich jedoch bereits im Kindergarten- und spätestens im Grundschulalter. Dann ist der Vokalapparat voll ausgebildet und die Eroberung der wichtigsten kulturellen Technik, der Sprache, in vollem Gange.

Kinderfachärzten für Hals-Nasen-Ohren-Heilkunde (HNO) zufolge sind Erkrankungen des Vokalapparats und besonders der Stimmbänder gar nicht so selten, wenngleich sich genaue Schätzungen als sehr schwierig erweisen (Schulze, 2002). Infekte in den Atemwegen und gerade im Rachenbereich haben ähnliche Symptome wie Veränderungen etwa an den Stimmlippen und können daher leicht übersehen werden. Unbehandelt führen Stimmschädigungen häufig zu Sprachentwicklungsverzögerungen. Dazu können soziale Probleme auftreten, wenn Kinder nicht angemessen über das wichtigste Mittel der Kommunikation verfügen können. Ohne die bestehenden Risiken hier überzeichnen zu wollen, scheint der Gedanke zu einer Art von Vorsorge nicht abwegig. Hilft beispielsweise Singen?

Die Musikwissenschaftlerin Wibke Gütay ging in ihrer Doktorarbeit genau dieser Frage nach. Sie wählte Kinder der fünften Klasse als Zielgruppe, anhand derer sie die Auswirkungen von Stimmbildungsunterricht im Laufe eines Schuljahres untersuchte. Diese Altersgruppe ist für solche Untersuchungen quasi prädestiniert, da die Jungen und Mädchen sehr motiviert sind gemeinsam zu singen (Wolf et al., 2013). Das mag sich zwar im Laufe der Pubertät noch ändern, umso wichtiger scheint es aber, die Kinder frühzeitig mit guten Singangeboten zu erreichen und zu eigenen musikalischen Aktivitäten anzuregen. Gütay rekrutierte die Kinder für ihre Studie aus sogenannten Chorklassen an zwei verschiedenen Schulen des Landes Niedersachsen. Das Land hatte die Chorklassen allerdings mit einem ganz anderen Ziel eingerichtet, nämlich um das Singen in den Schulen hinsichtlich der Kulturpflege zu fördern und entsprechendes Liedgut zu vermitteln. Für die Studie waren dies günstige Voraussetzungen, da sie Kinder aus den Chorklassen mit einer Kontrollgruppe gleichaltriger Schüler aus denselben Schulen vergleichen konnte. Die Kontrollgruppe erhielt herkömmlichen Musikunterricht, in dem natürlich auch gesungen wurde, nur weniger intensiv.

Die Forscherin verwendete zur Quantifizierung der individuellen Stimmleistung eines jeden Kindes ein Verfahren, das auch HNO-Ärzte zur Untersuchung der Stimmfunktion einsetzten, nämlich das sogenannte Stimmfeld. Dabei geht man folgendermaßen vor: Der Versuchsleiter singt einem Probanden, hier einem Kind aus der fünften Klasse, einen einzelnen Ton in mittlerer Lage vor. Das Kind singt den Ton in ein Mikrofon nach. Der Abstand zwischen Lippen und Mikrofon ist durch eine Vorrichtung fixiert und bleibt bei Bewegungen des Kopfes immer konstant, sodass Veränderungen der Lautstärke genau registriert werden können. Ein Computer errechnet aus dem digitalisierten Klang des gesungenen Tones den Grundton und trägt diesen in ein Diagramm ein. Nun singt der Versuchsleiter einen anderen Ton, das Kind singt nach und allmählich entsteht Ton für Ton eine Art Landkarte, auf der die physikalische Grundfrequenz und Lautstärke jeden Tones eingetragen sind: das Stimmfeld. Die vorsingende und nachsingende Person gehen in Schritten von Halbtönen quasi an den Grenzen des Stimmfeldes entlang, das von den gerade noch singbaren Tönen eingeschlossen ist.

Die physikalische Messung erfasst dabei auch etwa die Schwankungsbreite der Grundfrequenzen und andere Eigenschaften, die dem Arzt Hinweise auf die Funktionalität der

Stimme geben können. So ist es üblich, aus der gesamten Information einen Richtwert zu errechnen und diesen zur Diagnose einer möglichen Störung heranzuziehen. Je größer dieser Wert, der den Grad einer Dysphonie anzeigt, ausfällt, umso weniger wahrscheinlich liegt eine Stimmstörung vor. Oder anders gesagt: Die Größe des Wertes gibt auch einen Hinweis darauf, wie gut die Stimme *aufgrund* ihrer Leistungsfähigkeit geschützt und entsprechend belastbar ist.

Wibke Gütay untersuchte die Stimmfelder aller Kinder aus einer Kohorte von Jungen und Mädchen, die sie in zwei Gruppen unterteilte. Die eine nahm lediglich am Musikregelunterricht und die andere am erweiterten Chorklassenunterricht teil. Letzterer bestand im Kern aus wöchentlichen, etwa 30-minütigen Stimmübungen, wie sie für das Chorsingen benötigt werden, die den Kindern dabei helfen sollen, den Vokalapparat optimal zu nutzen. Die Basismessungen am Anfang des Schuljahres zeigten keine statistischen Unterschiede zwischen den Stimmfeldern der Kinder beider Gruppen. Weiterhin waren die demografischen Merkmale, die Geschlechterverteilung, bisherige musikalische Erfahrungen, erbrachte Schulleistungen sowie der elterliche sozioökonomische Status der Gruppen vergleichbar. Die Unterrichtseinheiten für den Chorklassenunterricht wurden von speziell dafür fortgebildeten Studenten angeleitet und von den Kindern recht gut angenommen. Die Kinder im Musikregelunterricht hatten statt des Singunterrichts mehr Freizeit zum Spielen. Die Doktorandin achtete darauf, dass Alter, Geschlechterverteilung, Bildungshintergründe der Eltern und – ganz wichtig – die musikalischen und insbesondere gesanglichen Vorerfahrungen der Kindern in der Versuchs- und Vergleichsgruppe zu Beginn der Studie zumindest ähnlich waren. Außerdem durften keine Stimmerkrankungen oder sonstigen Probleme vorliegen, die den Gebrauch der Stimme grundsätzlich einschränkten.

Was kam heraus? Tatsächlich entwickelten sich die Stimmfelder der Chorklassenkinder und der Kontrollgruppe sehr unterschiedlich. Die Kinder im Musikregelunterricht zeigten am Ende des Schuljahres hinsichtlich ihrer Stimmfelder keine statistisch messbaren Veränderungen. Diese Kinder hatten auch gesungen und nahmen ja auch sonst in gleicher Weise am übrigen Unterricht wie die Chorklassenkinder teil. Gleichwohl blieben ihre Stimmfelder konstant. Zwar gab es keine Hinweise auf herannahende Stimmprobleme, dennoch war in keinem Bereich der Stimmfunktion eine Verbesserung erkennbar. Dieses Teilergebnis passt gut zu anderen Befunden, nach denen der Stimmumfang von Kindern zwischen sechs und 13 Jahren relativ konstant bleibt (Pribuisiene et al., 2011).

Wibke Gütay beobachtete indessen starke Veränderungen in den Stimmfeldern der Chorklassenkinder. Hier zeigte sich ein statistisch hoch signifikanter Unterschied in der Größe der Stimmfelder. Kurz gefasst zeigten die stimmlich geschulten Kinder durchschnittliche Zuwächse von etwa

- einer halben Oktave Stimmumfang zwischen den tiefsten und den höchsten sowie
- sieben bis acht Dezibel größere Lautstärkeunterschiede zwischen den leisesten und den lautesten gerade noch singbaren Tönen.

Die Muster von Veränderungen in der gemessenen Stimmqualität der Chorklassenkinder betrafen sowohl das Stimmfeld insgesamt als auch seine Grenzen. Das bedeutet, dass die Kinder ihre gesanglichen Fähigkeiten im Hinblick auf Tonumfang (tief – hoch) und Lautstärke (leise – laut) jeweils in beide Richtungen erweitern konnten. Auch der medizinisch-diagnostische Stimmfeldindex zeigte an, dass Kinder in den Chorklassen besonders gesunde Stimmen vorwiesen.

Es darf also gefolgert werden, dass ein gut angeleitetes Singen bei Fünftklässlern zu deren Stimmprophylaxe beiträgt. Diese Beobachtungen stimmen übrigens mit einer Studie aus Belgien überein, an der Kinder und Erwachsene teilnahmen. Auch hier zeigte sich, dass sich die Stimmfelder der Teilnehmer im Laufe der Zeit deutlich vergrößerten. Bessere Hinweise auf mehr Flexibilität in der Stimme durch gut angeleitetes Singen gibt es eigentlich nicht (Siupsinskiene & Lycke, 2011).

Die Glaubwürdigkeit der Studie Gütays bemisst sich nicht an den Ergebnissen, sondern an der Sorgfalt des Designs. So wiederholte die Forscherin beispielsweise die gesamte Prozedur an einem zweiten Schulstandort in einem gehobenen sozialen Umfeld mit einer zweiten Schülerkohorte. Und in der Tat waren die Befunde weitgehend identisch mit denen der ersten Erhebung. Damit ist eine verlässliche Reproduktion erwiesen, die darauf schließen lässt, dass das spezifische soziale Umfeld keine besondere Rolle spielt. Schon das ursprüngliche Ergebnis in der ersten Kohorte entstand weder zufällig, noch war es von ganz bestimmten Rahmenbedingungen abhängig. Allerdings wurden an der Qualität des Stimmbildungsunterrichts keine Abstriche gemacht, wenngleich dieser in den beiden Kohorten von unterschiedlichen Personen durchgeführt wurde.

Wo ist nun der Haken an diesen schönen Ergebnissen? Eine über *jede* Kritik erhabene Untersuchung muss wohl erst noch durchgeführt werden. Hier ist beispielsweise zu bemerken, dass sich in den Chorklassen vor allem Kinder befanden, die ein eigenes Interesse am Singen mitbrachten, selbst wenn auch einige wenige Kinder dabei waren, die gegen ihren Willen von den Eltern angemeldet worden waren und somit eher gezwungenermaßen teilnahmen. Das in diesem Zusammenhang zu nennende Stichwort lautet: Motivation. Des Weiteren wurden keine organischen Untersuchungen unternommen, um die Stimmgesundheit der Kinder festzustellen. Allerdings gab es bei den untersuchten Kindern auch keine konkreten Anhaltspunkte für medizinische Probleme der Stimme. Schließlich könnte man noch die Geeignetheit der Kontrollgruppe hinterfragen: Mehr Zeit zum Spielen lässt keine echten Vergleiche zum Stimmbildungsunterricht zu, in dem den Kindern bedeutend mehr Aufmerksamkeit geschenkt wurde. Dieser Einwand relativiert sich allerdings mit Blick auf die oben zitierten Ergebnisse der belgischen Studie (Siupsinskene & Lycke, 2011), die als unabhängige Bestätigung der die Wirksamkeit der Stimmbildung zu werten sind.

Wöchentliche Gesangsübungen von etwa einer halben Stunde unter professioneller Anleitung schützen also die Kinderstimme. Einige Gründe sprechen nicht nur für eine statistische Aussagekraft von Gütays Studie, sondern für ihre profunde praktische und lebensweltliche Bedeutung. Erstens besticht schlicht die Stärke und Konsistenz der Effekte, wie sie in Feldstudien dieser Art nur selten auftaucht. Zweitens erweist sich die Studie, da sie in einem naturalistischen Setting an zwei Schulen unternommen wurde, als weitgehend alltagstauglich. Die Chancen stehen recht gut, dass sich die Ergebnisse in anderen Schulen und unter anderen Voraussetzungen, vielleicht sogar bei jüngeren Kindern, wiederholen und damit über verschiedene Altersgruppen, schulische Voraussetzungen und sonstige Einflüsse des Studienkontextes hinweg verallgemeinern lassen. Und auch die niedersächsische Landesregierung sollte mit den Befunden gut leben können, zumal sie das anvisierte Ziel, nämlich das Liedrepertoire unter den Schülern zu vergrößern, unterstützen.

Singen für die Lunge

Der Gesundheitswissenschaftler und leidenschaftliche Chorsänger Stephen Clift lehrt, forscht und singt an der Canterbury Christ Church University in Kent (England). Dort gründete er 2004 ein einzigartiges Forschungszentrum: Das Sidney de Haan Research Centre for Arts and Health ist eine der weltweit ganz seltenen Institutionen, die sich der Erforschung von gesundheitlichen Auswirkungen gemeinsamen Singens in der Bevölkerung verschrieben haben.

Die Forschungsaktivität und Strategie des Zentrums lässt sich am besten an einem Beispiel erläutern. Dabei handelt es sich um ein Projekt über Auswirkungen des Singens auf die Atmung. Sie hält uns schließlich am Leben und liefert nebenbei die mechanische Energie für das Singen. Unsere natürliche Atmung müssen wir normalerweise kaum kontrollieren, nicht einmal beim Sprechen. Sie funktioniert reflexhaft, vorausgesetzt, unsere Atemorgane sind gesund und die Atemluft ist von der notwendigen Qualität.

Eine Besonderheit der Atmung beim Singen liegt nun darin, dass wir sie kontrollieren müssen, um beispielsweise melodische Abschnitte in einem Zug singen zu können. Zäsuren und Pausen zwischen musikalischen Phrasen werden zum Luftholen benutzt. Anders beim Sprechen: Hier atmen wir in aller Regel ohne daran zu denken, die sprachlichen Einheiten den Rhythmen für die Atmung anzupassen.

Viele Philosophen, Literaten und Künstler charakterisierten das Singen entsprechend als eine Form von Lungengymnastik. Einsingübungen, mit denen viele Chöre heutzutage ihre Probenarbeit beginnen, sollen den Sängerinnen und Sängern dabei helfen, Lautbildung und Atmung möglichst bewusst zu gestalten. Da wird gehechelt, gepustet, das Zwerchfell mit den Händen kontrolliert und der Atemzyklus bis in Grenzbereiche des Ein- und Ausatmens ausgeschöpft.

Die Atmung beim Singen ist auch deshalb anders als beim Sprechen, weil wir die Stärke des Luftstroms aus der Lunge in den Rachenraum und damit den physikalischen Schalldruck, der letztlich von den Lippen abstrahlt, genauer dosieren. Die Stimmbänder bilden dabei einen Widerstand, da sie zur Bildung von zeitlich gedehnten Vokalen auf unterschiedlichen Tonhöhen mehr geschlossen bleiben als beim Sprechen.

Es stellt sich die Frage, ob das Singen Lunge und Atmung in vergleichbarer Weise (positiv) beeinflusst, wie es für den Vokalapparat schon festgestellt wurde. Stephen Clift und sein Team wählten für ihre Studie gezielt eine Gruppe von Menschen, die krankheitsbedingt nur über eine eingeschränkte Lungenfunktion verfügten, sonst aber ein relativ normales Leben führten, soweit das unter den Umständen einer Lungenerkrankung möglich ist. Würde das Singen den Betroffenen helfen? Würde sich das Bild der Lungenerkrankung verändern oder wären sonstige Veränderungen der Lebensqualität zu erwarten?

Die sogenannte chronisch obstruktive Lungenerkrankung, für die sich die englische Abkürzung *Chronic Obstructive Pulminatory Disorder* (COPD) auch hierzulande eingebürgert hat, bezeichnet eine Gruppe von weitverbreiteten Lungenerkrankungen, die vor allem die Ausatmung im Atemvorgang behindern. Betroffene leiden unter Husten, Atemnot und vermehrtem Auswurf. Diese Symptome schränken die körperliche Belastbarkeit und Lebensqualität deutlich ein. Die fortschreitende Verschlechterung des Krankheitsbildes stellt zudem eine psychische Belastung dar. Schätzungen zufolge sind weltweit bis zu 600 Millionen und allein in Deutschland bis zu fünf Millionen Menschen betroffen. COPD gilt als Volkskrankheit und ist weltweit unter den zehn häufigsten Todesursachen die einzige, deren Häufigkeit relativ zunimmt (Mannino, 2002).

Positive psychische Veränderungen hinsichtlich Ängsten und Depressionen unter COPD-Patienten sowie eine verbesserte Entspannung sogar im Vergleich mit einer etablierten Entspannungstechnik beobachteten beispielsweise Vijay Singh und Kollegen (2009) bereits beim Anhören von Musik. Die therapeutische Musik erwies sich als effektiv unter der Bedingung, dass die Patienten einen persönlichen Bezug zur Musik hatten und mit dem Anhören genussvolle emotionale Erfahrungen verbanden.

Die Forschungsübersicht von Atman Panigrahi und Mitarbeitern (2014) identifizierte sieben methodisch hochwertige Studien, die überwiegend positive Befunde zu den psychischen Wirkungen musikalisch-therapeutischer Interventionen aufwiesen. Gemischt fielen die Befunde jedoch hinsichtlich der Frage aus, inwieweit Singen die Atemstärke und Lungenfunktionen beeinflusst. Die Autoren forderten daher langfristig angelegte Untersuchungen, um eventuelle körperliche Wirkungen aufzeigen zu können.

Stephen Clift und sein Team unternahmen also nicht die erste, aber eine den oben skizzierten Anforderungen recht nahe kommende Studie zu den körperlichen und psychischen Auswirkungen einer Singintervention bei einer repräsentativen Stichprobe von COPD-Patienten (Clift et al., 2013). Sie umfasste Personen aus einem breiten Altersspektrum, die sehr unterschiedlich stark unter der Krankheit litten. Die Studie besticht dadurch, dass gleich mehrere Singgruppen aus einer Region in Südengland über eine Zeitspanne von acht Monaten teilnahmen. Damit kann ausgeschlossen werden, dass Veränderungen im Laufe der Zeit lediglich mit den örtlichen Gegebenheiten zusammenhängen oder von ganz bestimmten Personen mit eigenen Vorgehensweisen beeinflusst sind. Die Proben fanden jeweils wöchentlich statt und wurden von speziell ausgebildeten Singleitern durchgeführt. Der aktuelle Lungenstatus jedes einzelnen Teilnehmers wurde vor Beginn der Singintervention erfasst und im Laufe der Zeit mehrfach überprüft. Im selben Zeitraum fanden offene Befragungen zu den persönlichen Eindrücken von der Singgruppe statt. Diese subjektiven Rückmeldungen sollten sicherstellen, dass sich die Teilnehmer in den Gruppen generell wohlfühlten – und sind sicherlich ähnlich bedeutsam wie die Atemfunktionsmessungen. Glücklicherweise schieden nur wenige Teilnehmer aus. In den meisten Fällen konnte sogar die Lungenerkrankung selbst als Ursache für das Ausscheiden ausgeschlossen werden.

Nun mag eine Dauer von acht Monaten für gesunde Menschen nicht besonders lang sein – ganz anders für COPD-Patienten: Im Gruppenmittel wären innerhalb dieses Zeitraums bereits schlechtere Lungenfunktionswerte zu erwarten gewesen. Die Messungen der individuellen Atemstärke im Zeitverlauf zeigten indessen *keine* signifikanten Veränderungen an. Die Stabilisierung der Atemstärke ist äußerst positiv und de facto als Verbesserung zu interpretieren. Die statistischen Aussagen waren also auch angesichts eines Stichprobenschwundes, der in sozialwissenschaftlichen Studien nur selten ausbleibt, noch gültig. Dazu passt auch, dass sich die mittels eines Standardinventars erhobene Lebensqualität der Teilnehmer gleich um durchschnittlich mehrere Skalenpunkte verbesserte. Der englischsprachige Forschungsbericht enthält zahlreiche Äußerungen aus den einzeln geführten Interviews. Die überwältigende Mehrheit der Befragten berichtete über positive Veränderungen der Atmung, die sich in unterschiedlichen Bereichen bemerkbar machten. Sie gaben an, weitere Strecken gehen zu können, ohne anhalten zu müssen, körperliche Anstrengungen mit verbesserter Atemtechnik besser zu bewältigen, die Atmung weniger als Defizit, sondern mehr als Mittel des Ausdrucks zu begreifen, um nur einige Beispiele zu nennen. Die Forscher identifizierten sieben Mechanismen, die aus den einzelnen Äußerungen als übergeordnete Themen hervortraten: Singen

- hilft dabei, angemessene Atmung zu erlernen (einschließlich der Kontrolle, Techniken für tägliche Aktivitäten, Muskel-

kontrolle, Verstehen, Beobachten und Bewusstheit von Atmung);
- ➢ verbessert die Körperhaltung;
- ➢ fördert Entspannung;
- ➢ belastet den Körper positiv/bringt Energie;
- ➢ öffnet die Lungen/erhöht ihre Kapazität;
- ➢ erleichtert die Physiotherapie;
- ➢ unterstützt die Prävention von Panik/Hyperventilation« (Clift et al., 2013, S. 118; Übersetzung G. K.).

Diese Hinweise bilden aus Sicht der Autoren eine geeignete Grundlage für künftige Forschungen. Dabei geht es nun weniger darum, ob die Teilnehmer hinsichtlich ihrer Selbstbeobachtungen in allen Punkten richtig liegen. Der überragende Wert dieser Einsichten liegt vielmehr darin, dass wir nicht umhin kommen, über das tatsächliche Ausmaß unserer Selbstheilungskräfte neu nachzudenken. In dem vorliegenden konkreten Fall dienten diagnostische Kriterien lediglich dazu, körperliche Zustände zu charakterisieren. Diagnosen sind bekanntlich nur der erste Schritt hin zu einem Heilungsprozess, in dem sie für anstehende Behandlungen die Voraussetzung schaffen.

Im vorliegenden Fall war eine »Behandlung« gar nicht vorgesehen, denn es wurden weder individuell noch für die Gruppe zu Beginn therapeutische Ziele formuliert. Ferner waren die ausführenden Singleiter keine Experten für die Therapie von COPD-Patienten und im Umgang mit Singgruppenteilnehmern mit gesundheitlichen Schwierigkeiten nur allgemein geschult worden. Begleitet wurde die Intervention von Beginn an zudem mit einer großen Skepsis und mit entsprechend geringen Erwartungen. Diese Skepsis begann erst im Verlauf der ersten vier Monate der Singgruppe allmählich zu weichen und mündete bis zum Ende nach weiteren vier Monaten in ausgesprochene Euphorie unter den Teilnehmern.

Dass es sich bei solchen Forschungsergebnissen um selbsterfüllende Prophezeiungen handeln könnte, ist nicht leicht von der Hand zu weisen. Dass hier lediglich Motivations- und/oder Zuwendungseffekte maßgeblich sind, ließe sich nur durch langfristig angelegte, randomisierte kontrollierte Studien mit ausreichend hohen Fallzahlen aufklären, die zum gegenwärtigen Zeitpunkt noch nicht in Sicht sind.

Der vorläufige Höhepunkt der von Stephen Clift und seinen Mitstreitern angetriebenen Initiative ist zweifellos ein Systematic Review, eine systematische Suche und Evaluation von Forschungsprogrammen und Studien zum Thema Singen für die Lungengesundheit (Lewis et al., 2016). Der Bericht wurde in einer hochrangigen und einflussreichen Zeitschrift, einem Ableger des Fachjournals *Nature* platziert. Im Zuge dieser Studie sichteten die Forscher über 600 Fachartikel, aus denen 16 Studien hervorgingen, die die Einschlusskriterien erfüllten und eingehenden inhaltlichen und methodischen Analysen unterzogen wurden. Die Autoren folgerten, dass deutliche Hinweise auf eine unterstützende Wirkung gemeinsamen Singens bei Lungenerkrankungen ebenso außer Zweifel stehen wie relativ starke Risiken von Fehlinterpretationen aufgrund methodischer Mängel innerhalb der Studien. Dies ist weit weniger widersprüchlich, als es sich zunächst anhört. Denn insbesondere die Selbstberichte der Teilnehmer in den Singgruppen für Menschen mit Lungenerkrankung sind untrüglich. Es ist nur schwierig, anhand der Befundlage essenzielle Fragen zu beantworten: Welche medizinischen Indikationen sind hier genau angesprochen? Bei Erkältungen etwa, die ja auch die Atemwege befallen, wird schließlich vom Singen eher abgeraten, bis der Infekt abgeklungen ist. Was genau ist also bei chronischen Lungenerkrankungen anders, sodass hier das Singen als unbedenklich einzustufen ist? Wie oft, wie lange und welches Repertoire ist für Lungenpatienten günstig? In welchem Maße und in welchen Bereichen ihrer gesundheitsbezogenen Lebensqualität sind Verbesserungen zu erwarten? Die Forscher um Adam Lewis, dem Erstautor des Systematic Review, Stephen Clift und einer ganzen Riege von Co-Autoren verknüpfen aufgrund der Vielzahl offener Fragen ihren Bericht mit einem formellen Statement, in dem sie nicht nur, wie üblich, auf die Notwendigkeit weiterer Studien verweisen. Denn es ist von vornherein klar, dass das Singen ein systemischer Vorgang ist, der in diesem Falle auf eine systemische Primärerkrankung des Atemapparates mit vielfältigen psychischen, körperlichen, mentalen und sozialen Folgeerscheinungen trifft. Und auch die individuellen kulturellen und religiösen Hintergründe einer Person spielen eine Rolle, da das Lied- und Gesangsrepertoire kulturell geprägt ist.

Vor den skizzierten Hintergründen ist eine weitere medizinische Forschungsübersicht im Rahmen eines Cochrane-Reviews – einer besonders aufwendigen, kritisch-evaluierenden Forschungsübersicht – einzuordnen, die ein Jahr nach dem Systematic Review von Lewis und Kollegen, diesmal unter der Autorenschaft britischer Lungenfachärztinnen, erschienen ist. Es verwundert nicht, dass die vier Autorinnen, Renae McNamara, Charlotte Epsley, Esther Coren und Zoe McKeough in ihren Befunden und Interpretationen in vielen Punkten mit Lewis und Kollegen übereinstimmen: Es gibt keine grundsätzlichen Anhaltspunkte für eine Änderung des Krankheitsbildes durch das Singen bei Menschen mit COPD. Gleichwohl zeigen sich Anzeichen einer körperlichen Kräftigung unter den Teilnehmern in Singgruppen als zu verallgemeinernder Befund, wobei wiederum methodische Schwächen der Studien und fehlendes Wissen über die Nachhaltigkeit gesanglicher Aktivitäten zu berücksichtigen sind.

Zusammenfassend stehen sich euphorische Rückmeldungen von Sängerinnen und Sänger mit COPD auf der einen Seite und eher ernüchternde Interpretationen medizinischer Studien zur Wirksamkeit des Singens in dieser Zielgruppe auf der anderen gegenüber. Es ist vollkommen richtig und wichtig, angesichts von Millionen betroffener Menschen allein in Deutschland, hier weder übertriebene Erwartungen zu wecken noch die Potenziale und Bedeutungen gesanglicher Initiativen zu unterschätzen. Die medizinische Forschung folgt weitgehend einer pathogenetischen Logik, die vornehmlich daran interessiert ist, Ursachen und Folgen von Erkrankungen zu beseitigen. Im Falle chronischer, irreversibler Erkrankungen kann ein aussichtsreicher Therapieansatz lediglich auf die gesundheitsbezogene Lebensqualität ausgerichtet sein. Daher ist es wichtig, die vielschichtigen individuellen Bedeutungen des Singens – von nahezu absoluter Gleichgültigkeit und Desinteresse bis hin zu spezifischen Bedürfnissen hinsichtlich der Verwirklichung oder Meidung bestimmter gesanglicher Repertoires – zu beleuchten, denn Singen ist kein abstraktes, sondern ein auf die individuellen Bedürfnisse, Vorlieben und Interessen aufbauendes therapeutisches Medium. Die aktive Einbindung der Patienten erscheint absolut erforderlich und ist folglich auch unabdingbarer Teil des »Rezeptes«, sollte sich diese Idee einmal durchsetzen. Die Forschungsübersichten sind wichtig dafür, gegen methodische Mängel anzugehen. Dies erfordert größere Anstrengungen, zugleich aber auch die Bereitschaft, dominierende funktionale Betrachtungsweisen etwas zu relativieren. Allein der Gedanke, Stimme, Lunge und Atmung aus der Sicht betroffener Menschen mehr als eine Ressource und weniger als Krankheitsherde zu verstehen, erscheint mir wichtig und sollte in den Richtlinien für die Gestaltung von medizinischen Rehabilitationsmaßnahmen vielleicht sogar grundsätzlich mehr Gewicht erhalten, als dies bisher erkennbar ist.

Chorpidus: Das Oldenburger Modell einer Singgruppe für Menschen mit und ohne Lungenerkrankung

Ein gutes Beispiel für die im vorigen Abschnitt angesprochenen Initiativen ist zweifellos eine im Jahr 2016 am Pius-Krankenhaus in Oldenburg mit Unterstützung der Spezialistin für Lungenerkrankungen und Chefärztin Frau Dr. Regina Prenzel initiierte Singgruppe, die sich inzwischen als feste Institution etablieren konnte. »Chorpidus« ist eine von Michael Dernoscheck ersonnene Wortverschränkung der Begriffe Chor, Pius, und COPD. Das Kunstwort bringt sehr schön zum Ausdruck, wie Tätigkeit, Institution und Anliegen miteinander verwoben sind. Es gibt nur Gewinner: Die Institution wird als kulturell aktiv und fürsorglich nach innen und nach außen wahrgenommen, Patienten und Angehörige finden einen Fixpunkt im Alltag und schließlich können weder Besucher noch das Personal die Augen und Ohren davor verschließen, dass Gesundheitseinrichtungen ein eigenes kulturelles Leben beanspruchen sollten und auch müssen, um menschlichen Bedürfnissen gerecht zu werden.

Angeleitet von dem gleichermaßen charismatischen wie empathischen professionellen Musiker und Chorleiter Michael Wintering aus Wilhelmshaven treffen sich in der Cafeteria des Pius wöchentlich am späten Donnerstagnachmittag zwischen 100 und 130 Menschen, die eine Stunde lang Lieder singen oder sich auch einfach nur von den Klängen vertrauter Melodien und Texte treiben lassen und sich ihren Erinnerungen hingeben. Alle Mitsänger erhalten Mappen mit nummerierten Liedtexten, die auf Zuruf vom musikalischen Leiter intoniert werden. Ergänzt werden die Lieder durch Stimm- und Atemübungen zum Aufwärmen und zwischenzeitlichen Luftholen. Wie wir im Laufe der Jahre feststellen konnten, mischen sich – was auch von Anfang an beabsichtigt war – viele, überwiegend ältere Menschen auch ohne Lungenerkrankungen in diese Singgemeinschaft. Berichte in überregionalen Zeitungen, im Radio und im Fernsehen werden nicht müde festzustellen, dass diese Singgruppe längst zu einer Institution geworden ist und – aus meiner Sicht – unverkennbar Modellcharakter mit Potenzial für eine Vielzahl weiterer Singgruppen für Menschen mit und ohne chronische Erkrankungen in sich birgt.

Ein Zwischenfazit

Die Ergebnisse der bisher zitierten Studien belegen, dass angeleitetes Singen jüngeren und älteren Stimmen guttut. Kinder profitieren von regelmäßigem Singen durch einen widerstandsfähigeren Vokalapparat, Menschen, die an der heimtückischen Lungenkrankheit COPD leiden, gewinnen Lebensqualität und womöglich Lebenszeit, sollte sich das Krankheitsbild der betroffenen Personen durch Singen auf längere Sicht stabilisieren lassen. Bezüglich gesunden älteren Laiensängern gibt es Hinweise darauf, dass gemeinsames Singen die psychosoziale Lebensqualität verbessern und zugleich das Auftreten depressiver Symptome verringern kann (Johnson et al., 2013).

Eine Befragung von jüngeren männlichen und weiblichen Chorsängern zwischen 13 und 25 Jahren, die eine Arbeitsgruppe um den renommierten Gesangsforscher Robert Sataloff durchführte, scheint den referierten Studien auf den ersten Blick zu widersprechen. Die Autoren ermittelten eine hohe Zahl von selbstberichteten Problemen durch das Chorsingen, darunter etwa morgendliche Heiserkeit und Schlafprobleme. Sie weisen allerdings selbst darauf hin, dass hierdurch die grundsätzliche Unbedenklichkeit des Chorsingens für die individuelle Gesundheit dennoch kaum infrage steht. Denn wer in einem Chor singt, achtet von sich aus viel stärker auf Veränderungen der Stimme und auf jedes Symptom, das sich auf die Leistungsfähigkeit auswirken könnte. Die Autoren warnen allerdings davor, selbst temporäre Stimmprobleme zu ignorieren oder herunterzuspielen (Tepe et al., 2002). Vielmehr sollten HNO-Ärzte in einen Dialog mit Chorleitern und Sängern treten, um sich bei Stimmproblemen über die Ursachen, ungünstige Verhaltensweisen und geeignete Gegenmaßnahmen zu verständigen (Kirsh et al., 2013).

Selbstbeobachtungen über temporäre stimmliche Probleme oder Beschwerden, die mit dem Chorsingen zusammenhängen, widersprechen einer längerfristig verbesserten Plastizität der Stimme und einer prophylaktischen Wirkung von Gesangsübungen tatsächlich nicht. Die Gesundheit der Stimme wird zudem von sehr vielen Faktoren beeinflusst. Logischerweise entbindet das Singen nicht von den üblichen Verhaltensregeln, wie sie beispielsweise für leichten Sport gelten.

Wirkungen des Singens auf die vokale Gesundheit sind nicht in allen Fällen besonders stark. Ein dreimonatiges Stimmbildungstraining unter angehenden Lehrern ergab zwar statistisch auffällige, jedoch eher kleine Veränderungen in der vokalen Gesundheit der Probanden. Mit Blick auf das Berufsfeld und die damit verbundene Intensität des Stimmgebrauchs können kleine Veränderungen allerdings durchaus bedeutend sein.

Kurzum: Das Chance-Risiko-Profil für die Stimmgesundheit von Laiensängern ist außerordentlich günstig. Weitere Forschungen sind notwendig, um herauszufinden, wie Gesangsübungen auf den Stimmapparat und die Atmung wirken und wie diese für bestimmte Ziele noch verbessert werden können. Wie wir noch sehen werden, gehen gesundheitlich relevante Wirkungen des Singens über den Vokalapparat und die Atmung allerdings weit hinaus.

»Singen für die Gesundheit« als Forschungsprogramm

Die Forschungsarbeit des Sidney de Haan Centre for Arts and Health beruht im Wesentlichen auf drei Säulen: Die erste besteht, wie bereits exemplarisch anhand der COPD-Studie gezeigt, in der Organisation und Durchführung eigener empirischer Untersuchungen. Die zweite Säule ist die Dokumentation und kritische Analyse des gesamten verfügbaren Wissens über Wirkungen des Singens. Professionelles Singen wird dabei nur am Rande berücksichtigt; der Fokus ist folglich klar auf das Laiensingen gerichtet. Die dritte Säule – und das aus meiner Sicht ambitionierteste Unterfangen – ist die möglichst flächendeckende Versorgung der Bevölkerung mit Singgruppen und Singmöglichkeiten, und zwar unabhängig vom gesundheitlichen Status und ganz ausdrücklich auch im Sinne von gesundheitlicher Prävention (Eades & O'Connor, 2008).

Die »Silver Song Clubs« etwa richten sich an ältere Menschen, die unter Demenz leiden, und an deren Angehörige. Diese treffen sich monatlich an festen Veranstaltungsorten, um in den Nachmittagsstunden Lieder zu singen. Ein Singleiter, ein Musiker (oftmals ein Pianist oder Gitarrist) sowie die Personen der Zielgruppe mit ihren Angehörigen gestalten diese Treffen. Liedauswahl, Begleitung und das Singen selbst erfolgen somit unter professionellen Rahmenbedingungen, um sicherzustellen, dass bestimmte Qualitätsstandards eingehalten werden. Denn es ist wichtig, solche Lieder auszuwählen, die biografische Bezüge zu den erkrankten Menschen aufweisen und entsprechend abgerufen werden können. Die Silver Song Clubs erwiesen sich als ein solches Erfolgsmodell, dass sie sich über den ganzen Süden Englands ausgebreitet haben und dabei sind, auch den mittleren und nördlichen Teil der Insel zu erobern. Sie sind ein schönes Beispiel für die vielfältige, überaus praxistaugliche Arbeit des Zentrums (Skingley & Bungay, 2010).

Hinter der wissenschaftlichen Arbeit steckt also weitaus mehr als eine bloße akademische Übung. Es geht beispielsweise auch darum, Projekte in Kooperation mit einer Vielzahl von Partnern aus Gesundheits- und Sozialbereichen auf nationaler und internationaler Ebene durchzuführen und dadurch einen Transfer zwischen der Wissenschaft und der Praxis des gemeinsamen Singens zu organisieren. Das bedeutet, dass über den wissenschaftlichen Ertrag hinaus auch die Wirtschaftlichkeit und Effizienz bei der praktischen Umsetzung von Singprojekten berücksichtigt werden. Die Kosten für die Silver Song Clubs konnten recht genau beziffert werden und liefern Anhaltspunkte dafür, welches Spendenaufkommen oder welche kommunalen Beiträge erforderlich sind, um diese zu verstetigen (Skingley et al., 2011). Wenngleich diese Kosten zunächst immateriellen Werten gegenüberstehen, die sich einfachen volkswirtschaftlichen Berechnungen entziehen, sind diese ökonomischen Überlegungen vorbildlich und vollkommen im Interesse eines nachhaltigen Anliegens, das eben nicht auf wissenschaftliche Beiträge beschränkt ist. Derzeit sind auf der Webseite rund ein Dutzend Forschungsberichte abrufbar, die einen weiten Themenkreis umfassen. Angefangen bei Singangeboten für Mütter und ihre Neugeborenen über spezielle Chöre etwa für psychisch oder lungenkranke Menschen bis hin zu den oben erwähnten Silver Song Clubs werden alle Generation erreicht. Und auch für die Zukunft ist vorgesorgt, denn im Jahr 2019 wurden Vereinbarungen für die Weiterführung dieses einmaligen Forschungszentrums getroffen.

Und hier ergibt sich die vielleicht wichtigste neue Entwicklung seit der ersten Auflage dieses Buches. Stephen Clift und seine Mitarbeiter waren sicherlich eine wichtige Inspiration für weitere Forschungsprogramme, die sich – wenngleich nicht in gleichem Umfang – anschicken, methodisch hochwertige klinische Studien auf den Weg zu bringen. Die amerikanische

Gesundheitspsychologin Julene Johnson von der University of California in San Francisco etwa veröffentlichte gemeinsam mit ihrer Gruppe ein Studienprotokoll (Johnson et al., 2015), um der Bedeutung von gemeinsamem Singen für gelingendes Altern auf den Grund zu gehen. In den 2017 veröffentlichten Basisdiagnostiken zu diesem Vorhaben berichtet die Forscherin, dass es gelang, auch recht viele Menschen einzubeziehen, die aufgrund finanzieller oder sozialer Probleme sonst für solche Studien unerreichbar blieben (Johnson et al., 2017). Denn gerade diese Gruppe ist besonders vulnerabel hinsichtlich eines gerade in überalternden Bevölkerungen virulenten Problems: der zunehmenden Isolation und Vereinsamung älterer Menschen. Längst sind genau solche sozialen Probleme als Ursache für geringere Lebensqualität, mehr gesundheitliche Probleme bis hin zu einer geringeren Lebenserwartung identifiziert worden. Somit ist die Beobachtung aus einer finnischen Studie, ebenfalls unter Beteiligung von Johnson, außerordentlich wichtig: Diese Untersuchung förderte zutage, dass Senioren ihr eigenes körperliches Wohlbefinden signifikant höher einschätzten, wenn sie regelmäßig in einem Chor sangen im Vergleich zu gleichaltrigen Personen ohne Chorerfahrung. Dieser Unterschied war nicht durch sozioökonomische Variablen zu erklären (Johnson et al., 2013). Wenngleich infrage gestellt werden muss, ob in solchen epidemiologischen Studien genügend Menschen aus sozial schwachen Bevölkerungsschichten repräsentiert sind, da allein die Teilnahme sich relativ herausfordernd gestalten dürfte, ändert dies an der Beobachtung grundsätzlich wenig. Vielmehr besteht noch mehr Grund, anzunehmen, dass soziale kulturelle Aktivitäten auf einer regelmäßigen Basis eine Form von Gesundheitsvorsorge darstellen können.

Gefühlte gesundheitliche Wirkungen des Chorsingens

Kein geringerer als John Harvey Kellogg, der Erfinder eines Verfahrens, um Maiskörner frühstückstauglich zu rösten, lieferte ein besonders schönes und zugleich typisches Beispiel dafür, welche Blüten Vermutungen über das Singen in der Vergangenheit getrieben haben. Er hielt das Singen allen Ernstes für besonders verdauungsfördernd. Nun kann man einem Revolutionär der Frühstückskultur nicht verdenken, wirklich *alles* mit der körperlichen Verbrennung von Essbarem in Verbindung zu bringen. Zudem war er bei Weitem nicht der Erste, der wie selbstverständlich die Gesundheitsförderung durch das Singen propagierte. Kluge Einsichten und Bonmots, die dem Singen alle möglichen heilenden Kräfte und therapeutischen Wirkungen zuschreiben, kursieren schon seit Jahrhunderten – und das vermeintlich moderne Zeitalter des Internets bietet die ideale Plattform, um Zweifelhaftes unter seriöses Gedankengut zu mischen.

Stephen Clift und Grenville Hancox ließen sich in ihrer ersten gemeinsam publizierten Forschungsstudie weder von den Überzeugungen großer Denker von Augustinus bis Kellogg noch von ihren digitalen Nachfahren blenden, die bis dato auf einen erschreckend gering entwickelten Forschungsstand setzen konnten. Gerüstet mit sozialwissenschaftlicher Methodik wählten sie einen pragmatischen Weg, um mit Mythen und Legenden aufzuräumen (Clift & Hancox, 2001). Sie befragten hierzu den Universitätschor, in dem der eine sang (Clift) und den der andere leitete (Hancox), nach wahrgenommenen gesundheitlichen Wirkungen des Singens. Die Sängerinnen und Sänger waren eine Gruppe von jüngeren und älteren erwachsenen Männern und Frauen, darunter auch einige Senioren von über 70 Jahren. Im ersten Schritt wurde offen danach gefragt, inwieweit das Singen als wohltuend für die Gesundheit empfunden würde. Solche offenen Fragen sind vorteilhaft, da alles gesagt werden kann, was ein einzelner Mensch für wesentlich hält. Sie haben allerdings den Nachteil, dass diese individuellen Erfahrungen schwer zu vergleichen oder zu verallgemeinern sind. Genau das leisten in einem zweiten Schritt geschlossene Fragen oder Aussagen, denen befragte Personen in unterschiedlichem Maße zustimmen können. Zusammengenommen verspricht diese Methodik umfassende Einsichten darüber, was einzelne Chorsänger denken und inwiefern sich einzelne Aspekte als übergeordnet bedeutsam darstellen.

Die Ergebnisse der offenen Befragung erbrachten zunächst, dass sich die Chormitglieder schon seit Längerem damit beschäftigt haben mussten, welche Rolle das gemeinsame regelmäßige Singen für ihre Gesundheit und ihr Wohlergehen spielt. Nicht anders ist zu erklären, dass fast alle Teilnehmer sich sicher waren, dass ihnen das gemeinsame Singen in irgendeiner Weise guttut. Fast schien es, als hätten sie dabei die Definition von Gesundheit der WHO im Kopf, die damit, wie wir gesehen haben, ein umfassendes psychisches, körperliches, seelisches und spirituelles Wohlbefinden verknüpft. Somit ergab sich eine Vielzahl von Aussagen, die es im Weiteren zu quantifizieren galt. Gemessen an den Graden der Zustimmung ergab sich in absteigender Bedeutung für die subjektiven gesundheitlichen Wirkungen folgende Reihenfolge (nach Clift & Hancox, 2001):

- Wohlbefinden und Entspannung
- Atmung und Körperhaltung
- soziale Geborgenheit
- Spiritualität
- Emotionen
- Herz- und Immunsystem

Die Befragten waren sicherlich nicht völlig frei von Erkrankungen und verfügten dementsprechend über Erfahrungen im Umgang mit eigenen Gebrechen. Sie legten in ihren Selbsteinschätzungen ein so hohes Maß an Überzeugungen zur Wirksamkeit des Singens an den Tag, dass sich nun erst recht die Frage stellt, inwieweit sich die subjektiven Beobachtungen objektivieren lassen – oder ob sie eher einem bloßen Wunschdenken entspringen.

Häufig werden Fragebögen nach Sympathie für die Befrager ausgefüllt und keineswegs so, dass sie den wahren Überzeugungen entsprechen. Hier allerdings entsprachen Einzel- und Gruppenbefragung einander, sodass Experimentator-Effekte kaum ins Gewicht fallen konnten. Es wäre aber auch möglich, dass die Selbsteinschätzungen aus anderen Gründen fehlgeleitet waren.

Ob nun Wunschdenken oder handfeste Erfahrungen, an eingehenden systematischen Untersuchungen führte und führt kein Weg vorbei. Und genau dieser Einschätzung folgten die Autoren mit ihrer weiteren, sehr umfänglichen wissenschaftlichen Arbeit, die schließlich auch zu jener denkwürdigen, im vorigen Kapitel besprochenen Studie über COPD-Patienten geführt hat.

Die Untersuchung erfüllte noch einen weiteren Zweck über die an sich schon bemerkenswerten Ergebnisse hinaus. Denn sie leistete auch einen methodischen Beitrag, da sie die Entwicklung eines Inventars zur Erfassung psychologischer Wirkungen des gemeinsamen Singens einschloss. Dieses Inventar erwies sich beispielsweise im Zusammenhang mit einer jüngeren Studie über Singgruppen in klinischen Einrichtungen als sehr nützlich. Wir kommen später darauf zurück, wenn wir die psychologischen Wirkungen des Singens zwischen Chorsängern innerhalb und außerhalb von Gesundheitseinrichtungen miteinander vergleichen.

Chorsingen und Immunsystem

Der amerikanische Psychologe Robert Beck und sein Team veröffentlichten zu Beginn des Millenniums in der Fachzeitschrift *Music Perception* eine bemerkenswerte Studie, die zu einer Neubewertung psychobiologischer Wirkungen des Singens unter gesunden Choristen führte (Beck et al., 2000). Im Mittelpunkt standen die Mitglieder eines ambitionierten Konzertchores. Diese füllten nicht nur eine Reihe von Fragebögen aus, sondern überließen den Forschern zudem etwas von ihrer Spucke. Jeweils am Anfang und am Ende einer Chorprobe sowie einer konzertanten Aufführung gaben die Teilnehmer Speichelproben in sterilen Kunststoffröhrchen ab. Die Laboranalysen richteten sich auf zwei Moleküle im Speichel, nämlich sekretorisches Immunoglobulin A (S-IgA) und Cortisol. S-IgA ist ein Protein, das sozusagen unsere erste Abwehrlinie gegen Viren und Bakterien zum Schutz der oberen Atemwege darstellt und in den Schleimhäuten des Körpers gebildet wird. Es repräsentiert sicherlich nicht unsere gesamte Immunkompetenz und ist im Verhältnis zu anderen Immunoglobulinen bereits unter normalen Umständen relativ hoch konzentriert. Da die gemessene Konzentration von S-IgA physiologisch auch von der Speichelflussrate abhängt und somit eine Messung zu einem ungünstigen Zeitpunkt das Ergebnis verfälscht, setzt man zur Kontrolle dieses Messfehlers die S-IgA-Konzentrationen ins Verhältnis zum gesamten Protein.

Cortisol, der zweite hier beobachtete Marker, ist ein lebenswichtiges Hormon, dessen Konzentration besonders unter Stressbelastungen in die Höhe schnellt. Das Hormon entsteht in einer Kaskade biochemischer Vorgänge zwischen Hirnanhangdrüse und Nebennierenrinde und gilt als zuverlässiger Indikator für den Status unseres Stresssystems. Eine interessante Eigenschaft des Cortisols ist es, dass seine Konzentration in Blut oder Speichel von der Tageszeit bzw. von unserem Schlaf-Wach-Rhythmus abhängt. Während des Schlafes bildet sich dieses Hormon und wir gehen in aller Regel mit einer erhöhten Konzentration in den Tag, während die Konzentration des Hormons – sofern keine modulierenden Erfahrungen eintreten – bis zum Zubettgehen am Abend wieder stark zurückgeht. Daher ist es wichtig, will man Einflüsse von unterschiedlichem Verhalten auf Cortisolwerte vergleichen, stets dieselben Zeitfenster im Tagesverlauf auszuwählen und zu berücksichtigen, dass sich die Konzentrationen in diesem Verlauf natürlicherweise verändern.

Beide Stoffe, sowohl S-IgA als auch Cortisol, sind aus Speichelproben gut zu bestimmen und daher unter Forschern sehr beliebt, die sich mit psychobiologischen Fragenstellungen befassen. Sie erfordern aber jeweils eine besondere methodische Sorgfalt, da alle Umstände einer Erhebung (einschließlich ihres Zeitpunktes) Messungen beeinflussen können.

Es zeigten sich teilweise massive Veränderungen in den Konzentrationen des S-IgA in beiden Aufführungssituationen, also sowohl in der Chorprobe als auch im Konzert. Bei einigen Choristen stiegen die S-IgA-Konzentrationen um bis zu 350 Prozent an. Und auch im Gruppenmittel zeigte sich ein statistisch hoch signifikanter Effekt.

Ganz anders zeigten sich die Muster der Veränderungen in den Cortisolkonzentrationen. Während der Chorprobe verringerten sich die Konzentrationen durchschnittlich, doch stiegen sie beim Konzert an. Dies tat der verbal geäußerten Euphorie der Choristen gerade nach dem Konzert allerdings keinen Abbruch. Anscheinend sind der Applaus und der Zuspruch des Publikums so etwas wie der Lohn für die psychische und körperliche Anspannung bei solchen Konzerten.

Die Forschungsergebnisse verdeutlichen, dass das gemeinsame Singen in Abhängigkeit von Kontexteinflüssen auf körperliche Stress- und Immunvorgänge wirken kann, die wir nicht bewusst steuern können. Dass Singen den Vokalapparat und die Atmung beeinflusst, wie in den vorigen Abschnitten berichtet, ist leicht nachvollziehbar. Die hier beschriebenen Veränderungen dagegen sind weitaus schwerer in direkten Zusammenhang mit der Tätigkeit des Singens zu bringen. Hinzu kommt, dass einzelne Studien, selbst wenn sie hohen methodischen Ansprüchen genügen, noch nicht allzu viel bedeuten müssen. Zu häufig und zu nachhaltig hat man die Erfahrung gemacht, dass sich euphorisch stimmende Anfangsbefunde später als wenig substanziell und Interpretationen als haltlos herausgestellt haben.

Die Untersuchung von Beck und Kollegen (2000) ist glücklicherweise keine Eintagsfliege geblieben, sondern hat eine Reihe von Replikationsversuche nach sich gezogen, vor allem hinsichtlich der Veränderungen des S-IgA. Eine dieser Replikationsstudien spielte für meine eigene wissenschaftliche Laufbahn in der Phase nach meiner Doktorarbeit eine wichtige Rolle. Im Jahr 1998 hatte ich an der Goethe-Universität Frankfurt am Institut für Musikpädagogik meinen Dienst als Wissenschaftlicher Assistent angetreten. Ich musste feststellen, dass emotionale Wirkungen von Musik auf Psyche und Körper des Menschen in der Musikwissenschaft fast keine Rolle spielten. Und das zu ändern, empfand ich als eine schöne und ohnehin überfällige wissenschaftliche Aufgabe.

Becks Studie war verblüffend, denn sie zeigte, dass Emotionen und körperliche Veränderungen nicht nur beim Musikhören eine Rolle spielen. Doch genau darin lag auch eine gewisse Schwäche in der Methodik des US-Forschers. Freilich verglich er zwei Kontexte des gemeinsamen Singens, doch ließ seine Studie vollkommen offen, ob das bloße Anhören von Musik denselben Effekt hat oder nicht. Und tatsächlich fand ich in der musiktherapeutischen Literatur ein paar Hinweise darauf, dass auch Musikhören das Stress- und Immunsystem beeinflussen kann.

Meinen Plan, eine Neuauflage der Beck-Studie in einem veränderten Design zu wagen, diskutierte ich mit meinem damaligen Mentor, dem Musikpädagogen Prof. Dr. Hans-Günther Bastian, sowie mit Kolleginnen und Kollegen aus dem benachbarten Institut für Psychologie. Vielen damals beteiligten Personen – und nicht nur denjenigen, die schließlich als Co-Autoren auf dem Buchdeckel der später erschienenen Publikation genannt sind – ist letztlich die Verwirklichung des Projekts zu verdanken, allen voran einem Frankfurter Kirchenchor, der einwilligte, an der wissenschaftlichen Erhebungen teilzunehmen (Kreutz et al., 2004).

Die zufällig ausgewählte Gemeinde im Zentrum Frankfurts verfügte damals über einen etwa 30-köpfigen Laienchor. Das Ensemble probte zum Zeitpunkt der Erhebung gerade das berühmte *Requiem* von Wolfgang Amadeus Mozart. Wir bekamen schließlich die Erlaubnis, zwei Proben beizuwohnen, die im Abstand von einer Woche am gleichen Wochentag und zur gleichen Uhrzeit stattfanden und jeweils etwa zwei Stunden dauerten. Für die wissenschaftliche Erhebung wurde aber nur ein Teil dieser Zeit beansprucht.

Nachdem zum Probentermin kurz nach 18 Uhr alle Chormitglieder eingetroffen waren und sich zum Einsingen gesammelt hatten, erhielt jeder Teilnehmer einen Fragebogen zu demografischen Angaben und musikalischen Erfahrung sowie eventuellen Medikamenteneinnahmen, der einmalig auszufüllen war. Weiterhin wurde ein Standardfragebogen verteilt, der dazu konzipiert war, das momentane emotionale Befinden zu erfassen. Die Choristen sollten dabei auf fünfstufigen Skalen angeben, wie sehr oder wie wenig eine Serie von Adjektiven ihrem eigenen Befinden entsprach. Zehn Adjektive drückten positive (z. B. »freudig erregt«, »entspannt«) und zehn weitere negative Emotionen (z. B. »nervös«, »bedrückt«) aus. Die Summe der positiven und negativen Urteile wurde dann jeweils als Wert für die aktuelle subjektive Gestimmtheit einer Person herangezogen. Zusätzlich gaben die Teilnehmer, wie in der Untersuchung von Beck und unter Verwendung von Plastikröhrchen desselben Herstellers, jeweils eine Speichelprobe ab. Da diese Prozedur mit dem Fragebogen zur emotionalen Befindlichkeit einerseits und dem Probenröhrchen für den Speichel andererseits später wiederholt wurde, handelte es sich bei dem ersten Durchgang um eine sogenannte Baseline-Messung im Rahmen eines Vorher-Nachher-Vergleichs.

Das Prozedere entsprach somit der Vorläuferstudie. Der Hauptunterschied zwischen der ursprünglichen Studie von Beck und Kollegen (2000) und der neuen Untersuchung bestand nun darin, dass nunmehr Singen und Anhören von Musik verglichen wurden, um herauszufinden, ob die beobachteten Veränderungen allein dem Umgang mit Musik oder doch in spezifischer Weise dem Singen geschuldet sind. Bei der zweiten Chorprobe eine Woche später folgte der Baseline-Messung kein gemeinsames Singen: Stattdessen hörten die Choristen Teile des *Requiems* von einer CD. Sie wurden instruiert, während dieser »Hörprobe« auf das eigene Singen zu verzichten. Um die Anweisungen der Chorleiterin im Laufe einer normalen Probe zu simulieren, wurden während der Bedingung »Hörprobe« zwischenzeitlich kurze Textproben aus der *Allgemeinen Theorie der Schönen Künste* von Johann Abraham Peter Schulz vorgelesen, einer Enzyklopädie aus dem 18. Jahrhundert, in der übrigens recht bemerkenswerte Einsichten über das Singen und die Singstimme festgehalten sind.

Fragebögen und Speichelproben wurden nach üblichen Verfahren ausgewertet und die beobachteten Werte auf statistisch signifikante Veränderungen hin überprüft. Das für die Speichelanalysen ausgewählte Labor erhielt die anonymisierten und codierten Proben mit dem Auftrag, die Konzentrationen der Hormone Immunoglobulin A und Cortisol zu bestimmen.

Die Auswertung der Fragebögen ergab, dass sich die positiven Stimmungen nach der Chorprobe mit Singen signifikant erhöhten und sich die negativen Stimmungsanteile signifikant verringerten. Bei der »Hörprobe« ohne Singen dagegen blieben positive Stimmungen gleich und negative Stimmungen zeigten sich verschlechtert.

Abbildung 1 stellt schematisch dar, wie sich die psychologischen und biologischen Variablen veränderten. Die Konzentrationen des S-IgA waren nach dem Singen signifikant erhöht, nicht aber nach dem Anhören der Chormusik ohne Singen. Die Konzentrationen des Cortisol dagegen verringerten sich nach dem Anhören und blieben nach dem Singen gleich.

Emotionales Befinden	**Singen**	**Hören**
Positive Stimmung	↑	→
Negative Stimmung	↓	↑
Biologische Marker		
Immunoglobulin A	↑	→
Cortisol	→	↓

***Bemerkung:** Die Pfeile zeigen die Richtung statistisch signifikanter Veränderungen an; horizontale Pfeile bedeuten keine Veränderung.*

Abbildung 1: Veränderungen emotionaler Befindlichkeit, Immunoglobulin A und Cortisol in einem Kirchenchor (N = 31) beim Singen und Hören von Chormusik.

Es fällt nun auf, dass sich nach dem Singen mehr Variablen veränderten als nach dem Hören. Singen erzeugte offenkundig mehr positive Emotionen und minderte negative Stimmungsanteile, während das Anhören ohnehin schon schlechte Stimmung eher weiter drückte. Dafür war vermutlich die Situation verantwortlich, da die Choristen wegen des Singens erschienen waren, dieses aber – im Dienste der Wissenschaft – für eine Stunde aufschieben mussten.

Was sagen diese Ergebnisse nun aus? Zunächst bestätigen sie die Beobachtungen von Beck und Kollegen (2000) sowohl hinsichtlich der (positiven) Stimmungsveränderungen als auch hinsichtlich der signifikant erhöhten S-IgA-Konzentrationen, wenngleich hier die Werte weniger dramatisch wuchsen. Zu beachten bleibt jedoch: Eine Immunreaktion in den oberen Atemwegen lässt offen, inwiefern das System als Ganzes beeinflusst wird. Zudem hängt es von sehr vielen Faktoren ab, ob und wie schwer wir erkranken und welche Mechanismen diese Krankheiten auslösen. Schließlich sind wir tagtäglich allen möglichen Einflüssen ausgesetzt, die weitaus schwerer wiegen können als einige Stunden Singen pro Woche, ohne dessen Bedeutung deshalb zu schmälern.

Diese sowie ähnlich ausgerichtete Studien können bislang aber nicht beantworten, wie diese psychobiologischen Veränderungen überhaupt zustande kommen. Hier könnten mentale, emotionale oder auch soziale Aspekte in irgendeiner Weise verantwortlich sein. Kein einziger dieser mutmaßlichen Einflüsse ist übrigens spezifisch für das Singen. So ist etwa, was die körperliche Beanspruchung betrifft, leichter Sport mit Singen vergleichbar. Ein lustiger Film oder ein Theaterstück können die Stimmung genauso aufhellen wie ein schönes Lied. Es macht schlicht keinen Sinn, eine Form der körperlichen Beschäftigung oder Stimmungsverbesserung über eine andere zu stellen. Gut vorstellbar ist, dass das Singen in all die genannten Bereiche hineinwirkt. Daher wäre zu spekulieren, dass die Muster von Veränderungen – und nicht einzelne Veränderungen für sich genommen – letztlich die Besonderheit des Singens ausmachen.

Die Psychoneuroimmunologie, das medizinische Fachgebiet also, in das die skizzierten Studien gehören, existiert erst seit etwa der Mitte der 1980er Jahre. Die im Speichel bestimmbaren Proteine und Hormone geben nur indirekt Auskunft über die biologische Aktivität der Stoffe in den Organen des Körpers. Hormone stehen auch untereinander in Wechselwirkung und unterliegen teilweise Tageszyklen. Manche Stoffe, etwa die Endorphine, kommen sowohl im Blutkreislauf als auch in Form von Botenstoffen im Gehirn vor. Aufgrund der Größe der Moleküle können sie allerdings nicht die sogenannte Blut-Gehirn-Schranke überwinden. Die Zusammenhänge diesseits und jenseits dieser Schranke sind komplex und allein am Tiermodell genauer zu erforschen. Gleichwohl sind gerade die molekularen Veränderungen ein besonders wichtiges Fenster zu den psychobiologischen Wirkungen des Singens. Es scheint, dass bislang allenfalls die berühmte Spitze des Eisbergs möglicher Veränderungen sichtbar geworden ist.

Wo beginnen und wo enden gesundheitliche Wirkungen?

Eine der zentralen Aufgaben des Sidney de Haan Research Centre for Arts and Health ist es, sämtliche verfügbare Literatur zu den Wirkungen des Singens zu erfassen, zu dokumentieren und kritisch auszuwerten. Ein erster Bericht in Form einer systematischen Übersicht berücksichtigt alle verfügbaren Studien, die bis ins Jahr 2004 erschienen sind (Clift et al., 2008). Dabei interessierten neben der methodischen Qualität auch Informationen über Adressaten, Details zu Liedrepertoires und andere methodische Aspekte, die zur Einordnung der Befunde wissenschaftlich wie praktisch bedeutsam erschienen. Dank moderner Datenbanken stellt ein solches Unterfangen heutzutage keine allzu große Herausforderung mehr dar.

Clift und Kollegen machten 233 Studien aus, doch lediglich 16 (!) von ihnen erfüllten die nach heutigem Standard angelegten, sehr strengen methodischen Kriterien. Dieses ernüchternde Ergebnis konnte auch nach einer Ausweitung der Suche nicht wesentlich verbessert werden. Die Sichtung von mehr als 800 zusätzlichen Quellen förderte lediglich vier weitere Studien zutage, die geeignet waren, den Stand der Forschung widerzuspiegeln.

Die Forscher entschlossen sich dazu, die methodischen Kriterien etwas zu lockern. Denn es ist bei solchen Arbeiten wichtig zu verstehen, dass wissenschaftliche Qualität zwar das wichtigste, aber nicht das einzige relevante Kriterium darstellt. Wenn beispielsweise in früheren Studien die Sicherung von Befunden durch geeignete Kontrollen oder zu kleine Stichproben vernachlässigt wurde, dann erscheinen diese Beobachtungen dennoch mitteilenswert, und zwar gerade mit Blick auf künftige Unternehmungen.

Schlussendlich evaluierten die Forscher einen Korpus von 54 Studien, unter denen 35 übereinstimmend als wissenschaftlich relevant befunden wurden. Erste Arbeiten erschienen um das Jahr 1960, die Mehrzahl jedoch erst in den 1990er Jahren. Die Forscher beobachteten, dass die Studien nur wenig aufeinander Bezug nahmen und den Eindruck eines zersplitterten, kaum ernsthaft bestellten Forschungsfeldes weckten. Offenkundig trauten Wissenschaftler dem gemeinsamen Singen in den vergangen Jahrzehnten kaum wegweisende Bedeutung zu, einer Zeit übrigens, in der weniger menschliches Wohlbefinden und Glück als Stress, Gewalt, Depressionen und Ängste die bevorzugten Interessenfelder der Forscher darstellten.

Die Kernaussagen der Studien, wie sie Clift und Kollegen zunächst einmal ohne Rücksicht auf die methodische Qualität der jeweiligen Forschungsarbeit zusammenfassten, zeigen ein bunt gemischtes Bild von positiven Zuschreibungen. Das Singen bewirkt

- körperliche Entspannung und ein Loslassen körperlicher Anspannung;
- emotionales Loslassen und Minderung von Stress;
- ein Gefühl von Glück, guter Stimmung, Heiterkeit, Freude und Hochgefühlen;
- ein Gefühl von mehr persönlichem, emotionalem und körperlichem Wohlbefinden;
- ein Gefühl erhöhter Anregung und Energie;
- Stimulation von Denkfähigkeiten – Aufmerksamkeit, Konzentration, Gedächtnis und Lernen;
- ein Gefühl, in einer Beschäftigung absorbiert zu sein, die in mehrfacher Hinsicht Kapazitäten von Körper und Geist fordert;
- ein Gefühl kollektiver Verbundenheit durch koordinierte Aktivitäten, die demselben Puls folgen;

- persönlichen Kontakt mit anderen, die ähnlich gesinnt sind, und die Entwicklung von persönlich stützenden Freundschaften und konstruktiven kollaborativen Beziehungen;
- ein Gefühl des Beitrags zu einem Ganzen, das größer ist als die Summe seiner Teile;
- ein Gefühl von persönlicher Transzendenz über die profane und alltägliche Wirklichkeit, in Kontakt treten mit einem Gefühl von Schönheit und mit etwas jenseits von Worten, das bewegt und ›gut ist für die Seele‹;
- ein Gefühl wachsender Selbstsicherheit und Selbstwertschätzung;
- ein Gefühl von therapeutischer Linderung bezüglich langwieriger psychologischer und sozialer Probleme (z. B. Depressionen, eine Biografie des Missbrauchs, Probleme mit Drogen und Alkohol; soziale Benachteiligung);
- ein Gefühl, durch öffentliche Aufführungen einen gesellschaftlichen Beitrag zu leisten;
- ein Gefühl, körperliche Systeme zu trainieren, insbesondere die Lungen;
- ein Gefühl, das eigene Muskel-Skelett-System durch verbesserte Haltung zu stärken;
- an einer geschätzten, bedeutsamen und wertvollen Aktivität beteiligt zu sein, die ein Gefühl von Zweck und Motivation vermittelt« (Clift et al., 2008, S. 5ff.; Übersetzung G. K.).

Die Forscher unterzogen jede einzelne Studie mit quasi kriminalistischer Akribie einer Analyse nach übereinstimmenden und abweichenden methodischen und inhaltlichen Merkmalen. So berichten Studien eher selten ausführlich darüber, welches Repertoire gesungen wurde und unter welchen Umständen das Singen stattfand. Weiterhin variieren auch die Zielgruppen zwischen Laien, ambitionierten Amateuren und teilweise professionellen Chören sowie auch zwischen Solo- und Chorsängern. Der über 130 Seiten umfassende Bericht, der mir freundlicherweise zur Verfügung gestellt wurde, stellt aus meiner Sicht einen Meilenstein dar, weil sich aus ihm nicht nur einige vorläufige Erkenntnisse und methodische Defizite, sondern auch Perspektiven ableiten lassen, die sich bis heute als äußerst fruchtbar erwiesen haben.

Eine zweite, nur wenige Jahre später erschienene und ebenfalls als systematische Übersicht angelegte Publikation förderte eher wenig Neues zutage (Clift et al., 2010). Die berücksichtigten Studien beruhen zudem überwiegend auf Selbstberichten und lassen dementsprechend verschiedene Lesarten zu. Einerseits ergeben methodisch unzureichende Studien über positive Wirkungen des Singens selbst in ihrer Summe immer noch keine ausreichend verlässlichen Erkenntnisse; andererseits können Befunde, die überwiegend in eine Richtung weisen, aber unterschiedlich zustande gekommen sind, zumindest einen Teil der Wirklichkeit kaum verfehlen. In Abwägung aller verfügbaren Hinweise spricht sehr viel dafür, dass gemeinsames Singen vor allem in psychologischer Hinsicht und im Umgang mit Erkrankungen eine bedeutende Rolle spielen kann.

Die systematischen Überblicksstudien bestätigten auch das weithin beobachtete Geschlechterverhältnis von ungefähr zwei zu eins, also einer zweifach höheren Präsenz des weiblichen Geschlechts. Darüber hinaus zeigte sich, dass nur bei den Frauen Wohlbefinden beim Chorsingen und allgemeines Wohlbefinden in direkter Weise zusammenhängen. Die Korrelation ist zwar nicht besonders stark, aber statistisch signifikant. Männer dagegen sind wohltuenden Wirkungen des Singens gegenüber generell aufgeschlossen und nehmen diese auch wahr. Doch zumindest unter gesunden männlichen Choristen – und in dieser zweiteiligen Zusammenschau geht es ausschließlich um nichtklinische Studien – ist das eigene allgemeine Befinden davon unabhängig.

Sozialwissenschaftlich belegt scheint, dass die Sozialisation von Männern und Frauen unterschiedlich verläuft. Die Mehrzahl der Frauen weist sozialen Beziehungen tendenziell eine höhere und der Auseinandersetzung mit abstrakten oder mechanischen Vorgängen eine geringere Bedeutung zu. Bei Männern ist das eher umgekehrt. Dabei handelt es sich kaum um bloße Klischees. Die unterschiedlichen Neigungen und Verhaltenstendenzen sind allerdings Denkstilen und damit verknüpften Motivationen zuzuschreiben, nicht aber dem Geschlecht einer Person als solchem, so die Theorie des britischen Autismusforschers Simon Baron-Cohen (2003). Es liegt zwar auf der Hand, die Neigung zum Chorsingen stärkeren oder schwächeren sozialen Bedürfnissen zuzuschreiben, doch welche Einflüsse genau hinter dieser Geschlechterasymmetrie stehen, ist mit diesen Beobachtungen allein sicherlich nicht hinreichend zu erklären.

Stephen Clift und sein Team zogen aus ihren Forschungsübersichten ein ernüchterndes Fazit. Sie sind von dem weiten Spektrum an potenziellen Wirkungen des gemeinsamen Singens ebenso überrascht wie von dem Mangel an kontrollierten Studien, um diese Potenziale mit wissenschaftlichen Belegen zu untermauern.

Nun sind Forschungsdefizite unbestritten die beste Motivation, um selbst damit zu beginnen, Hypothesen zu überprüfen. Würden sich etwa die an dem Universitätschor beobachteten subjektiven Wirkungen des Singens auch in größeren Stichproben unter Einschluss unterschiedlicher Chöre aus verschiedenen Ländern bestätigen lassen? Tatsächlich zeigten sich in einer auf über 1.000 Chorsängern aus drei Ländern (England, Deutschland und Australien) ausgeweiteten Untersuchung fast deckungsgleiche Befunde, wenngleich ein großer Teil der Studienteilnehmer unter akuten oder chronischen Erkrankungen litt, schwierige Lebensphasen zu bewältigen hatte oder sich generell besonders belastet fühlte (Clift et al., 2010). Die psychisch und körperlich als positiv empfundenen Wirkungen waren in dieser Gruppe von Menschen, die ihre allgemeine Lebensqualität als eingeschränkt darstellten, denen ihrer völlig gesunden Mitsänger recht ähnlich. Motivationen für das gemeinsame Singen können offenkundig aus unterschiedlichen Lebenssituationen erwachsen und erreichen auch Menschen mit chronischen körperlichen oder psychischen Krankheiten.

Halten wir also fest: Die Erforschung des Chorsingens ist noch sehr unterentwickelt und kaum ihren Kinderschuhen entwachsen, wie auch ein Vergleich mit der Sprachforschung erkennen lässt. Man kann davon ausgehen, dass auf etwa 20 sprachwissenschaftliche Studien *eine einzige* Studie über Wirkungen von

Musik kommt. Dabei ist das Anhören von Musik der weitaus wichtigste Forschungsgegenstand und danach folgt das Musizieren auf Instrumenten. Singen und Tanzen stehen bisher ganz am Ende des Forschungsinteresses. So gibt es in Deutschland bisher weder eine universitäre Professur noch eine Forschergruppe, die sich der systematischen Erforschung gesundheitlicher Auswirkungen musikalischer Praktiken verschrieben hätte, wenngleich das vorhandene Potenzial gut belegt ist und allein bezüglich des Singens ein international stark anwachsender Korpus von methodisch anspruchsvollen Studien zu verzeichnen ist. Die beiden systematischen Forschungsübersichten von Stephen Clift bilden weiterhin für viele Wissenschaftler einen idealen Ausgangspunkt für äußerst ertragreiche Folgestudien, wie sich gegenwärtig immer wieder bestätigt.

Sieben Hypothesen, warum Singen glücklich macht und gesund hält

Stephen Clift hat durch seine Übersichtsarbeiten eine Vielzahl von Themen ermitteln können, die zwar nicht ausschließlich, jedoch in weiten Teilen auf Selbstberichten von Chorsängern beruhen. Um diese lange Liste etwas handhabbarer und übersichtlicher zu gestalten, gehe ich nachfolgend von sieben Hypothesen aus. Diese lassen sich ungeachtet einiger Überlappungen vor allem aus methodischen Gründen recht gut voneinander abgrenzen.

Eine kategorische Unterscheidung der Bereiche ist weder beabsichtigt noch besonders sinnvoll. Die einzelnen Hypothesen sind, wie nicht anders zu erwarten, untereinander sehr stark vernetzt. Sie unterscheiden sich lediglich darin, dass sie bestimmte Aspekte stärker fokussieren. Psychologische Aspekte etwa sind in den Hypothesen 1, 2, 4 und 6 besonders präsent; körperliche Vorgänge stehen bei den Hypothesen 1 bis 4 im Vordergrund; geistige (Hypothese 3) und spirituelle Bereiche (Hypothese 5) bilden neben den sozialen Wirkungen (Hypothesen 6 und 7) relativ eigenständige Ansatzpunkte wissenschaftlicher Vermutungen.

Die Hypothesen lassen sowohl weitere Bezugnahmen untereinander wie auch noch differenziertere Betrachtung zu. Zudem gilt weiterhin die übergeordnete Annahme, dass Wirkungen des Singens grundsätzlich so gut wie jeden Menschen erreichen, unabhängig von seinem Alter, seinem Geschlecht, seiner kulturellen Herkunft oder von sonstigen soziodemografischen Merkmalen.

1. Singen verbessert die Stimmung und steigert das allgemeine Wohlbefinden

Diese Annahme reflektiert die subjektive Wahrnehmung von Chorsängern und ist anhand einer Vielzahl von bereits besprochenen Untersuchungen gut zu belegen (z. B. Beck et al., 2000; Clift & Hancox, 2001; Kreutz et al., 2004). Bemerkenswert ist, dass sich Stimmungsveränderungen bereits nach einigen Minuten gemeinsamen Singens einstellen können und kaum davon abzuhängen scheinen, welches Liedgut oder ob allein gesungen wird (Valentine & Evans, 2001). Positive emotionale und körperliche Wirkungen durch Singstunden lassen sich bei unterschiedlichsten Patientengruppen beobachten, beispielsweise sogar bei Menschen mit Querschnittslähmungen (Tamplin et al., 2013). Die von Studie zu Studie verwendeten Erhebungsinstrumente stimmen selten überein, führen aber regelmäßig zu ähnlichen Ergebnissen. Damit scheint ausgeschlossen, dass Stimmungsverbesserungen durch Singen von der Form der Befragung oder allein von der Zuwendung oder jeglicher Form von Gruppenaktivität abhängen.

Wie sind die Stimmungsverbesserungen sonst zu erklären? Es fällt auf, dass die Gesichtsmuskulatur beim Singen und beim Lachen ähnlich beansprucht ist. Studien zeigen, dass wir positiver über ansonsten neutrale Reize urteilen, wenn unsere Lachmuskeln aktiv sind. Nach der sogenannten Konditionierungstheorie haben wir *gelernt,* dann zu lächeln, wenn wir etwas Positives erwarten, beispielsweise bei einem Geburtstagsgeschenk. Gibt es das Geschenk gar nicht und lächeln wir dennoch, so ist das für das Gehirn dasselbe. Es entsteht eine positive Erwartung. Diese elegante Theorie bleibt vorerst unvollständig, denn es bliebe ja zu prüfen, inwiefern die Klangerzeugung, die Vibrationen der Stimmbänder etwa, und die sonstige körperliche Aktivität hier mit eine Rolle spielen. Gleichwohl sind Muskelaktivitäten mit Emotionen grundsätzlich eng verbunden und sie könnten entsprechend auch für die Beeinflussung von Stimmungen durch Singen eine große Rolle spielen.

Möglicherweise ist Lernen noch auf eine andere Art bedeutsam. Wir wissen, dass eine tiefe Atmung für die Sauerstoffzufuhr und generell für unsere Lebensgeister gut ist. Am Ende eines Dauerlaufs oder bei überstandenen Krisen atmen wir tief durch. Wiederum könnte uns eine Form von Konditionierung dazu bringen, die körperliche Aktivität mit Wohlgefühlen zu verbinden.

Es wäre auch in psychoanalytischer Richtung zu argumentieren, dass mit dem Singen Assoziationen mit sehr frühen Gesangserfahrungen geweckt werden. Es wäre denkbar, dass tiefe Erinnerungen elterlicher Zuwendung und Nestwärme geweckt werden, die sich im gemeinsamen Singen Bahn brechen und Zugang zu sonst schwer zugänglichen Gefühlswelten schaffen. Und selbst wenn musikalische Inhalte traurig stimmen sollten, so mag auch darin noch etwas mitschwingen, das einst beruhigt oder getröstet hat.

Erklärungsversuche könnten auch bei der Gruppenaktivität ansetzen, die von zeitlich synchronisierten Bewegungen geprägt ist. Diese erhöhen, wie sozialwissenschaftliche Studien darlegen, das zwischenmenschliche Vertrauen (Wiltermuth & Heath, 2009). Wohlgefühle könnten daher nichts anderes als die Kehrseite von geringerem Misstrauen sein. Menschen in der Umgebung als vertrauenswürdig wahrzunehmen, ist keineswegs ganz selbstverständlich, auch und gerade wenn wir sie nicht kennen. Und selbst wenn wir sie kennen und ihr Verhalten einschätzen können, wissen wir deshalb nicht, was ihnen seit der letzten Begegnung widerfahren ist und wie dies ihr aktuelles Verhalten zu beeinflussen vermag.

Weiterhin könnten Liedinhalte für eine gesteigerte Stimmung und für Wohlbefinden sorgen, vor allem dann, wenn darin positive zwischenmenschliche Regungen anklingen. Wissenschaftler aus Österreich um den Psychologen Frank Wendrich fanden zumindest ein paar Anhaltspunkte, die diese Annahme stützen. Sie unternahmen Vorher-Nachher-Vergleiche der Stimmungen von Chorsängern jeweils nach fröhlichen und traurigen Liedern (Wendrich et al., 2010). Die Ergebnisse zeigen, dass sich die Stimmung in der Gruppe grundsätzlich nach dem Singen verbesserte, doch war diese durch die traurigen Lieder zeitweilig gedämpft. Der emotionale Gehalt der gesungenen Lieder geht also nicht spurlos an Chorsängern vorbei. Diese Beobachtung ist sehr wichtig, weil die gesungenen Materialien eher selten in den Fokus systematischer Studien gelangt sind.

Die britischen Psychologen Nick A.J. Stewart und Adam J. Lonsdale von der Universität Bath befragten insgesamt 375 Chorsänger, Solosänger und Freizeitathleten, die Teamsport betrieben, um eine ganz bestimmte Frage zu beantworten: Vermittelt das Singen einzigartige Glücksgefühle oder eben nicht? Die Beantwortung der Frage, so das Kalkül der Autoren, könnte zu einem besseren Verständnis darüber verhelfen, wie die so häufig dokumentierten Gefühle von mehr Wohlbefinden beim Chorsingen überhaupt entstehen und inwiefern dazu die spezifische Verbundenheit durch das Singen ursächlich ist. Die Forscher stützen sich auf zwei wichtige sozialpsychologische Theorien über Gruppendynamik und Selbstbestimmung. Gruppenbindung kann beispielsweise allein durch körperliche Synchronisation entstehen. Wenn Individuen dieselben Bewegungen ausführen, so wird dies als gemeinschaftsstiftend empfunden, selbst wenn sich die Individuen gar nicht kennen. Eine bewusste Wahrnehmung dieser Synchronizität ist nicht nötig. Es genügt, wenn die beteiligten Personen wissen, dass sie dasselbe tun. Chorsänger bemerken in aller Regel sehr genau, wenn diese Synchronizität selbst für nur kurze Momente verloren geht. Daher darf unterstellt werden, dass hier eine Gruppenbindung allein durch die körperliche Aktivität motiviert sein könnte. Wäre dies so, dann sollten sich in dieser Hinsicht keine Unterschiede zu den Teamsportlern ergeben, wohl aber zu den Solosängern.

Die zweite Theorie, die Stewart und Lonsdale für grundlegend hielten, gilt in der Gesundheitspsychologie als weithin akzeptiert und empirisch untermauert: die sogenannte Selbstbestimmungstheorie (engl. *self-determination theory*, SDT) nach Richard M. Ryan und Edward L. Deci (2000) stellt die Annahme in den Vordergrund, dass die sozialen Verhältnisse um uns herum einen deutlichen Einfluss auf Wohlbefinden und Gesundheit nehmen können. Einerseits bestehen Gefahren im sozialen Umgang etwa durch übertragbare Krankheiten, doch andererseits trainieren wir damit unseren Körper im Umgang mit fremden

Keimen. Doch diese physiologischen Mechanismen bilden nur einen Teil der gesundheitlichen Wirkungen sozialer Interaktionen ab. Die Personen in unserer Umgebung können uns in vieler Hinsicht Wohlbefinden oder auch Stress vermitteln. Die Konsequenz ist, dass unsere psychische und körperliche Gesundheit teilweise vom Wohl und Wehe der sozialen Umgebung abhängig ist. Uns gegenüber wohlgestimmte Mitmenschen helfen uns, gesund zu bleiben. Die Autoren sprechen dabei von Selbstregulation. Chorsingen und Teamsport sollten sich dahingehend ähneln, dass sich die Individuen wechselseitig bestärken, indem sie die (positive) Selbstregulation (Stressabbau, Entspannung) fördern und es damit einfacher wird, mit individuellen Belastungen umzugehen.

Stewart und Lonsdale (2016) setzten eine ganze Reihe von Fragebögen ein, um ihre Annahmen zu überprüfen und die zentrale Forschungsfrage zu beantworten. Dabei kam heraus, dass Chorsingen und Teamsport sich in der Vermittlung von mehr individuellem Wohlbefinden als ähnlich vorteilhaft erwiesen gegenüber Solosingen, das sich zwar schwächer, aber immer noch positiv auf das psychische Wohlbefinden auswirkte. Die Autoren verweisen darauf, wie wichtig es in diesem Zusammenhang ist, dass hier verschiedene Komponenten von Glücksgefühlen zusammenkommen müssen, nämlich neben dem reinen Vergnügen auch eine innere Zufriedenheit und in gewissem Sinne ein Glaube an das Gute in der Welt und im Menschen. Es ist weder das Vergnügen am Singen oder am Sport noch der allgemeine Glaube an individuelle Werte *allein*, die dazu führen, dass Menschen sich bei diesen Tätigkeiten in einer Gruppe besser fühlen, als wenn sie ihnen allein nachgehen. Anders gesagt: Soziale Aktivitäten bringen Glücksgefühle zum Vorschein, die sich auch mit schönen individuellen Beschäftigungen weniger einstellen.

Die weiteren Ergebnisse der beiden Psychologen zeigen insgesamt, dass Chorsingen und Teamsport sich ähnlich auf Facetten von Verbundenheitsgefühlen auswirkten, wie von den Theorien der Gruppensynchronizität und Selbstbestimmung vorhergesagt. Verständlich ist auch, dass das Gefühl individueller Autonomie bei den Chorsängern deutlich geringer ausgeprägt war als bei den Teamsportlern. Schließlich müssen sich Choristen mit viel größerer Absolutheit ihrer Stimmgruppe und dem ganzen Chor unterordnen, als dies im Teamsport notwendig ist, wenngleich auch hier Hierarchien und funktionale Beziehungen zwischen den Mannschaftsteilen eine Ordnung herstellen, welche die individuelle Autonomie zumindest etwas einschränkt.

Wir nehmen also zur Kenntnis, dass Chorsingen und Mannschaftssport recht ähnliche Gefühle von Wohlbefinden, Freude und Glück bescheren können. Menschen sind nun einmal soziale Wesen und greifen auf unterschiedliche Strategien zurück, um die Chancen auf mehr Glück im Leben zu erhöhen.

Es erweist sich also als nicht ganz so einfach, positive Wirkungen auf das Wohlbefinden und individuelle Glücksgefühle auf das Singen selbst zurückzuführen. Doch dürfen wir dies, wie ich finde, nicht überbewerten. Unterschiedliche Theorien, seien sie sozial- oder kognitionspsychologisch oder auch psychoanalytisch motiviert, bestätigen den grundlegenden Zusammenhang, ohne einander wesentlich zu widersprechen – und das ist eine viel entscheidendere Erkenntnis als ein Nachweis darüber, dass das Singen unser Wohlbefinden auf einzigartige Weise verbessert. Wir können höchstens festhalten, dass es mit spezifischen Vorteilen verbunden ist, nämlich kaum Barrieren oder Nebenwirkungen uns davon abhalten. Die größte Barriere liegt allenfalls in uns selbst und unserer Neigung zur Selbststigmatisierung.

2. Singen entspannt und mindert körperlichen und psychischen Stress

Ungeachtet der konsistenten Selbstberichte, die diese Annahme stützen, folgten ihr bislang überraschend wenige objektivierende Studien. Einerseits klingt es einleuchtend, dass ein gesteigertes Wohlbefinden mit einer Stressminderung einhergeht. Kaum vorstellbar erscheint indessen, dass beide gleichzeitig zu- oder abnehmen. Folglich wäre die zweite Hypothese nur eine Variante der vorigen. Andererseits bleibt erklärungsbedürftig, inwiefern sich positive Aktivierungen verstärken und gleichzeitig Entspannungseffekte ausbreiten können. An dieser Stelle wird deutlich, dass die mit dem Singen verbundenen psychophysiologischen Vorgänge erst durch eine detaillierte Betrachtung von Zeitverläufen ins rechte Licht zu rücken sind.

Die vielleicht aussagekräftigsten Studien zielen auf unterschiedliche Indikatoren der körperlichen Stresssysteme auf der Ebene von Hormonen (Endokrinium) sowie auf der des Herz-Kreislauf-Systems. Das Stresshormon Cortisol beispielsweise steht im Mittelpunkt von Studien, die allerdings zu widersprüchlichen Befunden gelangen. Die bereits zitierte Untersuchung von Robert Beck und Kollegen (2000) wies geringere Konzentrationen nach einer zweistündigen Chorprobe und erhöhte Konzentrationen nach einem zweistündigen Konzert nach. Kreutz und Kollegen (2004) dagegen konnten keine Einflüsse des Singens auf dieses Hormon nach der ersten Stunde einer Chorprobe entdecken. Die Interpretation dieser Ergebnisse ist schwierig, weil Cortisol keineswegs kontinuierlich, sondern in Schüben ausgeschüttet wird. Es sind in der Zwischenzeit zumindest einige Studien erschienen, die anstelle von einfachen Vorher-Nachher-Vergleichen zu mehrfachen Messungen übergegangen sind und entsprechend differenziertere Aussagen treffen können. Wir kommen darauf natürlich noch zurück.

Etliche weitere empirische Studien sind schwedischen Wissenschaftlern zu verdanken, die recht häufig und keineswegs zufällig in Zusammenarbeit mit dem Mediziner und Epidemiologen Töres Theorell vom Stockholmer Karolinska Institut für Stressforschung entstanden sind. Seine Mitarbeiterin Christina Grape, eine ausgebildete Krankenschwester, richtete Gesangsstunden im Einzelunterricht für Laiensänger und ausgewählte professionelle Sänger ein. Die Teilnehmer mussten vor und nach den Stunden Blutproben abgeben, die auf die Konzentrationen einer ganze Reihe biologischer Marker überprüft wurden. Die Ergebnisse zeigen, dass sich einige hormonelle Werte veränderten, die meisten davon abhängig vom Geschlecht und von der Gesangserfahrung der Probanden. Männliche Probanden wiesen beispielsweise nach dem Singen erhöhte, Frauen dagegen geringere Konzentrationen der beiden Stresshormone Prolaktin und Cortisol auf. Signifikante Veränderungen für die Gesamtgruppe zeigten sich bei einem einzigen Hormon, nämlich dem Oxytocin (Grape et al., 2003). Dieses Hormon ist nur indirekt mit Stress und eher mit Wohlbefinden und Glücksgefühlen verbunden. Außerdem kommt ihm eine zentrale Rolle im Zusammenhang mit sozialer Bindung zu, weshalb im Zuge der Diskussion um die siebte Hypothese weiter unten darauf zurückzukommen sein wird. Was psychologische Veränderungen betrifft, zeigte sich, dass zwar die Laiensänger fröhlicher und beschwingter aus der Gesangsstunde herausgingen, nicht aber die Profisänger. Möglicherweise empfanden Letztere in der Unterrichtssituation einen größeren Leistungsdruck.

Grape und Kollegen (2003) untersuchten zusätzlich auch die Herztätigkeit bei ihren Probanden. Sie fanden unter den Profisängern im Vergleich zu den Laien eine bessere Fitness des Herz-Kreislauf-Systems. Ausschlaggebend dafür ist die sogenannte Herzratenvariabilität (HRV). In der psychophysiologischen Forschung sind neben dem Blutdruck nicht nur die Herzfrequenz, also die Häufigkeit von Schlägen pro Minute, sondern insbesondere die Veränderungen der Herzfrequenz in kürzeren und längeren Zeitabschnitten von Interesse. Die HRV wird aus den zeitlichen Schwankungen von Herzschlag zu Herzschlag errechnet. Die Beschleunigung und Verlangsamung der Herztätigkeit folgt in etwa dem Atemrhythmus. Da das Einatmen in aller Regel schneller vor sich geht als das Ausatmen, ergibt sich daraus für die Herztätigkeit eine Asymmetrie, die sogenannte respiratorische Sinusarrhythmie.

Ihre Wirkung auf die Herztätigkeit hängt von der Atemfrequenz ab. Das bedeutet, dass eine verlangsamte Atmung mit einer Beruhigung der Pulsfrequenz und in aller Regel auch mit einer Entspannung einhergeht. Besonders interessant ist die Atemfrequenz um etwa 0,1 Hertz. Das bedeutet, dass ein Atemzyklus etwa zehn Sekunden dauert, pro Minute folglich sechs Atemzüge stattfinden. Bei dieser Frequenz zeigt sich der Einfluss des Vagusnervs auf die Blutdruck regulierenden Rezeptoren, die sogenannten Barorezeptoren, in den Herzkranzgefäßen besonders stark.

Dieser Form der Synchronisation zwischen Atmung und Herz-Kreislauf-System wird eine besonders beruhigende Wirkung zugeschrieben. Der italienische Kardiologe Luciano Bernardi und seine Mitarbeiter (2001) beobachteten stark ausgeprägte respiratorische Wirkungen beim Rezitieren von Rosenkranz-Gebeten sowie beim Singen von Mantras unter einer Gruppe von erwachsenen Probanden, sobald sich deren Atemfrequenzen auf einen Wert von ca. 0,1 Hertz ausrichteten.

Einem Forscherteam um den Musikwissenschaftler Björn Vickhoff (2013) kommt das Verdienst zu, die kardiorespiratorischen Wirkungen des individuellen und gemeinsamen Singens bei unterschiedlichen Gesangsformen in systematischer Weise untersucht zu haben. Das wesentliche Ergebnis lag darin, dass das Singen von Mantras in einem musikalischen Tempo, das wiederum einem Atemzyklus von zehn Sekunden Dauer (0,1 Hz) entsprach, im Vergleich mit verschiedenen Gesangsformen die höchste Synchronisation *zwischen* den Teilnehmern hervorbrachte. Sämtliche von den Autoren herangezogene körperliche Indikatoren, darunter auch die Fingertemperatur, zeigten Veränderungen, die teilweise von den Strukturen des musikalischen Materials beeinflusst waren.

Eine Art Nagelprobe, nämlich einen Vergleich zwischen Singen und Atemübungen, und zwar gerade mit Blick auf die verlangsamten Atemzyklen, unternahmen Erik Olsson und Kollegen. Dazu berechneten die Forscher die HRV-Werte für zwei unterschiedliche Atemübungen und vier verschiedene, mehrstimmige Gesänge (Olsson et al., 2013). Die Ergebnisse fielen hier weniger klar aus als bei Vickhoff und Kollegen (2013) So führte das Singen allenfalls zu mehr Variabilität, aber nicht generell zu einer erhöhten HRV im Sinne einer Wirkung auf die respiratorische Sinusarrhythmie. Die Autoren weisen selbst darauf hin, dass die von den gesungenen Materialien ausgehenden Anforderungen für eine synchronisierte Atmung der Sänger nicht optimal waren.

In summa sind aus den Untersuchungen kurzfristige, körperlich und psychisch beruhigende Wirkungen gemeinsamen Singens auf die HRV abzuleiten. Offenkundig ist das Mantrasingen zur Einleitung synchronisierender Rhythmen von Atmung, Herz und Kreislauf sowohl innerhalb der einzelnen Person als auch zwischen den verschiedenen Beteiligten besonders prädestiniert. Der zuletzt referierte Befund von Olsson und Kollegen (2013) lässt allerdings erkennen, dass etliche Fragen offen bleiben. Künftigen Studien bleibt vorbehalten, die von musikalischen Materialien abhängigen, durch gemeinsames Singen induzierten Einflüsse auf unsere vitalen körperlichen Systeme hinsichtlich ihrer langfristigen gesundheitlichen Wirkungen hin zu überprüfen.

3. Singen fördert kognitive Leistungen

Der Züricher Neurowissenschaftler Lutz Jäncke unterzog in seinem Buch *Macht Musik schlau?* zahlreiche Studien über die kognitiven Auswirkungen von Instrumentallernen einer kritischen Zusammenschau (Jäncke, 2008). Im Tenor sagen diese Studien aus, dass Instrumentallernen und Musizieren das Denken in verschiedenen Bereichen langfristig fördern können. Einige Studien etwa aus meiner eigenen Arbeitsgruppe, für die mein Doktorand Ingo Roden verantwortlich zeichnete, lieferten weitere Belege dafür, dass Kinder im Grundschulalter hinsichtlich ihrer Hör- und Sprachverarbeitung vom Musizieren selbst im Kleingruppenunterricht an der Schule erheblich profitieren können (Roden et al., 2014; Roden et al., 2012).

Wie sieht es nun mit dem Singen aus? Außer Frage zu stehen scheint wenigstens, dass das Singen *musikalisch* schlau macht. Das Nachsingen von Tönen, Melodien und Liedern hilft, die innere Vorstellung von Musik zu vertiefen und zu verfeinern. Daher liegt es nahe, in der Singstimme und im Singen einen Schlüssel zur Musikalität zu suchen. Der amerikanische Erziehungswissenschaftler Howard Gardener (1999) hält musikbezogenes Denken und ein tiefes Verständnis musikalischer Strukturen für eine eigenständige Form von Intelligenz. Seiner Auffassung nach müssen wir keine allzu weiten Wege gehen, um feststellen zu können, dass das Speichern, Erinnern und

Wiedergeben von Melodien, Texten und damit verbundenen Ausdrucksqualitäten eine beachtliche kognitive Leistung darstellt.

Die Mehrzahl der Forscher ist allerdings wie Lutz Jäncke der Ansicht, dass sich musikalische Kompetenzen noch weiter reichend auf menschliche Wahrnehmung, Denken und Handeln auswirken. Musiklernen und Musizieren am Instrument erfordert neben den bereits angesprochenen Gedächtnisfähigkeiten beispielsweise die simultane Verarbeitung unterschiedlicher Sinneseindrücke, ein räumliches und zeitliches Vorstellungsvermögen, eine erhöhte Aufmerksamkeit sowie eine ausgeprägte kinästhetische Wahrnehmung. Beim Singen ist diese auf Atmung und Vokalapparat ausgerichtet, während beim Instrumentalspiel die taktile und haptische Informationsverarbeitung eine besondere Rolle spielt. Musikinstrumente erweitern gewissermaßen unsere Gliedmaßen und potenzieren die Möglichkeiten von Dingen, die wir mit ihnen anstellen können. Das Singen ist keine Ausnahme, wenngleich wir für dieses Instrument weder einen Koffer noch eine freie Wand im Wohnzimmer benötigen. Die Stimmbänder als Musikinstrument zu nutzen, unterliegt ansonsten ähnlichen Lernprozessen. Wie in den vorangegangenen Kapiteln schon dargelegt wurde, umfasst die Ausführung bereits eines einzelnen gesungenen Tones vielfältige perzeptuell-motorische und kognitive Ressourcen, die sich von der Sprachproduktion teilweise deutlich unterscheiden.

Macht Singen also klug oder doch nicht? Zwei Psychologinnen der Justus-Liebig-Universität in Gießen, Franziska Degé und Gudrun Schwarzer, unternahmen eine Untersuchung unter Kindergartenkindern, die einige aufschlussreiche Hinweise lieferte (Degé & Schwarzer, 2011). Musikalische Früherziehung ist traditionell von einer ganzheitlichen Herangehensweise geprägt, die gemeinsames Singen, synchrone Bewegungen und Tanz in einer unbelasteten Atmosphäre umfasst. Ziel solcherart pädagogischer Konzepte ist es, das kindliche Interesse an Klängen, Rhythmen und vokalem Ausdruck zu nutzen, um den kontrollierten Umgang mit musikalischem Material wie Liedern oder Tänzen zu vermitteln. Es versteht sich, dass Spaß und Freude dabei eine ebenso große Rolle spielen wie die sozialen Interaktionen aller Beteiligten.

Die Kinder befinden sich in diesem Alter mitten in ihrer Sprachentwicklung. Die meisten beginnen gerade damit, die einzelnen Komponenten und Sinneinheiten ihrer Muttersprache, Phoneme, Silben, Wörter, Satzphrasen und ganze Sätze, zu erschließen und sich damit nach und nach grundlegende Kompetenzen für den Erwerb der Schriftsprache anzueignen. In der Fachsprache nennt man diese Fähigkeit zur Unterscheidung von Sprachlauten phonologische Bewusstheit. Fremdsprachen, die wir nicht kennen, erwecken den Eindruck eines Stroms von Lauten ohne Punkt und Komma. Dass uns unsere Muttersprache ganz anders vorkommt, die Wörter und Sätze quasi plastisch hervortreten, ist vor allem der phonologischen Bewusstheit zu verdanken. Genau genommen sind erste Anzeichen für eine besondere Sensibilität gegenüber der Muttersprache bereits mit der Geburt vorhanden. Die Kinder lernen im Zuge des sich entwickelnden Bewegungsapparates und der Feinmotorik, wie sie sprachliche Wahrnehmungskompetenzen zunächst durch Nachsprechen und später im Schreiben in motorische Handlungen umsetzen können. Es wird vermutet, dass die phonologische Bewusstheit erst gegen Ende der Grundschulzeit vollständig ausgeprägt ist. Neuere Forschungsarbeiten zeigen, dass sich bestimmte Formen von Sprachtraining beschleunigend auf die Entwicklung phonologischer Bewusstheit auswirken können.

Die Forschungsfrage der Gießener Psychologinnen lautete nun: Wie wirkt sich musikalische Früherziehung im Vergleich zu einer gezielten Förderung auf die phonologische Bewusstheit bei Vorschulkindern ohne Sprachentwicklungsstörungen aus? Würde eine unspezifische Förderung (Musik) ähnlich wirksam sein wie ein spezifisches Sprachtraining? Eine entsprechende Annahme begründeten die Forscherinnen damit, dass sich zerebrale Netzwerke zur Sprachverarbeitung mit solchen zur Musikverarbeitung teilweise überlappen. Musiklernen stimuliert folglich vielfältige Sprachnetzwerke. Zudem gibt es durchaus konzeptionelle Gemeinsamkeiten zwischen musikalischer Früherziehung und Sprachtraining zur phonologischen Bewusstheit, da in beiden Vorgehensweisen Sprachspiele und Reime sowie Bewegung und Rhythmen eine Rolle spielen.

Die Psychologinnen bildeten drei gleichstarke Gruppen von Kindern, wobei diese sich in Bezug auf die demografischen und sozioökonomischen Merkmale nicht wesentlich voneinander unterschieden. Die individuelle phonologische Bewusstheit wurde bei jedem Kind zweimal, einmal vor Beginn und einmal am Ende der Interventionen, mit einem Standardverfahren getestet. Eine Gruppe erhielt musikalische Früherziehung, eine weitere Training in phonologischer Bewusstheit und eine dritte Gruppe Sportunterricht. Alle drei Interventionen waren qualitativ gleichwertig. Die Kinder in den Gruppen nahmen über einen Zeitraum von zwölf Wochen zehn Minuten täglich an den jeweiligen Programmen teil.

Was kam dabei heraus? Die Gruppen unterschieden sich zu Beginn hinsichtlich ihrer phonologischen Bewusstheit nicht voneinander. Am Ende der Intervention waren die Werte der Kinder in der musikalischen Früherziehung und im Sprachtraining jedoch signifikant höher als die der Kinder im Sportunterricht. Erwartungsgemäß führte mehr Bewegung (und pädagogische Zuwendung) nicht zu mehr phonologischer Bewusstheit. Im Sinne der zentralen Hypothese waren die Veränderungen durch musikalische Früherziehung einerseits und Sprachtraining andererseits statistisch nicht zu unterscheiden. Die unspezifische Musikintervention bewirkte genau dasselbe wie ein zielgerichtetes Sprachtraining.

Wie bereits angemerkt, enthält die Studie von Degé und Schwarzer (2011) keine direkten Hinweise darauf, dass sich das Singen allein positiv auf die Sprachentwicklung auswirkte. Gleichwohl ist nicht daran zu zweifeln, dass Lieder und Reime ähnliche Zwecke erfüllen: Sie schärfen die Wahrnehmung und das Bewusstsein für Sprachklänge und demonstrieren auf sinnliche Weise, wie Sprachlaute, Phrasen sowie ganze Sätze organisiert sind. Und das kann auch beim Erlernen einer Fremdsprache hilfreich sein, wie eine Studie von Arla Good und Kollegen von der Ryerson University in Toronto in einer weiteren originellen Studie nahelegt (Good et al., 2015). Die Erstautorin besuchte dazu Kinder an einer Grundschule in Ecuador, denen sie mit Unterstützung ihrer Gitarre ein englischsprachiges Lied beibrachte. Dazu entwickelte sie passende Tests, um nicht nur den erlernten Wortschatz, sondern auch die Aussprache der Kinder zu überprüfen. Zum Vergleich mit der Singgruppe wählte die Forscherin eine zweite Gruppe, der sie den Liedtext in gesprochener Form beibrachte. Die Ergebnisse zeigten deutliche Vorteile für die Singgruppe, die sich sowohl hinsichtlich der Aussprache als auch der Sprachinhalte mehr Wissen aneignete. Die Studie wirft eine ganze Reihe von Fragen auf, denn methodisch sind natürlich ein paar Dinge auszusetzen. Zudem geht es gar nicht nur darum, unter welchen Bedingungen die besten Ergebnisse erzielt werden können. Sprachdidaktisch gilt es schon als Erfolg, wenn sich vergleichbare Lernfortschritte auf unterschiedlichen Wegen abzeichnen. Denn das bedeutet, dass der Unterricht vielfältiger gestaltet werden könnte, ohne dass mit dem einem oder dem anderen Verfahren Einbußen hingenommen werden müssen.

Vor diesem Hintergrund ist auch eine Studie unter Kindern mit Fluchterfahrungen zu verstehen, die meine Kollegin, die Sprachpädagogin Vera Busse, inzwischen an der Universität Münster tätig, mit mir gemeinsam leitete. Ziel dieser Studie war es, diesen Kindern, die in einer Grundschule eine speziell für sie eingerichtete Sprachlernklasse besuchten, das Erlernen der deutschen Sprache etwas zu vereinfachen (Busse et al., 2018). Denn die Absicht ist nicht nur, Sprachinhalte zu vermitteln, sondern auch etwas zu tun, was den Kindern zugleich Freude bereitet, ihre gegenseitige Wahrnehmung stärkt und somit auch zur Motivation beiträgt, die bei dem erforderlichen, sehr schnellen Erlernen der deutschen Sprache keine geringe Rolle spielt. Das bewährte experimentelle Verfahren bestand auch hier darin, die Kinder Gruppen zuzuweisen, in denen entweder traditionell oder mit musikalischer Unterstützung, also singend gelernt wurde. Dazu boten sich die Texte von Kinderliedern als Lerninhalte ideal an. Das Lerntempo war hoch angesetzt, um Lernzuwächse gut abbilden zu können. Um es kurz zu fassen: Egal, ob die Kinder singend oder sprechend lernten, die Zuwächse in Hinblick auf Vokabular und grammatikalische Fähigkeiten waren ähnlich groß.

Der Neurowissenschaftler Stefan Koelsch und seine Kollegen untersuchten gesangliche und sprachliche Kompetenzen noch auf einer weiteren Ebene. Diese schließt an phonologische Bewusstheit direkt an, denn sie betrifft den Sinn für Regeln in sprachlichen Strukturen, die sogenannte Syntax (Jentschke et al., 2005). Schon seit längerer Zeit wird gemutmaßt, dass Musiker die Regeln im Aufbau von Sprache effizienter verarbeiten als Nichtmusiker. In der alltäglichen Kommunikation fällt dieser Vorteil eher wenig auf, weil sich Bedeutungen nur zum Teil aus der Syntax erschließen lassen. Eine fehlerhafte Syntax entstellt folglich den Sinn einer Aussage nicht unbedingt. Die Forscher wählten für ihre Studie Kinder aus dem berühmten Leipziger Thomanerchor im Alter von zehn bis elf Jahren aus, die sie mit gleichaltrigen Kindern verglichen. Die Kinder in der Kontrollgruppe schnitten in einem allgemeinen Intelligenztest ähnlich gut ab wie die Thomaner und waren auch hinsichtlich ihrer sozioökonomischen Hintergründe vergleichbar. Wenig überraschend zeigten EEG-Ableitungen beim Anhören von Akkordfolgen Unterschiede dahingehend, dass die Thomaner sensibler für musikalische Regelverletzungen waren. Unerwartete Akkorde verarbeiteten diese Kinder schneller und effizienter als ihre Altersgenossen in der Kontrollgruppe. Die Überraschung zeigte sich bei den Sprachexperimenten mit syntaktisch richtigen und fehlerhaften Sätzen. Denn auch hier waren die Thomaner den Kindern in der Kontrollgruppe weit überlegen und zeigten dieselben Gruppenunterschiede. Da diese nicht durch eine allgemein unterschiedliche Intelligenz zu erklären sind, folgerten die Forscher, dass sich die gesanglich-musikalische Übung der Thomaner in Verarbeitungsvorteilen sowohl für Musik als auch für Sprache niederschlägt.

Eine chinesisch-australische Forschergruppe lieferte Hinweise darauf, dass das Ausmaß an Musikalität nicht ausschlaggebend dafür sein muss, im Bereich des Sprachlernens durch das Singen profitieren zu können (Ma et al., 2019). Die Autoren wählten eine Gruppe junger chinesischer Studierender, die englische Wörter lernen sollten. Einer Gruppe wurden die Worte vorgesprochen, so wie man mit Erwachsenen spricht, die zweite Gruppe hörte die Worte in einer Darbietung in Ammensprache, während die dritte Gruppe die Worte in gesungene Melodien gekleidet lernen sollte. Hinsichtlich der Merkleistungen innerhalb dieser Gruppen fiel auf, dass Ammensprache und gesungene Worte sich als ähnlich vorteilhaft gegenüber der Erwachsenensprache erwiesen. Die Forscher vermuten, dass die musikalischen Elemente das Encodieren der Sprachinformation auf prosodischer Ebene erleichtern. Vereinfacht gesagt bedeutet das, dass die Lerner weniger auf die einzelnen Lautelemente in den Wörtern achten, sondern mehr auf die Lautgruppen, die melodisch miteinander verknüpft sind. Möglicherweise verschaffen Melodie und Rhythmus dieser Information mehr Geltung und damit einen besseren Zugriff für das Langzeitgedächtnis beim Erlernen einer Fremdsprache in ähnlicher Weise, wie dies bei Kleinkindern während des Erlernens ihrer Muttersprache der Fall ist.

Damit mehren sich die Hinweise darauf, dass sich Singen auch auf kognitive Leistungen auswirkt, die über das Abspeichern und Erinnern von Melodien und Texten hinausgehen und vor allem sprachnahe kognitive Kompetenzen einschließen. Bei den Probanden der skizzierten Studien handelt es sich um Kindergartenkinder sowie um hoch ausgebildete junge Chorsänger. Dass in beiden Fällen Wechselwirkungen zwischen Singen und Sprache aufgetreten sind, ist kein Zufall. Vielmehr reihen sie diese Ergebnisse in eine stetig wachsende Kette von Indizien, die eine grundlegende Bedeutung musikalischer Kompetenzen für die Sprachentwicklung nahelegen.

4. Singen fördert die psychische und körperliche Gesundheit

Psyche und Körper sind aus neurobiologischer Sicht untrennbar miteinander verbunden. Jeder psychische Zustand hat also eine neuronale und damit auch physische Grundlage. Die kategorische Trennung zwischen Psyche, Geist und Körper ist oftmals methodisch bedingt, da ein Fragebogen kaum erfassen kann, welche hormonellen Vorgänge gerade ablaufen. Umgekehrt lässt sich etwa aus einem Ausschnitt des Blutbildes nicht zuverlässig auf ein psychisches Befinden schließen. Trotzdem ist es sinnvoll, die Hypothese etwas ganzheitlicher zu fassen, da die verschiedenen Wirkungsebenen miteinander zusammenhängen, unabhängig davon, welche von ihnen in einzelnen Studien nun erfasst werden können.

Selbstberichte über psychische und körperliche Wirkungen des Singens unter Laienchoristen liefern wichtige Hinweise. Denn viele Menschen, die sich allwöchentlich zu Chorproben versammeln, leiden an chronischen Krankheiten. Sie sind auf Medikamente und engmaschige ärztliche Betreuung angewiesen. Davon sind vornehmlich, aber nicht ausschließlich Personen im höheren Lebensalter betroffen. Ausführliche Interviews mit Choristen, die Stephen Clift und seine Mitarbeiter in größerer Zahl unternahmen, legen nahe, dass individuelle Ereignisse, wie etwa der Verlust des Lebenspartners, die Diagnose einer Erkrankung oder andere schicksalhafte Vorkommnisse, in einer vertrauten Gemeinschaft, wie sie auch und gerade Chöre bieten, besser verkraftet werden. Inwiefern sich dadurch weniger Depressionen und Ängste entwickeln, die therapeutisch behandelt werden müssten, ist unklar (Clift et al., 2010). Fest steht allerdings, *dass* solche Ereignisse schwerwiegende Folgen für die längerfristige psychische Gesundheit betroffener Menschen haben können und sich auch soziale Hilfsangebote in Form von Singgruppen als sehr hilfreich erweisen können.

Menschen mit chronischen Krankheiten, unabhängig davon, ob es sich um körperliche oder neurologische Gebrechen handelt, sind also erhöhten Risiken für psychische Erkrankungen ausgesetzt und stehen aus medizinischer Sicht daher unter besonderer Beobachtung. Doch bekanntlich können psychische Störungen auch körperlich und neurologisch gesunde Menschen im Laufe des Lebens jederzeit quasi aus heiterem Himmel ereilen. Hier eröffnen sich beträchtliche Grauzonen, in denen oft nicht klar ist, ob eine depressive Verstimmung oder das Auftreten diffuser Ängste nur zeitweilig auftreten, jedoch nicht weiter bedeutsam sind, oder ob solche Zustände länger andauern und ihnen ohne eine Behandlung auch nicht wirksam begegnet werden kann.

Das gemeinsame Singen wurde in diesem Buch schon sehr häufig als eine Form sozialer Aktivität mit sehr günstigen psychischen Begleiterscheinungen vorgestellt. Und es mag naheliegen, eine entsprechende Wirksamkeit auch bei psychischen Erkrankungen zu unterstellen. Doch verbietet es sich, hier allzu leichtfertige Folgerungen abzuleiten, die weder den von psychischen Erkrankungen Betroffenen noch dem Rest der Gesellschaft nutzen. Es gibt grundsätzlich keine einfachen Lösungen für komplexe und vielschichtige Problemstellungen.

Forschungsansätze mit dem Ziel, die Auswirkungen des gemeinsamen Singens auf die psychische Gesundheit zu untersuchen, stehen entsprechend vor enormen Herausforderungen. Wie etwa sind Einschlusskriterien zu formulieren, um beispielsweise bestimmte Gruppen von Patienten zu erreichen, andere dagegen außen vor zu lassen? Wie ist es zu erreichen, dass Menschen mit psychischen Beeinträchtigungen überhaupt an Singgruppen teilnehmen? Theoretische Überlegungen sind hier nicht besonders hilfreich. Gefragt ist vielmehr, sich zu überlegen, wen man überhaupt erreichen kann, wie singbasierte Angebote für Menschen mit psychischen Problemen gestaltet werden können und welche Kontexte sich anbieten, um entsprechende Wirkungszusammenhänge zu erforschen.

Die Musikwissenschaftlerin Katarzyna Grebosz-Haring unternahm gemeinsam mit dem Salzburger Psychiater Leonhard Thun-Hohenstein eine viel beachtete Studie in einer psychiatrischen Einrichtung unter Kindern und Jugendlichen, die im Zuge mehrwöchiger Interventionen in eine Singgruppe sowie eine Gruppe zum gemeinsamen Musikhören eingeteilt wurden (Grebosz-Haring & Thon-Hohenstein, 2018). Den Rahmen hierfür bildete ein noch breiter gefasstes Kulturprogramm, das den jungen Menschen zugleich Gelegenheit geben sollte, sich auf verschiedene Weise künstlerisch zu betätigen. Denn es ist wichtig zu verstehen, dass therapeutische Ziele nur hintergründig eine Rolle spielen sollten. Voraussetzung für die Teilnahme der zehn bis 18-jährigen Patienten war ein allgemein stabiler Gesundheitszustand, ungeachtet einer vorliegenden psychischen Erkrankung. Musikalische Erfahrungen oder eine besondere Neigung zum

Singen waren nicht erforderlich. Die Ergebnisse zeigen, dass sich biologische Marker für körperlich-seelischen Stress, gemessen an Cortisolkonzentrationen im Speichel, nach dem Singen signifikant verbesserten und zugleich Proteine in Form des sekretorischen Immunoglobulin A in erhöhten Konzentrationen feststellbar waren. Diese biologischen Veränderungen gingen einher mit einer verbesserten gesundheitsbezogenen Lebensqualität. Die Studie zeigt eindrücklich, wie Kinder und Jugendliche mit psychischen Erkrankungen von Musikangeboten profitieren können. Denn auch das Musikhören führte bereits zu einem verbesserten Wohlbefinden.

Seit wenigen Jahren liegt erstmalig eine systematische Forschungsübersicht zur Wirkung von gemeinsamem Singen bei Menschen mit psychischen Erkrankungen vor. Die Studie ging aus einer Kooperation zwischen australischen und britischen Forschern hervor und hatte zum Ziel, nicht nur die relevanten Forschungsarbeiten zu identifizieren und ihre Ergebnisse zu würdigen, sondern auch deren methodische Qualität zu durchleuchten (Williams et al., 2018). Nach Durchsicht von insgesamt 709 Studien erfüllten immerhin 13 die strengen Einschlusskriterien. Immerhin nahmen insgesamt 667 Personen an diesen ausgewählten Studien teil. Dabei handelte es sich um überwiegend ambulant behandelte Personen, die nur in schwierigen Phasen Krankenhausaufenthalte beanspruchten. Die Ergebnisse deuten auf mittlere bis starke Verbesserungen von Krankheitssymptomen, Stimmungs- und emotionale Verbesserungen sowie verstärkte Gruppenzugehörigkeit und mehr Selbstsicherheit hin. Ungeachtet dieser positiven Wirkmuster blieben die Autoren aufgrund verschiedener methodischer Schwächen skeptisch. Dies ist nicht weiter verwunderlich, da häufig die Forschungsmittel zur Verwirklichung methodisch anspruchsvoller Studien fehlen. Soll etwa eine einfache Verblindung stattfinden – das heißt, dass Testungen von Personen durchgeführt werden, die einerseits qualifiziert dafür sind, andererseits aber weder die Hypothese noch die Zuordnung der getesteten Probanden zu den Interventions- und Kontroll-/Vergleichsgruppen kennen –, so muss entsprechendes Personal vorgehalten und eventuell für die Durchführung der Studie geschult werden. Auch die Rekrutierung und Verteilung von Probanden in verschiede Gruppen erfordert eine gewisse Logistik, an die wiederum Personal, Räumlichkeiten und Anforderungen an Mobilität geknüpft sind, wenn die Studie andernorts durchgeführt wird. Viele ältere Studien verzichteten auf die A-priori-Berechnung erwarteter Effektstärken für Hypothesenprüfungen. Dies kann die Einordnung von beobachteten Veränderungen erschweren. Die Autoren des Review ziehen somit eine positive Bilanz und halten das Gruppensingen unter Einschluss von Menschen mit psychischen Erkrankungen für therapeutisch wertvoll, fordern zugleich aber auch methodisch hochwertige Studien, um die klinische Relevanz der Anfangsbefunde bestimmen zu können.

Zusammenfassend bleibt einzuräumen, dass Menschen, die bereits unter Psychosen, Depressionen oder anderen Erkrankungen der Seele leiden, durch Singangebote oftmals nur schwer zu erreichen sind. Die allgemeine Antriebsschwäche der Betroffenen steht nur allzu häufig einer regelmäßigen Teilnahme am Singen in Chören entgegen. Umso wichtiger sind daher Singgruppen in psychiatrischen Kliniken, damit gerade diese Patientengruppen erreicht werden können.

5. Singen fördert Spiritualität und sorgt für tiefe seelische Erfahrungen

Singen spielt in den großen Religionen und Glaubensrichtungen der Welt fast durchgängig eine besondere Rolle, und zwar ganz gleich, ob es sich nun um christliche Choräle, buddhistische Mantras oder schamanistische Gesänge handelt. Und auch unabhängig von spezifischen religiösen Überzeugungen ist es für viele Menschen in Zusammenhang mit spirituellen Handlungen und Erfahrungen unabdingbar. Wir erinnern uns, dass das spirituelle Wohlbefinden selbst in der WHO-Definition von Gesundheit einbezogen ist, wohl auch aufgrund der Erwägung, dass eine Vermittlung von gesundheitsförderndem Verhalten religiöse Überzeugungen und Glauben berücksichtigen sollte.

Die individuellen Überzeugungen gerade in Bereichen der Spiritualität mit natur- und sozialwissenschaftlichen Verfahren zu hinterfragen, ist generell schwierig und hinsichtlich der spirituellen Wirkungen und Bedeutungen des Singens kaum einfacher. Die körperlichen Reaktionen etwa auf das Singen von Mantras, die weiter oben ausführlicher dargestellt wurden, können spirituelle Erfahrung wohl kaum hinreichend begründen. Dieter Vaitl und Ulrich Ott, hochrangige Experten der psychobiologischen Bewusstseinsforschung an der Justus-Liebig-Universität Gießen, vermuten, dass das Singen von Mantras sowie religiöse oder schamanistische Tänze in ähnlicher Weise bewusstseinsverändernd auf das Gehirn wirken wie psychoaktive Substanzen (Vaitl & Ott, 2005). Wenngleich sich damit eine interessante Perspektive eröffnet, wie etwa Gefühle von körperlicher Entgrenzung neurobiologisch zustande kommen können, steht außer Frage, dass Religiosität oder Spiritualität (wie auch Atheismus) nicht nur vom Bewusstseinszustand eines Menschen, sondern auch von vielen sozialen Faktoren und Persönlichkeitsmerkmalen abhängt.

Kurzum: Um die Hypothese zu prüfen, dass das Singen tiefe seelische Erfahrungen mit profunden Auswirkungen auf das Bewusstsein hervorruft, wäre zunächst eine ganze Reihe religiöser oder allgemein philosophischer Fragen zu klären. Inwiefern sind etwa von weltlicher Rationalität geprägte, mechanistische Anschauungen überhaupt vereinbar mit dem Glauben an Gott? Die psychologische Bewusstseinsforschung könnte hier eine wichtige Hilfestellung bieten, doch bestehen vorerst mehr offene als beantwortete Fragen. Hiervon unberührt bleibt allerdings, dass unter gläubigen Menschen religiöse Lieder bei der Bewältigung belastender Lebensereignisse eine sehr wichtige Rolle spielen können (Hamilton et al., 2013).

6. Singen fördert ein positives Selbstbild und wirkt gegen psychosoziale Probleme

Diese Hypothese ergänzt einige der vorigen Annahmen, insbesondere die zweite und die vierte Hypothese, ohne sich vollständig von ihnen abzugrenzen. Konkret geht es darum, dass singende Menschen sich selbst in veränderter Weise wahrnehmen, aus sozialer Ausgrenzung heraustreten und damit etwaige durch Isolation bedingte Probleme vermeiden. Die Hypothese bezieht sich darüber hinaus gerade auf solche Menschen, die unter sozialer Benachteiligung leiden. Sie zu überprüfen erfordert, auf Menschen zuzugehen, die eher nicht in der Mitte der Gesellschaft zu finden sind.

Obdachlosigkeit etwa ist ein komplexes Phänomen und in jedem Einzelfall manifestiert sich ein grundlegendes Problem der Zivilgesellschaft. Sie versinnbildlicht geradezu die nicht zu begreifende Paradoxie unserer Überflussgesellschaft. Um es klar zu sagen: Jeder einzelne Mensch ohne Dach über dem Kopf attestiert das Versagen unserer Gesellschaft, individuelle Grundrechte und Grundbedürfnisse zu verwirklichen.

Wissenschaftliche Studien über Obdachlosigkeit stehen im Zusammenhang mit sozialwissenschaftlichen Fragestellungen über Armut oder Gesundheitsrisiken. Alkohol- und Drogenprobleme, psychische Störungen, Zivilisationskrankheiten und andere Probleme, wie etwa Konflikte mit dem Gesetz oder mangelnde soziale Integration, treten bei obdachlosen Menschen oftmals gehäuft auf.

Wie könnte gemeinsames Singen Menschen helfen, die ohne festen Wohnsitz leben müssen? Wie sind mit solchen Angeboten überhaupt Personen zu erreichen, die sonst in Chören weder zu vermuten noch tatsächlich anzutreffen sind? Mit diesen Fragen befassten sich die Musikwissenschaftlerinnen Jane Davidson und Betty Bailey im Rahmen einer Studie, die sich – ohne damit das Schicksal der Protagonisten im Geringsten schönzureden – zumindest aus wissenschaftlicher Sicht als ein Glücksfall erwies (Bailey & Davidson, 2002). Sie bezeugt, dass es unter der Sonne engagierte Personen gibt, die durchaus bereit sind, für das körperliche und seelische Wohl ihrer Mitmenschen das beinahe Unmögliche zu tun. Eine solche Person zeigte sich in einem anonym gebliebenen Koch einer Suppenküche in einer kanadischen Provinzstadt, der sich nebenbei auch als Chorleiter verdingte.

Einen Obdachlosenchor zu gründen verbunden mit der Idee, hieran auch noch eine Forschungsstudie zu knüpfen, stellt eine Herausforderung ersten Ranges dar. Einen engagierten Chorleiter mit den notwendigen sozialen und musikalischen Qualitäten zu finden ist das eine. Von obdachlosen Menschen zu erwarten, dass sie über einen längeren Zeitraum zu regelmäßigen Proben erscheinen, bis zu einer öffentlichen Konzertaufführung durchhalten und überdies auch noch wissenschaftlich verwertbare Angaben zu ihren Erfahrungen machen, etwas ganz anderes. Obdachlose Menschen geraten sehr häufig unverschuldet in schwierige Lebenssituationen. Sie sind nicht nur materiell, sondern auch hinsichtlich sozialer und kultureller Teilhabe extrem benachteiligt. Häufig fällt es ihnen auch aufgrund einer starken Depressivität schwer, soziale Aktivitäten wahrzunehmen, Termine einzuhalten und sich entsprechend zu organisieren.

Ungeachtet aller Schwierigkeiten gelang es dem Forscherinnenteam schließlich, einen regelmäßig probenden und konzertierenden Chor mit Männern aus der Zielgruppe für ihre Studie zu gewinnen. Dass nicht alle Choristen einer Befragung zustimmten, ist verständlich. Denn vielfach wiegen soziale Probleme, etwa die dauerhafte Trennung von Familie, Freunden und vor allem den eigenen Kindern, besonders schwer neben den körperlichen Beschwerden und Erkrankungen, die den Lebensumständen geschuldet sind. Und über all dies zu sprechen, ist nicht einfach.

Die Interviews, die im Verlauf des Chorprojekts und nach einer öffentlichen Aufführung erfolgreich durchgeführt werden konnten, legen nahe, dass sich die Lebensqualität einiger der Choristen im Laufe der Zeit in mancher Hinsicht verbesserte. Insbesondere verhalf das Singen dazu, verlorene psychische Stabilität und Selbstsicherheit zurückzugewinnen, Glück und Stolz zu empfinden und das eigene Handeln und Bemühen als sinnvoll und zu einem Ziel führend zu begreifen. Die Befragten begannen, über die Folgen von eigenen positiven oder negativen Handlungen nachzudenken. Sie berichteten über eine größere emotionale Bewusstheit, Veränderungen in der Gefühlswelt, im Selbstkonzept sowie in ihren sozialen Beziehungen. Sie entdeckten im Singen eine besondere Form der Kommunikation und fühlten sich quasi geistig erneuert. Die Mitglieder des Chores bemerkten, dass sie sich konzentrieren und fokussieren können. Die Autorinnen und viele Kommentatoren der Studie zeigen sich überzeugt, dass eine erfolgreiche klinisch-therapeutische Behandlung kaum andere Ergebnisse erbracht hätte. Es sei daran erinnert, dass eine solche Behandlung zu keinem Zeitpunkt beabsichtigt war.

Die Forscherinnen interpretieren ihre Befunde vor dem Hintergrund einer einschlägigen, weithin anerkannten Theorie der sogenannten Positiven Psychologie, die sinnigerweise als *Flow* (Fließen) bezeichnet wird. Sie ist eng mit dem amerikanischen Psychologen Mihály Csíkszentmihályi verbunden. Er charakterisiert Flow als einen psychischen Zustand, in dem ein Individuum weder unter Versagensängsten noch unter Unterforderung leidet (Csíkszentmihályi, 2008). Das bedeutet, dass ein Mensch in seinem Tun auf verfügbare Ressourcen und Kompetenzen zurückgreift, um für ihn oder sie gerade noch lösbare Aufgaben zu bewältigen. Während ich dieses Buch schrieb, hatte ich gelegentlich so ein Gefühl von Flow – zumindest bis mich meine Frau und mein Lektor auf den unverdaulichen Satzbau, unklare Gedankengänge oder sonstige Fehler hinwiesen, mit denen Autoren so zu kämpfen haben, die guten Willens sind, in ihren Mitteln jedoch viel Unterstützung brauchen.

Eine Bergbesteigung in der Freizeit oder das Kacheln von Badezimmern kann genauso einen Flow-Zustand auslösen wie im Grunde jede Tätigkeit in Freizeit oder Beruf, für die Üben und Lernen erforderlich ist. Auch das Lernen selbst kann Flow hervorrufen. Spielende Kinder geben davon bestes Zeugnis. Flow ist negativen Emotionen also genau entgegengesetzt – und damit Freude oder Glücksgefühlen nahe, die sich aus dem Selbst schöpfen. Äußerste Konzentration und gleichzeitige Entspannung und Flexibilität sind ebenso kennzeichnend für diesen Zustand wie der Verlust von Zeitgefühl oder Gefühle der Entgrenzung.

Die obdachlosen Chorsänger konnten Flow deshalb erleben, weil sie etwas erarbeiteten, das sie auf besondere, *positive* Weise miteinander verband. Das Singen synchronisierte die Männer eben nicht in ihren Leiden und Traumata, sondern vielmehr in ihrer Lebensenergie, den verschütteten und sich neu konstituierenden Ressourcen und Fähigkeiten. Inwiefern die Männer ihre ersten Schritte vom Rand zurück in die Mitte der Gesellschaft erfolgreich fortsetzen konnten, ist nicht überliefert – ein Grund mehr, diese Dinge länger zu betrachten, als es wissenschaftliche Fragestellungen (und entsprechende Budgets) üblicherweise vorsehen.

Aussagen über die stimmliche Qualität des Chores finden sich übrigens nur indirekt oder wurden erst gar nicht dokumentiert. Es wäre verwunderlich, aber auch nicht völlig abwegig, wenn dieser Männerchor in einem Wettbewerb hätte bestehen können. Der Konflikt zwischen ästhetischem Anspruch und sozialer Offenheit kann hier nur zugunsten von Letzterer gelöst werden. Dazu gehört Mut und zugleich Fingerspitzengefühl. Denn die Suche nach Leistungsgrenzen ist jedem offenkundig, der einmal in einem Chor mitgesungen hat. Daran ändern auch persönliche, im Zweifelsfall widrige Lebensumstände wenig. Es gehört eben zu den wunderbaren Paradoxien des Chorsingens, dass wir alle letztlich in einem Gesamtklang »untergehen«, dabei zugleich aber mehr leisten können, als wir uns selbst zutrauen.

Soziale Isolation betrifft längst nicht nur obdachlose Menschen, sondern beispielsweise auch betreuungs- und pflegebedürftige ältere Menschen und ihre Angehörigen. Dass auch Letztere durch ihre körperlich und psychisch belastende Tätigkeit gefährdet sind, selbst zu erkranken, ist in Studien bereits offenbar geworden. Die Projekte des bereits erwähnten Sidney de Haan Centre for Arts and Health berufen sich nachdrücklich auf die Studien von Bailey und Davidson (2002, 2005). Sie ziehen die aus meiner Sicht naheliegende und auf viele sozial isolierte Gruppen von Personen auszuweitende Folgerung, dass professionell angeleitete, regelmäßige Singangebote die Lebenssituation für viele Betroffene positiv verändern können.

Wissenschaftliche Belege dafür, dass gemeinsames Singen die individuelle Lebensqualität verbessern kann, erfordern Studien mit einem langen Atem. Nachhaltige Veränderungen der Lebenswirklichkeit von Menschen in sozialen Schieflagen bedürfen zudem weit umfassenderer Bemühungen. Gemeinsames Singen erweist sich für viele Betroffene als ein notwendiger und signifikanter, wenn auch nicht hinreichender erster Schritt.

7. Singen fördert Gefühle sozialer Verbundenheit

Diese Annahme klingt vielleicht am plausibelsten von allen und wurde auch schon mehrfach direkt oder indirekt angesprochen. Wie könnte man ausgerechnet vom Singen das Gegenteil annehmen? In früheren Kapiteln haben wir uns in der Tat schon eingehender damit befasst, was Menschen vom Singen abhält. Nun ist es an der Zeit, den Anziehungs- oder sozialen Bindungskräften des Chorsingens etwas genauer auf den Grund zu gehen.

Warum also treffen sich Menschen immer wieder, um gemeinsam zu singen? Wie kommen solche Bindungen zustande? Familiäre Bande lassen sich leichter begreifen, da sie auf sozialen, psychisch-emotionalen und ökonomischen Abhängigkeiten beruhen. Ebenso ist zu verstehen, dass sich Menschen, die sich auf einer Bahnreise im Zugabteil zusammengewürfelt finden, deswegen noch lange nicht sonderlich miteinander verbunden fühlen müssen. Doch halt: Ganz so einfach ist es auch wieder nicht. Familien können zerbrechen, wie hohe Scheidungsraten nahelegen, und genauso gut können sich Fremde im Zug fürs Leben binden. Soziale und kommunikative Probleme sind, wie Peter Brünger und ich beobachten konnten, auch in Laienchören vorhanden und können vor allem die Beziehung zwischen den Choristen und dem Chorleiter, aber auch der Choristen untereinander belasten. Es gibt also durchaus auch Streitigkeiten in der »Chorfamilie«, wenn man so will, mit negativen Erscheinungen und Bindungen, die sich als genauso brüchig erweisen können wie in »richtigen« Familien (Kreutz & Brünger, 2012a).

Sozialforscher sind zwischenmenschlichen Bindungen längst auf der Spur, haben allerdings nur vage Vermutungen darüber, was uns langfristig zusammenhält oder voneinander entfremdet.

Wie kann es sein und wie ist es zu erklären, dass sich Menschen, die miteinander singen, verbunden fühlen? Dass Laienchoristen, wie wir schon gesehen haben, durchschnittlich fast 20 Jahre ihres Erwachsenendaseins in Chören verbringen, lässt natürlich offen, *warum* sie das tun.

Einen äußerst interessanten und weiterführenden Hinweis erbrachte die bereits zitierte Studie von Christina Grape und Kollegen (2003). Nach der Singstunde fanden die Forscher im Blut der Teilnehmer signifikant erhöhte Werte des Hormons Oxytocin. Diesem Molekül weisen Wissenschaftler eine Rolle in langfristigen zwischenmenschlichen Bindungen zu. Die israelische Psychologin Ruth Feldman leitet eine Arbeitsgruppe, die über die letzten Jahre einige Facetten und Zusammenhänge zwischen dem sozialen Bindungsverhalten einerseits und Veränderungen in den Oxytocin-Konzentrationen andererseits aufdecken konnte (Feldman, 2012). Andere Forscher wie der Bonner Mediziner René Hurlemann rücken das Oxytocin allerdings auch in die Nähe von sozialem Stress (Eckstein et al., 2014). Aus diesen Gründen erscheint die Bezeichnung »Sozialhormon« am besten geeignet, um den zentralen Wirkbereich des Moleküls zu beschreiben.

Forschungen über Oxytocin konzentrieren sich meistens auf familiäre Bindungen, Paarbeziehungen, die Schwangerschaft oder das Sexualverhalten, vor allem bei Mäusen. Diesen mögen einige Spielarten zwischenmenschlicher Liebe zwar vorenthalten bleiben, doch zumindest neuroendokrinologisch gesehen – also in Hinblick auf die Zusammengänge zwischen Hormon- und Nervensystem – verhalten sie sich ausgesprochen human. Oxytocin, dem bei Mensch und Maus eine Schlüsselrolle zukommt, ist in etwa so alt wie die Dinosaurier und war wohl bereits in den Gehirnen ebenjener Tiere, die vor Millionen Jahren damit begannen, Brutpflege zu treiben, der Stoff, der Eltern und ihre Sprösslinge zusammenschweißte. Somit ist zu vermuten, dass das Hormon Oxytocin womöglich auch mit den evolutionären Ursprüngen des Singens zu tun haben könnte. Kein Neugeborenes konnte schließlich ohne elterliche Fürsorge in der Urhorde überleben. Oxytocin existierte daher mit Sicherheit bereits im Gehirn des

Frühmenschen – eine biologische Konstante also, die uns helfen könnte, archaische menschliche Verhaltensweisen zu verstehen.

Zur Untersuchung der Forschungsfrage, inwieweit gemeinsames Singens soziale Bindungen motiviert, sollte sich Oxytocin somit ganz hervorragend eignen, wie ja auch die Studie von Grape und Kollegen (2003) bereits nahelegt. Und dafür gibt es noch weitere Gründe. Ruth Feldman und ihr Team beobachteten die Interaktionen zwischen Vätern, Müttern und ihren Babys genau. Sie interessierten sich dafür, inwiefern der emotionale Ausdruck eines Elternteil mit dem des Kinds übereinstimmt oder von diesem abweicht. Im Laufe von solchen Episoden ist das Ausmaß an emotionaler Synchronizität bei verschiedenen Familien durchaus unterschiedlich. Feldman und ihre Mitarbeiter fanden nun heraus, dass zwischen dieser emotionalen Synchronizität und den im Blut der beteiligten Individuen gemessenen Oxytocin-Konzentrationen eine statistische Beziehung besteht: Mehr Synchronisation ging mit einer höheren Konzentration von Oxytocin einher. Mit emotionaler Synchronisation ließe sich sicherlich auch Chorsingen umschreiben. Interessant wäre es daher zu schauen, ob sich ein entsprechender Oxytocin-Effekt auch für diese Gruppe nachweisen lässt.

Üblicherweise berichten Medien über vollendete und in Fachkreisen bereits diskutierte Forschungsstudien. Diese Reihenfolge ist auch logisch und sinnvoll, da sich über ungelegte Einer kaum angemessen berichten lässt. Jene Studie zur Bedeutung des Oxytocin beim Singen, die unter meiner Leitung entstand, ist keine Ausnahme, wenngleich sie auf die Anfrage eines Filmteams zurückgeht. Es galt in einer Fernsehdokumentation zur ARD-Themenwoche »Glück« mitzuwirken und dabei eine Forschungsstudie zu unternehmen. Es wurde ein Chor mit einer Gruppe von Menschen aus dem Kölner Raum gegründet, die sich nach eigenen Angaben vom Glück verlassen fühlten und teilweise über geringe oder keine frühere Chorerfahrung verfügten. Nach drei Monaten wöchentlicher Proben erarbeitete das Ensemble unter Anleitung eines höchst kompetenten und liebenswerten Chorleiters ein Konzertprogramm und brachte dieses im Juni 2013 in der Kölner Philharmonie zur Aufführung.

Von den ursprünglich 40 erwachsenen Männern und Frauen, die die Probenarbeit aufnahmen, blieben etwa 30 bis zur Aufführung dabei. Und auch das damit verbundene Forschungsprojekt für das Fernsehen flimmerte am 18. November 2013, eingebettet in eine Dokumentation über die Suche nach dem Glück, über die Bildschirme.

So weit, so gut. Nun ist es eine Sache, einen Forschungsprozess dokumentarisch zu bebildern, und eine ganz andere, für Forschungszwecke verwertbare Daten zu erheben. Für Letzteres wählte ich zwei Proben aus, die lediglich zur Konzertvorbereitung dienten. Vorauszuschicken ist, dass für die Datenerhebung somit keine Abstriche hinsichtlich der methodischen Sorgfalt gemacht werden mussten.

Die Teilnehmer des Chores berichteten zu Beginn der Studie in kurzen Interviews über ihre persönlichen Motivationen für das gemeinsame Singen. Diese Gespräche führten wir – der besagte Chorleiter, eine bekannte Komödiantin und ich – einzeln oder in kleinen Gruppen mit den künftigen Chorsängern. Diese Gespräche, von denen einige Angaben später in anonymisierten Fragenbögen erfasst wurden, zeigten, dass einige Personen über keine oder nur geringe Chorerfahrung verfügten. Viele hatten teils schwere Erkrankungen hinter sich, standen unter ärztlicher Betreuung oder waren selbst pflegende Angehörige und somit von Gesundheitsproblemen im familiären Umfeld betroffen. Bereits die erste Probe, an der ich selbst teilnehmen durfte, war nicht nur menschlich und musikalisch verheißungsvoll, sondern stimmte auch für das gemeinsame Ziel optimistisch.

Für die Forschungsstudie, die ich zu verantworten hatte (Kreutz, 2014), kamen ein selbst entwickelter Fragebogen zur emotionalen Befindlichkeit sowie Röhrchen für die Entnahme von Speichelproben zum Einsatz. Das Untersuchungsdesign sah vor, dass jeder Teilnehmer zum Zeitpunkt der Baseline und zur zweiten Messung 30 Minuten später jeweils einen Fragebogen ausfüllte und darüber hinaus in ein Probenröhrchen zehn bis 15 Millimeter Speichel abgab. Während die eine Chorprobe aus dem normalen Einsingen und der üblichen Repertoirearbeit an den für das Konzert vorgesehenen Liedern bestand, war das Vorgehen bei der anderen Chorprobe komplizierter: Die Choristen wurden instruiert, sich zu zweit mit ihrem Nachbarn oder ihrer Nachbarin zehn Minuten lang über positive Lebensereignisse der letzten Woche zu unterhalten. Wichtig war, den Fokus auf Vorkommnisse zu richten, die als bereichernd oder in irgendeiner Form beglückend oder wohltuend empfunden wurden. Nach zehn Minuten tauschten die Choristen die Plätze, sodass sich neue Zweierpaare bildeten, die denselben Anweisungen folgen sollten. Eine dritte Runde Zweiergespräche war notwendig, um wie in der Singprobe einen zeitlichen Abstand von 30 Minuten zwischen Baseline und zweiter Erhebung einzuhalten. Bei beiden Proben nahmen jeweils 24 Chorsänger teil. 21 Personen waren zu beiden Terminen dieselben. Ihre Daten wurden schließlich ausgewertet.

Was war das Ergebnis? Die Probanden waren zur Baseline beider Chorproben weder sonderlich schlecht gestimmt noch müde oder gelangweilt. Die Mittelwerte wiesen bei positiven und negativen Skalen in die entsprechenden Richtungen, befanden sich aber in der Nähe der Mitte der beiden Skalen. Ganz anders nach 30 Minuten Singen: Hier stieg die Zustimmung zu den positiven Aussagen (»Ich fühle mich wohl«, »Ich fühle mich guter Dinge«) im Mittel fast an das obere Ende der Skala und auch die Zustimmung zu negativen Items (»Ich fühle mich müde«, »Ich fühle mich gelangweilt«) reduzierte sich signifikant. Positive Veränderungen des Wohlbefindens zeigten sich auch nach den 30-minütigen Gesprächen, jedoch weniger stark im Vergleich zum Singen. Auch fühlten sich die Probanden, die ja wohlgemerkt dieselben waren, die eine Woche zuvor vor und nach dem Singen ihre Angaben gemacht hatten, vor und nach den Gesprächen etwa gleichermaßen müde und gelangweilt.

Die Speichelproben wurden zwecks Analysen in ein Fachlabor geschickt. Dort widmeten sich medizinisch-technische Assistenten den Proben und unternahmen die gewünschten Bestimmungen der Hormonkonzentrationen mittels standardisierter medizinisch-diagnostischer Verfahren.

Dem aufmerksamen Leser dürfte nicht entgangen sein, dass in der Grape-Studie Oxytocin im Blut bestimmt worden war.

Hier aber liegen nun Speichelmessungen vor, da Blutabnahmen außerhalb medizinischer Einrichtungen nur unter hohen Sicherheitsvorkehrungen durchgeführt werden dürfen. Demgegenüber sind Speichelabnahmen mit den verwendeten Röhrchen einfach und hygienisch zu bewerkstelligen. Glücklicherweise gibt es Studien, die aufzeigen konnten, dass zwischen den Speichel- und den Blutkonzentrationen eine statistische Korrelation besteht. Diese ist zwar nicht besonders hoch, jedoch hoch genug, um gegebenenfalls einen Zusammenhang zwischen der Grape-Studie und der vorliegenden herzustellen.

Die bei jedem einzelnen Teilnehmer gemessenen Oxytocin-Werte waren zur Baseline von Person zu Person sehr unterschiedlich. Doch statistisch unterschieden sich die Ausgangswerte zwischen den Bedingungen im Mittel nicht. Zum zweiten Messzeitpunkt legte die Konzentration des Hormons nach dem Singen signifikant zu, nicht aber nach dem Sprechen. Die statistische Analyse zeigte, dass eine signifikante Wechselwirkung zwischen dem Zeitpunkt der Messung und der Untersuchungsbedingung (Sprechen oder Singen) vorlag. Das bedeutet, dass die beobachteten Veränderungen der Mittelwerte der Oxytocin-Konzentrationen ganz eindeutig vom gemeinsamen Singen beeinflusst waren. Um ein Sprichwort zu kapern und leicht umzudeuten: Reden ist Silber, *Singen* ist Gold.

Die schwedische Studie von Christina Grape und Kollegen (2003) wurde also bestätigt. Darüber hinaus konnte nunmehr ausgeschlossen werden, dass eine bloße Zusammenkunft zweier oder mehrerer Menschen, ein positives Gespräch zwischen ihnen oder sonstige Gegebenheiten eines Raumes oder einer Situation allein zu erhöhten Konzentrationen von Oxytocin bei den beteiligten Personen führen. Es gab zudem keine Anzeichen, dass das Ausmaß an Chorerfahrung eine Rolle spielte. Und auch die Personen, die Medikamente einnahmen, blieben unauffällig. Das alles sind Indizien, die weitere Studien motivieren können. Wir stehen hier noch ziemlich am Anfang eines langen Weges. Denn auch das Glück des Wissenschaftlers liegt nicht in einem kurzfristigen Feuerwerk schöner Ergebnisse, sondern in einer langfristig zunehmenden Gewissheit über einen kleinen, aber bedeutsamen

Teil unserer Wirklichkeit, die nach wie vor eine ganze Menge Terra incognita in sich birgt.

Diese Terra incognita beginnt bereits bei der Frage, wie Oxytocin im menschlichen Gehirn genau wirkt – und wie genau die im Speichel gemessenen Konzentrationen mit den neurohumoralen Vorgängen verknüpft sind. Ausgehend von dem Bedingungsvergleich zwischen Sprechen und Singen können wir vermuten, dass auch im Gehirn der Probanden diese Erfahrungen sehr unterschiedlich verarbeitet wurden. Doch die Blut-Gehirn-Schranke setzt buchstäblich eine Grenze, über die hinaus wir lediglich spekulieren können. Leider lassen sich Mäuse beim besten Willen nicht zu Chorsängern ausbilden, um an dieser Stelle weiterzuhelfen.

Ist das gemeinsame Singen hinsichtlich der Weckung von Gefühlen sozialer Verbundenheit wirklich so einzigartig, wie es die skizzierten Studien nahelegen, die ja immerhin auch psychobiologische Mechanismen anführen? Wie immer, so lautet die Antwort auf eine Ja-oder-nein-Frage in der Wissenschaft: ja *und* nein. Und wie so oft kommt es auf die Perspektive an, die zur Beantwortung eingenommen werden soll, wie durch Studien der letzten Jahre gut zu begründen ist.

Stellt Chorsingen durch das Singen *per se* eine Form sozialer Verbundenheit her oder doch eher durch die Gemeinschaft? Rufen wir uns obige Studie von Stewart und Lonsdale (2016) in Erinnerung, so kann ein Teamsport genauso beglückend sein wie gemeinsames Singen. Doch auch nach dieser Erkenntnis bleibt offen, ob nicht die Anwesenheit von vertrauten Menschen in demselben Raum allein schon etwas bewirkt. Biologische Vorgänge, etwa die Veränderung von Oxytocin-Konzentrationen, zeigen zwar insgesamt ein uneinheitliches Bild, doch ist nicht von der Hand zu weisen, dass die gemeinsame Aktivität psychische und körperliche Wirkungen zeigt. Meine Doktorandin Antje Bullack, die in ihrer Arbeit gerade die sozialen Aspekte des Chorsingens in den Vordergrund rückt, unternahm eine Studie mit Beteiligung eines Laienchores mit dem Ziel, die Bedeutung der Singaktivität genauer zu durchleuchten. Wichtig in unserem Forschungsteam war die Mitarbeit einer Studentin namens Carolin Gass, die im

Zuge dieser Studie ihre Masterarbeit erstellte, um sich durch den Abschluss des Studiums für ein Referendariat zu qualifizieren. Frau Gass' Mitwirken war besonders hilfreich, weil sie vor ihrem Studium einen Pflegeberuf ergriffen hatte und sich somit die gesundheitliche Thematik des Forschungsvorhabens mit ihren Erfahrungen und Interessen verband. Der betreffende Laienchor aus einer Kirchengemeinde bot sich an, weil dort auch viele ältere Menschen regelmäßig mitsingen und wöchentlich zweistündige Probenabende besuchen. Das Forschungsdesign sah vor, Datenerhebungen zu insgesamt drei Messzeitpunkten im Abstand von jeweils einer halben Stunde vorzunehmen. Die Probanden gaben Speichelproben ab und füllten Fragebögen zu ihrem psychischen Befinden und ihren Gefühlen sozialer Verbundenheit aus.

Um soziale Verbundenheit zu messen, haben Psychologen eine recht einfache grafische Skala entwickelt. Darauf befinden sich Ringe, die in Paaren angeordnet sind und sich unterschiedlich stark überlappen. Kreuzt eine Person zwei sich fast vollständig überlappende Ringe an, so soll das eine große Verbundenheit der eigenen Person mit der Gruppe ausdrücken. Entsprechend bedeutet das Ankreuzen von einem solchen Paar, in dem sich die einzelnen Ringe weniger oder gar nicht berühren, dass sich die Person weniger oder gar nicht mit den anderen Personen im Raum verbunden fühlt. Da sich das Gefühl sozialer Verbundenheit schnell ändern kann, ist die Skala geeignet, kurzfristige Veränderungen zu erfassen und zu quantifizieren.

Soziale Verbundenheit ist natürlich nicht nur im Augenblick, sondern für die gesamte Lebenssituation wichtig. Ihre Kehrseite, nämlich Isolation und Einsamkeit, ist ein gesellschaftliches Problem, von dem ältere Menschen gleich mehrfach betroffen sind. Heutzutage leben mehrere Generationen häufig nur noch ausnahmsweise unter einem Dach. Chronische Erkrankungen schränken zusätzlich die Mobilität im Alter ein und verhindern häufig soziale Kontakte, wie sie gewünscht und eigentlich notwendig sind. Gefühle sozialer Unterstützung, so weist es die gesundheitspsychologische Literatur nach, verringern sich bei psychischen und/oder körperlichen Erkrankungen in besonderem Maße. Die Choristen in Antje Bullacks Studie waren zwischen

18 und 85 Jahre alt. Es verwundert nicht, dass die körperliche und psychische Gesundheit in einer solchen Gruppe sehr heterogen ausfällt. Und so zeigte sich auch hier ein Zusammenhang zwischen individueller Gesundheit (im Selbstbericht) und den allgemeinen Gefühlen sozialer Unterstützung. Das Design der Studie sah vor, dass zunächst eine Baseline-Messung mit allen abhängigen Variablen und Speichelproben durchgeführt und genau dieselben Variablen halbstündlich neu abgefragt wurden. Allerdings wurde ausgelost, wer in der Zwischenzeit mitsingen durfte und wer in dieser Zeit nicht mitsingen sollte.

Die Ergebnisse fielen in mancher Hinsicht unerwartet aus. Die in den Speichelproben analysierten Biomarker zeigten keine Reaktion: Die Cortisol- und Amylase-Konzentrationen blieben unverändert. Dagegen ergaben sich psychologische Unterschiede zwischen den Gruppen der singenden und nicht-singenden Choristen: Tatsächlich waren insgesamt weniger verringerte negative Gefühle bei den nicht Singenden vorhanden und es zeigten sich zugleich auch weniger Gefühle sozialer Verbundenheit – jedoch erst nach einer Stunde, also zum dritten Messzeitpunkt. Daher ist zu folgern, dass die bloße körperliche Anwesenheit in einer vertrauten Gruppe von Menschen nicht denselben Effekt hat wie mit dieser Gruppe gemeinsam zu singen. Da es sonst kaum Studien gibt, die genau diese Frage untersucht haben, dürfen wir beanspruchen, etwas Licht in dieses Dunkel gebracht zu haben. Es kommt noch eine, wie ich finde, wichtige Erkenntnis hinzu: Die Steigerung von Gefühlen sozialer Verbundenheit war unabhängig davon, wie gesund oder krank sich die Personen einschätzten. Das bedeutet, dass unter chronischen Erkrankungen zwar die allgemeinen Gefühle sozialer Verbundenheit leiden, nicht aber die Reaktionen auf soziale Verbundenheit durch das gemeinsame Singen.

Alles nur Vermutungen?

Hypothesen sind Vermutungen, die solange gültig sind, bis sie durch sorgfältigere Studien von alternativen Annahmen verdrängt, in wesentlichen Teilen oder vollständig entkräftet oder zumindest differenziert werden können. Die sieben skizzierten Hypothesen bilden ein kleines Kaleidoskop von Annahmen, die sowohl aufgrund von sehr eindrücklichen Erfahrungen als auch durch einige systematische Erkundungen nicht nur die wissenschaftliche Arbeit, sondern auch die öffentliche Wahrnehmung des Singens beeinflussen könnten. Die empirischen Überprüfungen fallen zwischen und innerhalb jeder einzelnen Annahme hinsichtlich ihrer Anzahl und Qualität allerdings unterschiedlich aus. Wir sind offenbar längst nicht so weit, sie vorbehaltlos als *bewiesen* oder *widerlegt* gelten zu lassen.

Es lässt sich nicht leugnen, dass Wissenschaftler notorisch unzufrieden sind und auch unzufrieden sein müssen, wenn es darum geht, ein Phänomen *wirklich* zu begreifen. Pädagogen und Therapeuten dagegen, die sich in ihrer täglichen Arbeit kaum mit methodischen Fragen und den Grenzen von Interpretationen empirisch aufgedeckter Sachverhalte plagen müssen, können und dürfen sich nicht mit solchen Erwägungen aufhalten. Das ist auch gut so, denn niemand sollte in Lähmung verfallen, weil die letzte Gewissheit darüber fehlt, inwiefern das gemeinsame Singen all diese vielfältigen Wohltaten verspricht, von denen viele Sängerinnen und Sänger so hochgradig überzeugt sind.

In den letzten Jahren ist eine ganze Reihe von Übersichtsartikeln, etwa zu den allgemeinen psychologischen Wirkungen des Singens (Davidson & Garrido, 2015; Lee et al., 2018), den Gemeinsamkeiten und Unterschieden beim Singen allein oder in einer Gruppe (Theorell, 2018) oder erneut bezüglich der Frage, ob das Singen das Atmen von Menschen mit Lungenerkrankungen erleichtern kann (Clift & Gilbert, 2016), sind keineswegs nur weitere Variationen immer gleicher Botschaften. Studiert man diese scheinbar von altbekannten und einigen jüngeren Arbeiten geprägten Aufsätze genauer, so stellt man fest, dass die Passgenauigkeit von Singangeboten für Menschen in schwierigen Lebenssituationen als ein zu lösendes Grundproblem identifiziert worden ist. Das heißt, dass bei der Gestaltung von Singangeboten deren individuelle und soziokulturelle Ausrichtung nicht übersehen werden darf.

Es spricht nichts dagegen, wenn Menschen lieber allein zum Radio oder zu einer Play-along-CD singen statt in einer Gruppe. Einzelne und gemeinschaftliche Interessen zu vereinen, ist nicht immer leicht, aber machbar. Denn es wäre ja töricht, für die Gestaltung persönlicher Gesangserfahrungen und -praxen Vorschriften zu erlassen und ausgerechnet die Freiheiten zu unterminieren, für die gerade das Singen in so hohem Maße steht. Stephen Clift und Rebekah Gilbert (2019) etwa sind der Auffassung, dass die Äußerungen von Patienten mit Lungenerkrankungen über mehr Lungenkapazität oder eine verbesserte Atemtechnik durch das Singen leicht übersehen werden können. Denn sehr häufig werden in gruppenbasierten Studien kaum langfristige Veränderungen der Lungenfunktion in dieser Gruppe sichtbar (Lord et al., 2012). Des Rätsels Lösung ist, dass Studien mit Lungenpatienten buchstäblich einen langen Atem brauchen. Und es geht längst nicht nur um die Funktionalität der Lunge, wenngleich Hinweise auf ein langsameres Fortschreiten einer chronischen Lungenerkrankung durch regelmäßiges angeleitetes Singen vorliegen, wie weiter oben schon ausführlich besprochen. Der springende Punkt ist letztlich immer wieder die gesundheitsbezogene Lebensqualität. Diese langfristig und nachhaltig mit einfachen Mitteln, niedrigen Kosten, hohem Wirkungsgrad und ohne unerwünschte Nebenwirkungen bei chronisch kranken Menschen zu verbessern, ist nahezu ein Kunststück, durch das Singen allein oder in der Gruppe aber eben kein Ding der Unmöglichkeit mehr.

Die eben zitierten Übersichten bergen noch eine weitere wichtige Botschaft: Die gesundheitsbezogenen Bedeutungen des Singens sind längst nicht mehr als eine Art akademische Spielwiese für spitzfindige Theorien abseits jeder Praktikabilität zu belächeln, auf die man auch gut und gerne verzichten kann. So initiierten Forscher aus verschiedenen Ländern in einem gemeinsamen Konsortium zuletzt Forschungsstudien, die erstmalig die klinische Relevanz von Singangeboten für Senioren in Altenheimen überprüfen sollen. Dabei geht es zuvorderst um die gesundheitsbezogene Lebensqualität von Menschen mit Demenzerkrankungen leichten bis mittleren Schwergrads (Gold et al., 2019). Diese neue Initiative könnte nun endlich helfen, bislang verschlossene Türen zu öffnen. Sollte sie die sich andeutende klinische Relevanz von Singangeboten erhärten, so müssten sich folglich wichtige Gremien mit dieser Befundlage befassen, die Richtlinien für die Gesundheitsversorgung und Rehabilitation festlegen, etwa der Gemeinsame Bundesausschuss (G-BA). Wäre das der Fall, so könnte dies die Sichtbarkeit von therapeutischen Singgruppen und ihre Förderung über Krankenkassen und andere Träger von Rehabilitationsmaßnahmen grundlegend verändern und vor allen Dingen verbessern. Für meine Begriffe scheint eine solche Entwicklung längst überfällig, doch rückt sie nun zumindest in greifbare Nähe.

Darf man also annehmen, dass das Singen gesund hält und dass derjenige häufiger krank wird, der nicht singt? Solche ursächlichen Beziehungen nachzuweisen, bleibt eine wissenschaftliche Herausforderung, die jedoch alle Kulturtechniken betrifft, egal ob es sich um das Singen, Massagen, Yoga oder Meditation handelt. Praktische und persönliche Erfahrungen sind in der Regel der wissenschaftlichen Aufarbeitung in all diesen Domänen weit voraus. Es besteht also eine größere Gefahr Potenziale des Singens zu verkennen und kleinzureden als umgekehrt befürchten zu müssen, dass sich die bisher vorgelegten Studien als haltlos erweisen und sich die beschriebenen Wirkungen mehr oder minder in Luft auflösen.

Dass das Singen beispielsweise die Ausschüttung von Immunstoffen in den Atemwegen oder von Bindungshormonen beeinflusst, oder dass bestimmte Gesänge wie Mantras zu interindividuell beschleunigten und verlangsamten Atem- und Herzfrequenzen führen, könnte sich eines Tages durchaus als gesundheitsrelevant erweisen. Und was würde es ändern, wenn das Aufblasen von Luftballons oder besondere Atemtechniken ohne Singen ähnliche Effekte aufwiesen? Nichts gegen Luftballons, doch wäre das Ende des Chorwesens wohl nicht zu befürchten. Wiederum geht es nicht um die vermeintliche oder tatsächliche

Einzigartigkeit des Singens, sondern lediglich darum, überhaupt zu verstehen, was es für die menschliche Psyche und den Organismus bedeutet.

Kurzum: Das Singen bleibt weiterhin ein wissenschaftliches Rätsel und die daran geknüpfte Überprüfung von Hypothesen ein Abenteuer mit offenem Ausgang. Seine Wirksamkeit zu überprüfen ist indessen keinen Deut schwieriger als beispielsweise gesundheitliche Effekte von Jogging, Yoga, Meditation oder Physiotherapie objektiv darzustellen und dabei sämtliche denkbare Einflüsse zu berücksichtigen.

Der Erfolg wissenschaftlicher Studien über das Singen hängt also keineswegs davon ab, inwieweit das gemeinsame Singen *mehr* bewirkt als andere Beschäftigungen oder Interventionen. Es sollte völlig genügen, wenn gemeinsames Singen die vorhandene, möglicherweise besser erkundete Palette von gesundheitlich segensreichen Verhaltensweisen noch erweitert. Wenn wir allein etwas benötigen, das uns bei guter Laune hält, Stress mindert und keine bleibenden Schäden anrichtet, dann ist gemeinsames Singen unbenommen ein guter Kandidat, um genau das zu erreichen.

Eine Gruppe hochrangiger Experten um die britische Psychologin Genevieve Dingle (Dingle et al., 2019) hat sich mit methodischen Fragen zur Forschungspraxis über das Singen und speziell über die Wirkungen auf unser Wohlbefinden auseinandergesetzt. Ohne hier die zahlreichen Vorschläge und Details dieser außerordentlichen Forschergruppe ausbreiten zu können, sind zumindest zwei Beobachtungen besonders hervorzuheben: Zum einen sind Fortschritte allein durch interdisziplinäre Verbünde zu erreichen, in denen methodische und fachliche Expertisen aus Musik-, Sozial- und Gesundheitswissenschaften zusammengeführt und in hochwertige Studiendesigns überführt werden können. Zum anderen spielen weiterhin die Wahrnehmungen, Gedanken, Gefühle und Einsichten der beteiligten Sängerinnen und Sänger eine entscheidende Rolle. Gemeinsames Singen ist sozusagen auch ein Fenster in unser Bewusstsein und erweist sich somit als legitimes Verfahren der Bewusstseinsforschung.

Dank einer wachsenden Zahl methodisch anspruchsvoller Studien sind ungeachtet der vielen offenen Fragen Wirkungen des Singens in einigen Umrissen bereits deutlich geworden. Die Reichweite der Wirkungen des Singens ist ungeklärt und ebenso bleibt einzuräumen, dass bis heute längst nicht alle Glieder in der ursächlichen Kette zwischen dem Singen einerseits und unserem gesundheitlichen Befinden andererseits lückenlos aufgeklärt sind. Dennoch sind die bisherigen Einsichten bei Weitem ausreichend, um dieses Feld einer verqueren esoterischen Schönfärberei zu entziehen.

Die allgemeine Hypothese, dass durch regelmäßiges Singen nachhaltig positive Wirkungen für das seelische und körperliche Wohlbefinden zu erreichen sind, könnte sich bei sehr breit angelegten Personengruppen mit geringen bis langjährigen Chorerfahrungen und sehr unterschiedlichen demografischen Merkmalen als gültig erweisen. Inwiefern darin auch die allgemeine Lebenssituation und der Gesundheitszustand eines Menschen einzubeziehen sind, soll in den folgenden Kapiteln etwas näher beleuchtet werden.

Singen als Heilverfahren

Ist gemeinsames Singen eine geeignete Therapieform? Bevor wir diese Frage vertiefen, werfen wir einen Blick auf ein allgemeineres Modell von Heilung, das dabei helfen soll, die Reichweite therapeutischer Verfahren generell etwas zu erhellen (Abbildung 2).

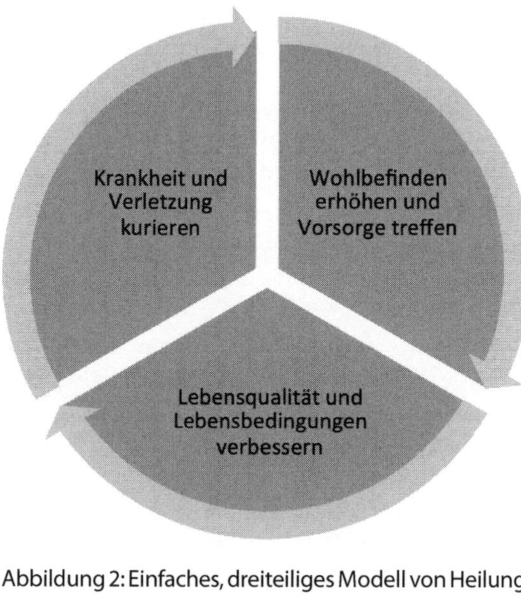

Abbildung 2: Einfaches, dreiteiliges Modell von Heilung.

Das Modell von Heilung in Abbildung 2 beinhaltet zunächst die medizinischen Behandlungen in Form von chirurgischen

Eingriffen und medikamentösen Therapien, die darauf zielen, die unmittelbaren Ursachen gesundheitlicher Beeinträchtigung zu bekämpfen. Diese Segnungen des medizinischen Fortschritts werden, ungeachtet mancher Rückschläge, stetig ausgeweitet. Und selbst in Bereichen, in denen eine vollständige Genesung (noch) nicht möglich ist, können geeignete Therapien den Ausbruch einer Erkrankung oft für lange Zeit hinauszögern.

Der zweite Bereich, oben rechts im Tortendiagramm, betrifft alle geeigneten Maßnahmen, um das Wohlbefinden und damit indirekt auch die Heilungschancen zu verbessern. So ist es beispielsweise ein wichtiges Ziel begleitender Therapien, sekundären Erkrankungen möglichst vorzubeugen. Die meisten Therapieformen zielen auf eine Form der Mobilisierung von Selbstheilungskräften ab. Menschen buchstäblich in geistige, psychische und körperliche Bewegung zu versetzen, bildet den Kern vieler Anwendungen. Das Spektrum verfügbarer Therapien ist dementsprechend enorm groß. Manche Praktiken überdauern Jahrhunderte oder Jahrtausende, während andere stetigen Erneuerungen ausgesetzt sind. Ob es nun um begleitende Therapien oder ausschließlich um Prävention geht, ist nicht so erheblich, da stets die gesunden und damit eventuell gefährdeten Anteile eines Menschen im Vordergrund stehen. Psychosomatische Symptome wie Schmerzen, Ängste oder Depressionen sind mit Medikamenten, beispielsweise wegen Unverträglichkeit oder aus anderen Gründen, nicht immer zu bekämpfen. Daher spielen nichtmedikamentöse Therapien bei fast jeder Form von Erkrankung wie auch in der Vorsorge eine wichtige Rolle. Wesentliches Ziel begleitender Therapien ist es oftmals, eine geregelte Teilnahme am alltäglichen Leben zu ermöglichen, quasi als eine Brücke zwischen medizinischer Behandlung und Alltag.

Das untere Drittel im Tortendiagramm richtet sich auf den Aspekt der Lebensqualität, der eng mit dem Wohlbefinden und natürlich auch mit den Zielen der primären medizinischen Behandlung zusammenhängt. Je nach Schwere der Erkrankung können psychische Beschwerden, Stimmungsschwankungen bis hin zu depressiven Verstimmungen auftreten, die in Wechselwirkung mit dem Heilungsverlauf die Lebensqualität beeinträchtigen können. Forschungen belegen die Bedeutung von sozialen Kontakten, Zuwendung, persönlichen Zielsetzungen und individuellen Motivationen in diesem Zusammenhang. Sie gelten als »weiche« Faktoren, da ihre genauen psychophysiologischen Wirkmechanismen ziemlich im Dunklen liegen. Gleichwohl sind sie zunehmend Gegenstand medizinischer Forschung, weil man sich von ihrer Untersuchung Erklärungen für die Heterogenität von Heilungsverläufen verspricht.

Zwischen den Bereichen des Wohlbefindens und der Lebensqualität gibt es offenkundig wechselseitige Bezugnahmen, zumal beide gemeinsam auch in der Gesundheitsvorsorge eine größere Rolle spielen. Und genau hier liegt auch der Schwerpunkt des größten Teils gesundheitlich relevanter Aktivitäten, die ebenso individuell ausgerichtet sein müssen wie die Heilungsverfahren insgesamt. Denn selbstverständlich beeinflussen Alter, Lebenssituation und viele andere Faktoren die individuellen Verläufe, Krankheitsbilder und letztlich auch die Heilungschancen.

Wie steht es nun um die Wissenschaftlichkeit von Heilverfahren gerade in den Bereichen »Wohlbefinden« und »Lebensqualität«? Entsprechen anerkannte Therapien tatsächlich dem höchsten Stand der Forschung und sind sie wirklich mit dem weithin propagierten Anspruch einer evidenzbasierten Medizin vereinbar? Für die Auswahl und Verabreichung therapeutischer Anwendungen sind nicht allein wissenschaftliche Kriterien maßgeblich: In der Regel sind praktische Erfahrungen über wirksame therapeutische Maßnahmen bei psychischen oder körperlichen Gebrechen der wissenschaftlichen Aufarbeitung weit voraus. Bei näherer Betrachtung zeigt sich außerdem, dass gesellschaftliche Gegebenheiten, kulturelle Vorlieben und Stereotype erheblich darüber mitentscheiden, in welchem Maße sich einzelne Therapieformen durchsetzen oder eher unbeachtet bleiben. Dazu kommt, dass die wissenschaftliche Evidenz anerkannter Therapieformen häufig kaum besser ist als die weniger akzeptierter Heilverfahren. Die medizinische Forschung steckt also in einem gewissen Dilemma, da sie einerseits Patienten die besten Therapien zur Verfügung stellen will, andererseits die dafür notwendige Evidenz kaum darzustellen vermag. Überdies stellt sich immer die Frage, auf welche individuelle und gesellschaftliche Akzeptanz therapeutische Verfahren stoßen, um überhaupt den Weg in Behandlungsrichtlinien und Standardtherapien finden zu können.

Interessanterweise gibt es landläufig wenig Zweifel an der Bedeutung zwischenmenschlicher Kontakte und positiver Gefühle für die allgemeine Gesundheit wie auch für die Heilungschancen bei Krankheiten. Dem steht allerdings ein vergleichsweise geringes auf die Wirkungszusammenhänge gerichtetes wissenschaftliches Interesse gegenüber. Lange Zeit hielten Gesundheitsforscher Emotionen, ausgelöst etwa durch Lachen, Heiterkeit oder persönliche Zuwendung und Anteilnahme, für medizinisch nahezu wertlos. Alltägliche Erfahrungen, wie ein Besuch im Krankenhaus, aktive Zuwendung gegenüber hilfsbedürftigen Menschen oder der Auftritt eines Laienchores in einem Altenheim, sind sicherlich erwünscht, weil sie für eine positive Außendarstellung von Gesundheitseinrichtungen sorgen. In pflegerischer Hinsicht, also nach innen gerichtet, gelten solche Aktivitäten gleichwohl eher als randständig, ungeachtet der Hinweise auf ihre positiven Effekte (Ganz & Jacobs, 2014). Dies betrifft übrigens auch das therapeutische Potenzial gemeinsamen Singens.

Der bekannte Mediziner, Fernsehmoderator, Buchautor, Publizist und Komödiant Eckart von Hirschhausen wies einmal darauf hin, dass das *Lachen* in der Medizin lange Zeit lediglich im Zusammenhang mit *Lachgas* oder als psychotisches *Zwangslachen* diskutiert wurde. Ärzte sind ganz sicher weder grundsätzlich humorlos noch ist der Medizinforschung insgesamt ein profundes Interesse gegenüber menschlichem Verhalten abzusprechen. Dennoch hat es viele Jahre und Jahrzehnte gebraucht, bis sich Humor als eine feste Größe in der Gesundheitsforschung etablieren konnte, zuletzt auch unter von Hirschhausens Mitarbeit in einer Forschergruppe (Feicht et al., 2013). Die Bedeutung medizinischer Humorforschung ist sowohl mit Blick auf Strategien gegen Stress und Ängste (Bennett & Lengacher, 2006) als auch in Bezug auf die Mobilisierung des Immunsystems etwa bei Krebspatienten durch Lachtherapien eindrücklich unter Beweis gestellt worden (Kim et al., 2015).

Das Netzwerk Singende Krankenhäuser e. V.

Krankenhauskonzerte, Musik und Clownereien in den Kliniken sind schöne und sehr nützliche Angebote, die sicherlich weiterentwickelt und auch besser verstanden werden sollten, damit sie zielgerichtet angewendet werden können. Darüber hinaus gibt es noch viel Potenzial für musikalische Aktivitäten, die insbesondere bei mobilen Patienten anwendbar sind und genau unser Thema, das gemeinsame Singen, betreffen. Gemeint sind sogenannte Singgruppen, wie sie das internationale Netzwerk Singende Krankenhäuser e. V. seit vielen Jahren initiieren konnte. Gegründet wurde das Netzwerk von dem Musiktherapeuten Wolfgang Bossinger, dem zu verdanken ist, dass er sich mit dem Erfolg »seiner« Singgruppe an einer psychiatrischen Klinik in Baden-Württemberg nicht zufriedengab, sondern vielmehr eine Bewegung in Gang setzte, um möglichst viele Patienten quer durch die Republik (und darüber hinaus) und auch jenseits psychiatrischer Einrichtungen zu erreichen.

Die Reichweite von Singgruppen erwies sich tatsächlich als weitaus größer, als zunächst zu vermuten war. Singangebote gibt es heute zunehmend auch in Reha- sowie Schmerzzentren sowie in normalen Krankenhäusern und Arztpraxen. In einigen Fällen ergänzen sie bereits vorhandene musiktherapeutische Angebote. Selbst Menschen mit schweren neurologischen Erkrankungen sind sehr häufig dazu in der Lage, sich einem gemeinsamen Singen anzuschließen. Kurzum: Wer nicht das Bett hüten muss, zu Fuß oder per Gehhilfe oder Rollstuhl mobil ist, scheint grundsätzlich prädestiniert für eine Singgruppe.

Wenn Singen ähnlich wirkt wie Lachen, indem es beispielsweise positive Emotionen, soziale Erfahrungen und körperliche Mobilität fördert, ist es dann nicht notwendigerweise auch therapeutisch sinnvoll und nutzbar? Bislang ist das gemeinsame Singen therapeutisch jedenfalls wenig erschlossen und führt selbst im Rahmen musiktherapeutischer Interventionen eher ein Schattendasein. Wie wir sehen werden, mehren sich gegenwärtig allerdings die Anzeichen, dass sich diese Situation allmählich verändert.

Dass das eigene Singen oder das Anhören von Gesängen Heilung im Sinne der Auslöschung von Krankheiten oder Verletzungen zu initiieren vermag, erscheint eher abwegig und nahezu ausgeschlossen. Die Wirkpotenziale von Liedern und Gesängen auf die psychische und körperliche Gesundheit sind, wie wir bereits gesehen haben, dessen ungeachtet äußerst vielfältig. Sie offenbaren sich besonders anschaulich in der Praxis von Singgruppen in Gesundheitseinrichtungen, in denen das gemeinsame Singen nur auf den ersten Blick eine Ergänzung oder Erweiterung musiktherapeutischer Angebote darstellt. Vielmehr erweist es sich in einer weiteren Funktion als besonders hilfreich, nämlich um Patientinnen und Patienten den Übergang zwischen Therapie und Alltag zu erleichtern.

Die nachfolgend skizzierten Forschungsstudien wurden von dem besagten Netzwerk vor dem Hintergrund initiiert, die wissenschaftlichen Grundlagen und die therapeutisch-pädagogische Praxis enger zusammenzuführen. Sie richten sich einerseits an Singleiter und andererseits an die Mitglieder von Singgruppen. Wie sich zeigen wird, gibt es eine Reihe von Übereinstimmungen zwischen diesen Gruppen, aber auch mit Studien in nichtklinischen Zusammenhängen, die in den vorigen Kapiteln dargestellt wurden. Ihr besonderer Wert ist indessen auch darin zu sehen, dass sie die Bedeutung kultureller Teilhabe auch und gerade im klinischen Kontext beispielhaft untermauern.

Erfahrungen von Singleitern

Wer leitet Singgruppen eigentlich und welche Erfahrungen machen Singleiter mit ihrer Arbeit? Diese Frage untersuchte eine eigens gebildete Arbeitsgruppe des Netzwerks Singende Krankenhäuser e. V. unter meiner Leitung im Rahmen einer Interviewstudie. Teile dieser Erhebung sind in Fachpublikationen eingeflossen (Kreutz et al., 2014). Die Forschungsergebnisse dienen aber auch der Zusammenführung mit den Sichtweisen von Teilnehmern, denen wir uns im Anschluss widmen wollen.

20 Singleiter berichteten über ihre Qualifikationen, Kompetenzen und musikalischen wie therapeutischen Werdegänge

sowie über Strategien und Erfahrungen bei der Anleitung von Singgruppen. Ihre Tätigkeitsfelder erstreckten sich über die Arbeit in psychiatrischen Kliniken, Reha-Einrichtungen, Schmerzkliniken, Krankenhäusern, Arztpraxen und in einem Beerdigungsinstitut. Die telefonisch übermittelten, für alle Teilnehmer identischen Fragen wurden zu weiten Teilen sehr ausführlich beantwortet. Die Perspektive der Singleiter zu verstehen, war wichtig, weil sich auf diesem Wege wesentliche Informationen sowohl zu den Bedingungen, unter denen Singgruppen stattfinden und (erfolgreich) arbeiten können, als auch zu den individuell gesteckten Zielen und Vorgehensweisen gewinnen ließen.

Die Protokolle der Telefoninterviews erhielt jeder Befragte per E-Mail, um sie gegebenenfalls revidieren und Missverständnisse ausräumen zu können. Üblicherweise werden Gesprächsprotokolle von mehreren Personen ausgewertet, die das Material wiederholt vollständig und unabhängig voneinander lesen. Ziel war es, anstelle verallgemeinernder Aussagen thematische Kategorien zu bilden, unter denen die Denk- und Arbeitsweisen sowie Erfahrungen der Befragten am besten zu fassen sind.

Alle Singleiter verfügten über weitreichende musikalische Erfahrungen und selbst diejenigen, die als Musiktherapeuten ausgebildet waren, nahmen bereits an Fortbildungen des Netzwerks teil. Die sonstigen therapeutischen Erfahrungen der Teilnehmer variierten. Eine therapeutische Ausbildung war zwar nicht bei allen Singleitern vorhanden, mit Blick auf das Ziel und den Inhalt der Angebote jedoch auch nicht zwingend notwendig.

Welche Strategien nutzen Singleiter beispielsweise, um Menschen zu erreichen, die nur geringe oder gar keine Gesangs- oder Chorerfahrungen vorweisen und gleichzeitig unter körperlichen oder seelischen Erkrankungen leiden? Erschwerend kommt ja hinzu, dass unter den Patienten genauso viele wie unter gesunden Menschen zu finden sind, die glauben, nicht singen zu können oder durch Rückmeldungen aus dem Umfeld in der Vergangenheit nicht gerade zum Singen ermutigt wurden. Dies zu erklären erfordert weiterführende Studien. Wohl aber können Singleiter wesentlich beeinflussen, inwieweit einzelne Choristen an Stigmatisierungen festhalten oder nicht.

Ein wiederkehrendes Erfahrungsmuster der Singleiter bestand darin, dass sich nach einer anfänglichen Zurückhaltung im Laufe der Zeit unter den Teilnehmern eine wachsende Akzeptanz und schließlich Begeisterung für das Singen einstellt. Die Singleiter weisen darauf hin, dass auch ungeübte, brüchige Stimmen geschätzt werden, und dass Reibungen zwischen einzelnen Singstimmen, falsche Töne oder klangliche Defizite im gemeinsamen Singen ästhetisch positiv gedeutet werden können. Verschiedene Aussagen legen zudem nahe, dass sich stimmliche Mängel häufig sehr rasch auflösen und anfänglich zumeist einer mangelnden Übung der Singstimme geschuldet sind.

Singgruppen bergen sowohl inhaltliche als auch logistische Herausforderungen. So ist beispielsweise aufgrund von schwankenden individuellen Befindlichkeiten, Behandlungszyklen und anderen Einflüssen stets mit Fluktuationen unter den Teilnehmern zu rechnen. Konzeptuell erfordert dies eine Singgruppenarbeit, die einerseits zyklisch angelegt ist, um Neuaufnahmen zu ermöglichen, andererseits werden aber auch progressive Elemente benötigt, damit die Arbeit als zielorientiert wahrgenommen werden kann. Das gelingt den Singleitern dadurch, dass sie einerseits auf einem Repertoire von Liedern und Gesängen aufbauen, das zu fast beliebigen Zeitpunkten die Integration beliebig vieler Stimmen zulässt. Andererseits wird das Repertoire durch die Gruppenmitglieder mitbestimmt, sodass ein Neuigkeitsreiz das fortgesetzte Fordern und Fördern der einzelnen Teilnehmer ermöglicht.

Viele Details in Planung und Ausführung erscheinen den Befragten reflexionswürdig. Rituale beim Ankommen, zur Begrüßung und Verabschiedung sind beispielsweise angesichts der psychischen Situation der Patienten mit besonderer Umsicht zu wählen. Denn längst nicht für alle Patienten sind Gruppenaktivitäten leicht verkraftbar. Abwehrhaltungen, Ängste und depressive Verstimmungen erschweren generell gemeinschaftliches Handeln und damit auch die Singgruppenarbeit. Zu ihrem Gelingen tragen je nach individueller Ausrichtung und Erfahrung Yoga, Entspannungsübungen oder andere therapienahe Techniken bei, die sich mit dem Singen gut verbinden lassen und es allen Beteiligten ermöglichen, die stimmliche Arbeit in einem ganzheitlichen Sinne zu verstehen und umzusetzen.

Was bewirkt nun das Singen? Die Singleiter berichten von vielfältigen Auswirkungen in psychologischer, körperlicher und sozialer Hinsicht. Grundlage dafür sind einzelne Episoden, die aus besonderen Situationen herrühren, aber auch allgemeinere Feststellungen, die wiederkehrende Muster erkennen lassen. Beispielsweise drängt sich den Befragten recht häufig der Schluss auf, dass etliche Teilnehmer ihre eigene Stimme erstmalig bewusst und damit neu erleben. Die Resonanz der Stimme in einer Gruppe wahrzunehmen ist der erste Schritt, um sie als Ressource zu erkennen und zu nutzen. Körperliche Aspekte wie Atmung, Körperhaltung und Bewegung zur Unterstützung der Stimme und ihre inneren und äußeren Resonanzräume bilden natürliche Ansatzpunkte, um dieses Bewusstsein zu schärfen. Ebenso wichtig sind darüber hinaus ästhetische Aspekte wie Stile, Genres und die Textinhalte der Lieder und des gewählten Repertoires. Positive Botschaften in den Liedtexten werden klar bevorzugt. Religiöse oder spirituelle Gesänge stoßen nach den Erfahrungen der Singleiter auf unterschiedliche Akzeptanz. Die Suche und die Vermittlung geeigneter Repertoires ist selbst ein Teil der Singgruppenarbeit und hinsichtlich der identitätsstiftenden Wirkung ein nicht zu vernachlässigender Faktor.

Die Singleiter berichten eingehend über Begebenheiten wie Lachen oder zwischenmenschliche Berührungen. Diese im Alltag außerhalb von Gesundheitseinrichtungen weniger bedeutsamen Phänomene haben im vorliegenden Kontext eine andere Bedeutung. Positive Affekte und das Erleben und Zulassen körperlicher Berührungen sind beispielsweise nicht für alle Patienten selbstverständlich. Wie sich anhand von Patientenerfahrungen nun darstellen lässt, liegen die Beobachtungen der Singleiter hinsichtlich der Wirkungsaspekte tatsächlich nicht allzu weit von den Äußerungen der Teilnehmer entfernt.

Erfahrungen von Patienten

Was erleben nun die Teilnehmer von Singgruppen in Gesundheitseinrichtungen? Welche Erfahrungen machen sie mit dem

Singen und was bedeutet das für sie gesundheitlich? Um sich den Antworten auf diese Fragen anzunähern, wurde anstelle von Interviews eine andere Vorgehensweise gewählt, nämlich der Einsatz von standardisierten Fragebögen. Zwei dieser Bögen, und zwar einerseits ein Fragebogen zu den psychologischen Wirkungen des Singens (12 Items) und andererseits ein WHO-Fragebogen zur Lebensqualität (26 Items), boten sich an, weil sich daraus Vergleiche zwischen Teilnehmern von Singgruppen und Mitgliedern aus Laienchören ziehen ließen, die bereits an früheren Erhebungen teilgenommen hatten.

Die Auswertung des WHO-Fragebogens ergab erwartungsgemäß, dass die subjektiv empfundene allgemeine Lebensqualität der Singgruppenteilnehmer gegenüber der von Laienchoristen eingeschränkt ist. Der Bogen unterschied insbesondere körperliche und psychische Gesundheit, soziale Bindungen und Umwelt. In all diesen Bereichen waren die Werte der Singgruppenteilnehmer in den Gesundheitseinrichtungen signifikant schlechter als jene der anderen Chorsänger.

Beachtlich sind vor diesem Hintergrund die Angaben zu den Wirkungen des Singens auf das Wohlbefinden. Abbildung 3 zeigt in der linken Spalte die Items im Wortlaut und in der rechten die Mittelwerte von 400 Singgruppenteilnehmern. Von diesen sind etwa die Hälfte aktuelle und ehemalige Patienten in den jeweiligen Einrichtungen. Die sehr hohe Zustimmung zu einer Aussage wie »Singen trägt dazu bei, dass ich mich danach viel glücklicher in meiner Haut fühle« ließe sich sehr leicht kritisieren, da in der Aussage bereits eine Tendenz vorgegeben ist. Dem ist nun entgegenzuhalten, dass beispielsweise das Item »Singen bewirkt bei mir nicht die Art von Hochgefühl, von der manche Leute sprechen« kaum weniger eindeutig abgewiesen wurde. Daraus lässt sich ableiten, dass die befragten Personen sowohl auf den Wortlaut als auch auf die Tendenz in den Aussagen achteten. Eingehende Analysen dieser Daten zeigten zudem, dass bei einigen Skalen die *ehemaligen* Patienten noch positiver urteilten als die *aktuellen* Patienten.

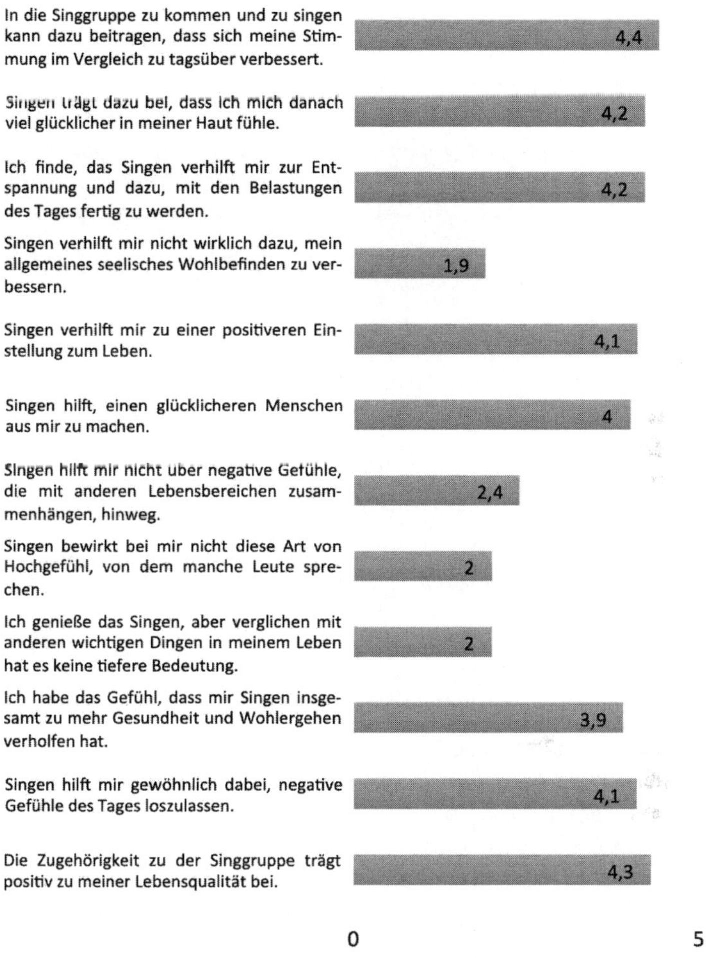

Bemerkung: Der Wert »5« bedeutet maximale Zustimmung auf einer fünfstufigen Skala.

Abbildung 3: Zustimmung unter Singgruppenteilnehmern zu den einzelnen Items des Fragebogens zu den Wirkungen von Singen auf individuelles Wohlbefinden.

Zahlreiche freie Äußerungen spiegeln die im Fragebogen aufscheinenden positiven Eindrücke von und Erfahrungen mit dem gemeinsamen Singen in überwältigender Mehrzahl wider. Die Aussagen sprechen eine so klare Sprache, dass ich sie hier in freier Auswahl unkommentiert stehen lassen möchte:

Es [das Singen] bringt große Freude in meinen Wochenablauf und steigert meine »Lebensqualität« enorm. Diese Erfahrung lenkt durch ihre Intensität auch von anderen Problemen, die vielleicht existieren, ab und rückt diese wieder an die richtige Wertigkeit (Patientin, 45 Jahre, onkologische Reha-Klinik).

Die Musik, die Texte der Lieder und die damit verbundenen Emotionen bringen mich wieder mehr zu meinem Inneren. Der Alltag tritt zurück. Es ist eine positive Selbsterfahrung. Die Welt wird allgemein heller, weiter und bunter (Patientin, 62 Jahre, onkologische Reha-Klinik).

Singen ist für mich ein wichtiger Teil meines Lebens. Die Singgruppe ermöglicht mir regelmäßig intensives Singen während meiner stationären Psychotherapie. Gleichzeitig ist die in der Singgruppe ausgeübte Musik für mich neu und anregend (Patient, 33 Jahre, psychiatrische Klinik).

Ich merke oft, dass Gefühle von Freude oder Traurigkeit in mir hochkommen, mit denen ich in den Momenten des Singens besser umgehen kann. Ich kann diese Gefühle dann zulassen, was ich sonst oft nicht kann (Patientin, 43 Jahre, psychiatrische Klinik).

Tage danach fühle ich mich entspannter, dem Leben gewachsen, obwohl ich es nicht immer bewusst mit dem Singen in Verbindung bringe. Nerven sind geglätteter, Organe sind ruhiger. Dadurch weniger Schmerzen (Patientin, 49 Jahre, psychiatrische Klinik).

Ich war das erste Mal in einer Singgruppe und hatte danach das Gefühl von »heller« Freude. Das kam für mich sehr unerwartet. Dieses Gefühl konnte ich einige Zeit bewahren und damit meine Lebensqualität erhöhen (Patientin, 50 Jahre, psychiatrische Klinik).

Das Singen vermittelt einen Energieschub und diese Energie kann ich für viele alltägliche Dinge gut verwenden, vieles gelingt einfacher, spielerischer. Es ist eine Gelassenheit da, die das Leben leicht werden lässt (Patientin, 53 Jahre, psychiatrische Klinik).

Ich habe hier echte Freunde gefunden. Auch wenn es mir nicht so gut geht, komme ich zum Singen, denn hier fühle ich mich wie in einer großen Familie geborgen und getragen (Patientin, 44 Jahre, allgemeines Krankenhaus).

Nach Aortariss-OP und Atemproblemen hilft mir das Singen (Patientin, 55 Jahre, allgemeines Krankenhaus).

Das Singen macht mich sehr glücklich und ausgeglichen. Während des Singens bin ich teilweise euphorisch. Dieses Gefühl trage ich auch teilweise und mehrere Tage mit nach Hause, das finde ich wunderschön (Patientin, 54 Jahre, allgemeines Krankenhaus).

Demenz

Demenzielle Erkrankungen, worunter eine Vielzahl neurodegenerativer Erkrankungen zusammengefasst sind, sind in der hiesigen Bevölkerung auf dem Vormarsch. Gedächtnis- und Orientierungsverlust, Aphasie und emotionale Störungen verändern die Persönlichkeit betroffener Menschen in einem oftmals über Jahre andauernden Prozess, der nicht zuletzt enorme Herausforderungen für die Angehörigen und das weitere soziale Umfeld bedeutet. Verschlimmernd kommt hinzu, dass neben den primären Demenzen auch eine Vielzahl sekundärer Demenzen als Folgeerscheinungen anderer Krankheitsbilder zu verzeichnen ist. Diese können sich etwa im Verlauf von Parkinson- oder anderen Krankheiten ergeben, bei denen Stoffwechselprozesse im Nervensystem nicht mehr richtig funktionieren. In keinem Falle gibt es hier eine Aussicht auf Heilung, vielmehr dreht sich alles mehr oder minder um eine optimale Versorgung und gesundheitsbezogene Lebensqualität.

Lieder und Texte im Gedächtnis zu behalten, ist weder ganz einfach noch selbstverständlich. Demenzkranke Menschen verfügen häufig jedoch noch über musikalisches Wissen, insbesondere Lieder und Liedtexte betreffend, selbst wenn sie mittlere bis schwere Stadien erreicht haben. Es bieten sich hier also zumindest in zwei Richtungen Ansatzpunkte für die Forschung: Zum einen scheinen sich Lieder sowohl für diagnostische Zwecke in der Aktivierung und Beurteilung etwa des biografischen Langzeitgedächtnisses zu eignen; zum anderen – und wohl viel wichtiger – verspricht musikalische Teilhabe ein Stück Lebensqualität, die mit nur geringem Aufwand erreichbar scheint.

Die kanadischen Psychologinnen Ashley Vanstone und Lola Cuddy untersuchten das Liedgedächtnis bei Menschen mit diagnostizierten Alzheimer-Erkrankungen etwas genauer (Vanstone & Cuddy, 2010). Dabei zogen Sie jüngere sowie gleichaltrige Kontrollpersonen ohne die Erkrankung heran, um Unterschiede und Ähnlichkeiten in den Gedächtnisleistungen für vertraute Melodien und Texte überprüfen zu können, wobei die musikalische Bildung der Probanden in den Auswertungen berücksichtigt wurde. Die Testbatterie umfasste auch Lieder, deren Melodien und Texte Fehler enthielten. Auf diese Weise sollte erschlossen werden, wie akkurat die jeweilige Information unter den Bedingungen der Erkrankung noch vorhanden war.

Die Ergebnisse zeigen, dass musikalische Bildung eine geringe Rolle für die Gedächtnisleistungen spielte. Ein Vorteil ergab sich allenfalls im Erkennen von falschen Tönen in Melodien. Zudem waren die Ergebnisse bei jüngeren und älteren gesunden Erwachsenen hinsichtlich der Wiedererkennung vertrauter Melodien kaum unterschiedlich. Des Weiteren konnte in keinem der Tests ein Einfluss des Geschlechts einer Person festgestellt werden. Die Gedächtnisleistung der Alzheimer-Patienten war insgesamt schlechter als die der gesunden Kontrollpersonen. Allerdings machte die Schwere der Erkrankung einen deutlichen Unterschied: Das Nachsingen von Liedern gelang den Patienten im Frühstadium der Erkrankung noch genauso gut wie den gesunden Kontrollpersonen. Dabei blieben neben den Melodien auch die Texte recht gut erhalten. Und selbst einige schwer erkrankte Patienten zeigten diese Fähigkeiten.

Weitere Studien ergaben, dass sich das verfügbare musikalische Repertoire ausschließlich aus Melodien schöpft, die für den betroffenen Menschen irgendwann biografisch bedeutsam waren. Demenzkrankte Menschen können nicht sicher sagen, ob eine bekannte Melodie zuletzt vor zehn Minuten oder vor einigen Jahren erklungen ist (Barlett et al., 1995). Jüngere Untersuchungen um den Neurologen Nicholas Simmons-Stern differenzieren dieses Bild und zeigen, dass Alzheimer-Patienten Texte in gesungener Form besser erinnern als in gesprochener (Simmons-Stern et al., 2010). Dieser Vorteil hängt jedoch von der Spezifizität der abzuspeichernden Information ab. So können sich die Patienten etwa gut an einen Gegenstand in einem Liedtext erinnern, wenngleich vom Kontext des betreffenden Gegenstandes im Lied konkret nicht viel behalten wird. Damit ist zumindest erwiesen, dass Lieder nützlich sein können, das episodische Gedächtnis von Patienten mit bestimmten degenerativen Erkrankungen zu unterstützen. Neue Informationen musikalisch zusätzlich zu codieren und damit die alltägliche Pflege zu verbessern, scheint allerdings nur in geringem Maße möglich (Simmons-Stern et al., 2012).

Forschungen über die musikalischen Kompetenzen bei Menschen mit degenerativen Erkrankungen des Gehirns liefern nicht nur Hinweise darüber, wie das menschliche Gehirn Lieder, Melodien und Texte repräsentiert und inwiefern diese Informationen langfristig abhängig oder unabhängig voneinander abgespeichert werden. Vielmehr geht es auch darum, mittels der noch zugänglichen kognitiven und emotionalen Ressourcen das Wohlbefinden und die Lebensqualität von Patienten wie auch ihren Angehörigen zu verbessern. In diese Richtung zielt eine Reihe von Forschungen aus Ländern wie Schweden, Italien, den USA oder auch Deutschland. Wie die Gegenwart und Verfügbarkeit von Musik atmosphärische Veränderungen in Einrichtungen für demenzkranke Menschen herbeiführen kann, lässt sich schon aufgrund informeller Beobachtungen erahnen. In vielen Altenheimen stehen beispielsweise musikalische Angebote ohnehin auf dem Programm. Doch wie etwa italienische Forscher um den Gerontologen Giulio Lancioni in verschiedenen Publikationen darstellen, macht es durchaus einen Unterschied, ob die Patienten eine aktive Rolle bei der Auswahl von Musik spielen. Selbst wenn der Rahmen verbliebener Fähigkeiten auf das An- oder Ausstellen von Musikgeräten beschränkt ist, kann dies einen deutlichen Unterschied machen etwa hinsichtlich der emotionalen Wirkung oder der Bereitschaft, bei erklingenden Liedern mitzusingen. Die aktive Beteiligung von Patienten an der Auswahl von Musikprogrammen seitens des Personals scheint auch aus ethischen Gründen notwendig, da es zur Lebenswürde kranker Menschen und dem respektvollen Umgang mit ihnen gehört, dass diese über Art und Umfang der »Beschallung« mitentscheiden dürfen (Lancioni et al., 2013a, 2013b).

Die schwedische Gesundheitsforscherin Eva Götell widmete im Laufe von mehr als zehn Jahren eine Serie von Studien dem Singen bei demenzkranken Menschen unter besonderer Berücksichtigung der pflegenden Personen (z. B. Götell et al., 2002, 2003; Hammar et al., 2011a, 2011b). Im Mittelpunkt dieser praxisnahen Forschung stehen typische pflegerische Probleme, Emotionen, kommunikative Aspekte sowie die Bewältigung der Pflegearbeit. Zugleich zeigen die Arbeiten aber auch Alternativen zu herkömmlichen Strategien auf.

Starke negative Emotionen demenzkranker Menschen, die durchaus aggressive Züge annehmen können, stellen besondere Herausforderungen dar und können die pflegerische Arbeit ganz erheblich erschweren. Medikamentöse Therapien sind nicht in allen Fällen anwendbar und somit stellt sich die Frage, welche Alternativen sich zu drakonischen Maßnahmen wie der Fixierung von Patienten und anderen Formen der Demobilisierung finden lassen. Die wissenschaftliche Evidenz ist dabei auch im Lichte der Persönlichkeit und der Persönlichkeitsrechte eines Menschen zu sehen. Schließlich schränken viele Maßnahmen, die zum Schutz des Pflegepersonals und des Patienten selbst notwendig erscheinen, die Handlungsfähigkeit in erheblichem Maße ein.

Götells Studien erlauben zwar keine generalisierenden Folgerungen, da es sich überwiegend um Fallstudien handelt, die nicht ohne Weiteres zu verallgemeinern sind. Gleichwohl liefern sie bedeutende Hinweise dazu, wie die kommunikative Grundlage zwischen Pflegern und Patienten durch eine singende Ansprache der Pflegebedürftigen verbessert werden kann, um die für beide Seiten anstrengenden und aufwendigen Verrichtungen zu bewältigen. Die Forschungen sind auch deshalb von aktueller Relevanz, da viele Betreuungs- und Pflegeeinrichtungen für ältere Menschen eine hohe Mitarbeiterfluktuation verzeichnen. Zwar sind dafür vermutlich in besonderem Maße ökonomische Gründe sowie die hohe Arbeitsbelastung ursächlich, doch scheint es zumindest eine Überlegung wert, inwiefern kulturelle Techniken wie das Singen die zwischenmenschlichen Beziehungen in diesem Kontext (positiv) beeinflussen können.

Das Singen von Liedern in Pflegesituationen, so verdeutlichen die Studien, ist in seiner Auswirkung einer wohlmeinenden, jedoch nur selten zielführenden Musikbeschallung weit überlegen. Eine allgemeine Musikberieselung taugt nicht einmal als Notlösung, da sie leicht als Belästigung empfunden wird und jene negativen Emotionen hervorrufen kann, die beim Singen deutlich schwächer auftreten. In den Studien von Lancioni blieb ein großer Teil positiver Wirkungen der Musik aus, wenn sie zu fest vorgegebenen Intervallen ohne Rücksicht auf Befindlichkeiten der Patienten einfach abgespielt wurde.

Insgesamt zeigen die Untersuchungen über das Singen und das Anhören von Liedern bei Menschen mit Demenzerkrankungen Wege auf, wie kulturelle Teilhabe die Qualität von Pflege aufzuwerten vermag. Einige Rahmenbedingungen hierfür sind in ausführlichen Fallstudien beschrieben und erkundet worden. Die weitere Entwicklung hängt auch davon ab, inwiefern die Singstimme als pflegerisches Instrument stärker erkannt und systematisch ausgebildet wird.

Neue klinische Studien, die in den kommenden Jahren zu erwarten sind, werden dazu beitragen, die klinische Relevanz des Singens auch und gerade bei Demenzerkrankungen und ihren Begleiterscheinungen neu zu bewerten. Nach meiner persönlichen Einschätzung wird dies dazu führen, dass nicht mehr die Frage »Ist das sinnvoll, patientengerecht und kosteneffektiv?« gestellt wird, sondern man sich vielmehr darum Gedanken machen muss, wie die infolge positiver Befunde womöglich exponentiell wachsende Nachfrage nach Musiktherapeuten und Singleitern in Gesundheits- und Pflegeeinrichtungen bedient werden kann.

Schlaganfall

Schätzungen zufolge treten bei etwa einem Viertel aller Schlaganfallpatienten zeitweilig oder dauerhaft Sprachstörungen auf. Sprachtherapien spielen daher in der Rehabilitation dieser Patientengruppe eine große Rolle. Ungeachtet der umfangreichen Erfahrungen auf diesem Gebiet existiert bis heute keine einschlägige Standardtherapie. Die individuelle Prognose für den Heilungsverlauf gerade bei Sprachverlust ist durch zahlreiche Faktoren erschwert und hängt unter anderem davon ab, wie genau das Sprachzentrum betroffen ist (es befindet sich bei Rechtshändern in der linken Hirnhälfte, vor allem im sogenannten Broca-Areal), von der Größe des beschädigten Hirngebietes und weiteren noch ungeklärten Einflüssen.

Die genauen Ursachen für eine erfolgreiche Wiederherstellung von Sprachfähigkeit sind unklar. Einige Wissenschaftler gehen davon aus, dass es gelingen kann, verbliebene Sprachnetzwerke in der beschädigten Hirnhälfte zu aktivieren. Andere Forscher hingegen verweisen auf eine Rekrutierung homologer Gebiete in der (nicht beschädigten) rechten Hirnhälfte bei Rechtshändern mit linkshemisphärischer Schädigung oder eine Koaktivierung von Netzwerken in beiden Hirnhälften für die Erholung der Sprachfähigkeit.

Gottfried Schlaug, ein deutschstämmiger Neurologe an der Harvard Medical School in Boston, unternahm in Wien ein Studium der Kirchenmusik, bevor er die medizinische Laufbahn einschlug. Doch mit Blick auf seine Forschungserfolge begleitete ihn die Musik auch durch sein ganzes bisheriges Berufsleben hindurch, das ihn an die Heinrich-Heine-Universität Düsseldorf führte. Dort leitete er in den 1990er Jahren ein Team von Hirnchirurgen und Neurowissenschaftlern, das eine der frühesten und bis heute wegweisenden Studien zur Hirnplastizität von Musikern mit bildgebenden Verfahren durchführte (Schlaug et al., 1995). Professionelle Musiker, so das Ergebnis, zeigten mehr Hirnmasse in verschiedenen Hirnregionen, als es dem Durchschnitt der Normalbevölkerung entsprach. Dabei zogen das sogenannte Corpus callosum, das Fasernbündel, das die beiden Hirnhälften verbindet, und das Planum temporale, ein Gebiet, das mit der Hörverarbeitung zu tun hat, besonderes Interesse auf sich.

Wäre es beispielsweise möglich, sich die mit Musiklernen verbundene Plastizität des Gehirns auch bei Patienten mit Schlaganfall zunutze zu machen? Gerade bei einer großflächigen Zerstörung des Sprachzentrums besteht ein großer Bedarf an Therapien, um die Prognose der Sprachrückgewinnung zu verbessern. Dabei geht es auch darum, Wortfindungsstörungen, Stottern und andere Beeinträchtigungen des Sprachflusses zu mindern, um den Patienten eine alltagsnahe Kommunikation wieder zu ermöglichen.

Schlaug befasste sich in den letzten Jahren eingehend mit einer uralten Form der Musiktherapie bei Schlaganfall, der sogenannten *Melodischen Intonationstherapie* (MIT), um deren Potenziale etwas systematischer als bisher unter die Lupe zu nehmen. Die Grundidee ist relativ einfach. Sie besteht darin, dass musikalische Merkmale von Sprache wie die Tonhöhenkontur und die Silbenbetonung in der rechten Hemisphäre verarbeitet werden. Voraussetzung für die Therapie ist also, dass bei den Patienten eine Restsprachfähigkeit besteht und homologe Areale zum Sprachzentrum in der gegenüberliegenden Hirnhälfte noch vorhanden sind. Eine weitere Motivation für die MIT bestand darin, dass zumindest einige stark aphasische Patienten Worte lediglich in gesungener Form linguistisch korrekt artikulieren können.

Die MIT setzt bei Imitationsaufgaben zwischen Therapeut und Patient an, deren Komplexität im Laufe der Therapie gesteigert wird. Üblicherweise beginnt die Therapie mit zweisilbigen Worten, deren Silben auf zwei verschiedenen Tonhöhen artikuliert werden. Videoprotokolle von Behandlungen lassen erkennen, dass der Therapeut gleichzeitig mit der Artikulation der Silben eine Hand des Patienten rhythmisch mitbewegt. Bewegung und Tonhöhen helfen dabei, die Wortinformation anzubahnen und erleichtern im Laufe der Therapiesitzungen allmählich die Artikulation. Anhand von Fallstudien konnte belegt werden, dass die MIT aufgrund ihrer musikalischen Komponenten bei chronischen Aphasikern besonders anschlug. Patienten mit ausgedehnten Läsionen des Sprachzentrums in der linken Hirnhälfte profitieren offenbar von der MIT besonders und in höherem Maße als von Therapieformen, die primär auf Nachsprechen aufgebaut sind (Schlaug et al., 2008).

Die Forscher weisen darauf hin, dass für die MIT, wie für viele andere Therapieformen auch, eine ganze Reihe von Rahmenbedingungen erfüllt sein muss, damit sie bei Schlaganfallpatienten wirken kann. So wird eine tägliche Behandlung im Umfang von eineinhalb Stunden empfohlen, ein besonders langsames melodisches Sprechen zu Beginn der Behandlung (etwa eine Sekunde pro Silbe) und eine stufenweise Erhöhung der Komplexität des zu reproduzierenden Sprachmaterials. Die Veränderungen im Sprachfluss aufgrund der MIT konnten zudem anhand von bildgebenden Verfahren neurophysiologisch unterfüttert werden. Dabei verwendete Schlaug das sogenannte *Diffusion-Tensor-Imaging-Verfahren* (DTI). Diese Methode rückt anstelle aktivierter Hirnregionen die Verbindungsintensität zwischen den Gebieten in den Blick. In der Tat zeigte sich bei Aphasikern eine erhöhte Konnektivität zwischen den perzeptuellen und den motorischen Regionen vor und nach einer Behandlung mit MIT (Schlaug et al., 2010). Studien anderer Forschergruppen kommen zu recht ähnlichen Ergebnissen. So zeigte sich bei Patienten mit sprachmotorischen Problemen, dass sich nach 24 Sitzungen mit gemeinsamem Singen über einen Zeitraum von acht Wochen zwar nicht die Sprechgeschwindigkeit, wohl aber Artikulation und Sprachfluss verbesserten und diese Veränderungen auch auf akustischer Ebene darstellbar waren (Tamplin, 2008).

Ungeachtet der unbestreitbaren Erfolge bei der individuellen Behandlung aphasischer Patienten durch die melodische Intonationstherapie sind über die Jahre durchaus auch kritische Stimmen laut geworden. So weisen die kanadischen Psychologinnen Anna Zumbansen, Isabelle Peretz und Silvie Hébert (2014) darauf hin, dass diese Therapieform eher geeignet ist Apraxien, also die Einschränkung der Bewegungssteuerung beim Sprechen, zu behandeln, weniger die Aphasie selbst. Zudem spielen rhythmische und interaktive Elemente eine viel größere Rolle, als es die Bezeichnung der Therapieform nahelegt. Es gibt sogar Zweifel daran, inwieweit die melodische Information als solche für den Therapieprozess überhaupt von entscheidender Bedeutung ist. Gleichwohl – und dies ist die andere Seite dieser kritischen Würdigung – ermöglicht die melodische Intonationstherapie, auch andere Gruppen von Patienten zu erreichen, etwa im Bereich der Palliativmedizin, in denen Menschen ebenso unter neurologischen Störungen leiden, die das Sprechen und die Kommunikation generell erschweren (Zumbansen et al., 2014). Eine jüngere Studie der Erstautorin, die sie gemeinsam mit dem Rehabilitationsmediziner Pascale Trembley veröffentlichte, bestätigte diese Einschätzung. Die Autoren fanden aufgrund ihres Systematic Review sowie eingehender Fallbetrachtungen, dass das Vorliegen einer Aphasie für die Wirksamkeit musikbasierter therapeutischer Interventionen – in den meisten Fällen sind das Formen des interaktiven Singens mit einzelnen Patienten – nicht entscheidend war. Vielmehr scheint das Singen vielen Menschen zu helfen, deren Sprechmotorik neurologisch beeinträchtigt ist. Kurzum: Es wäre verfehlt, nach einer gesangsbasierten Standardtherapie für alle neurologischen Patienten zu suchen. Erforderlich scheint ein exploratives Vorgehen, das an den Möglichkeiten und Bedürfnissen der zu behandelnden Person orientiert und zugleich auf die Motorik des Singens und Sprechens ausgerichtet ist (Zumbansen & Tremblay, 2019).

Parkinson

Morbus Parkinson bezeichnet eine verbreitete Form von neurodegenerativer Erkrankung, die zumeist im höheren Lebensalter auftritt und mit zunehmenden Bewegungseinschränkungen sowie vielfältigen psychosomatischen Begleiterscheinungen verbunden ist. In späten Stadien tritt häufig ein geistiger Verfall hinzu. Ein wesentliches Problem der Erkrankung ist gleichwohl die Gefahr von Verletzungen durch Stürze. In den letzten Jahren haben viele Studien die hohe Wirksamkeit musikalisch ausgerichteter Bewegungs- und Tanztherapien auf das emotionale Befinden, die Gefühle sozialer Verbundenheit und die Lebensqualität darstellen können. Auch in diesem Zusammenhang zeigten sich bei Parkinson-Patienten positive Wirkungen hinsichtlich des sozialen Kontakts und des allgemeinen Wohlbefindens durch gemeinsames Singen von bekannten Liedern (Buetow et al., 2014).

Die kanadischen Rehabilitationsmedizinerinnen Merrill Tanner, Linda Rammage und Lili Liu (2016) berichten über eine Serie von Studien, die sich den Wirkungen des gemeinsamen Singens bei Parkinson-Patienten auf den Stimmapparat widmete. Die fortschreitende Muskelschwäche in dieser Gruppe betrifft nämlich auch Atmung, Stimmgebung, Sprechen, Gesichtsausdruck und Schlucken, sodass über 90 Prozent der Parkinson-Betroffenen entsprechende Beschwerden in diesen Bereichen entwickeln. All diese Funktionen, so das Kalkül dieser Forschergruppe, werden indessen auch beim Singen aktiviert, das sich somit als adjuvante Therapieform geradezu aufdrängt. Die Literaturdurchsicht legte zunächst allerdings nahe, dass sich das gemeinsame Singen oder bloße Mitsingen in einem Chor per se nicht durchgängig als wirkungsvoll erwies. Vielmehr schienen Strategien mit einer individuellen Stimmarbeit weitaus erfolgreicher. Es bedarf also einer gewissen Anstrengung bei der Aktivierung des Stimm- und Atemapparates, um deren Plastizität zu nutzen. Eine weitere Lehre aus der Literaturdurchsicht konnte dahingehend gezogen werden, dass sich individuelle Stimmbildung und Chorsingen bereits in frühen Stadien der Erkrankung auszahlen sollten, bevor sich gravierendere Einschränkungen einstellen. Vor diesen Hintergründen wird plausibel, warum in der von Tanner und Kolleginnen unternommenen Interventionsstudie Stimmübungen, wie sie teilweise auch zum Einsingen bei Laienchören genutzt werden, hauptsächlich aber musik- und stimmtherapeutisch motiviert sind, einen besonders großen Raum einnahmen.

Die Singgruppen trafen sich über einen Zeitraum von zehn Wochen dreimal wöchentlich für anderthalb Stunden. In jeder Sitzung wurden 35 Minuten für Stimmübungen und nach einer zehnminütigen Pause weitere 35 Minuten für das Singen von Liedern aufgewendet. Die Ergebnisse deuteten auf eine signifikante Kräftigung des Atem- und Stimmapparates bei einer recht hohen Effektstärke hin. Unter klinischen Gesichtspunkten bedeutsame Verbesserungen zeigten sich in den Bereichen Stimmlautstärke sowie in Grundfrequenz und Frequenzumfang der Sprechstimme, während andere Bereiche, wie etwa die Dauer von Phonationen oder die physikalische Sprechleistung bei Konversationen unverändert blieben. Das Fehlen einer Kontrollgruppe, welche die Autoren selber als den vielleicht gravierendsten methodischen Mangel anführen und die Folgerungen recht verhalten ausfallen lässt, ist aufgrund einer jüngeren Studie zu relativieren: Jeanette Tamplin von der Universität Melbourne und ihr Team unternahmen eine weiterführende, in diesem Falle kontrollierte Studie ebenfalls mit dieser Patientengruppe (Tamplin et al., 2019). Die Forscher interessierten sich ebenfalls für die psychophysikalischen Merkmale der Stimmqualität, darüber hinaus aber auch für die stimmbezogene Lebensqualität und die Auswirkung der Intensität des Chorsingens im Sinne der wöchentlichen oder halbwöchentlichen Probenzeiten. Erneut bestätigten sich die in der Tanner-Studie bereits dargestellten Stimm- und Lautstärkeverbesserungen. Hier aber verschlechterten sich sie Werte in der Kontrollgruppe tendenziell. Zudem machte es einen Unterschied, ob sich innerhalb des dreimonatigen Interventionszeitraums die Singgruppen nur einmal oder zweimal wöchentlich zusammenfanden. Die häufigeren Interventionen zahlten sich durch stärkere Verbesserungen der Stimmqualität aus.

Die Hinweise auf eine prinzipielle Wirksamkeit von Gesangsübungen und gemeinsamem Singen gegen das Fortschreiten der Erkrankung, schließt eine wichtige Lücke in der Rehabilitation dieser Gruppe. An mehreren Stellen verweisen die Autoren auf Einzelbeobachtungen über die Minderung von Schluckbeschwerden. Sollten sich weitere Hinweise in diese Richtung ergeben, so könnte sich eine intensive, professionell angeleitete

Vokalarbeit mit Parkinson-Patienten in einem für die individuelle Lebensqualität entscheidenden Aspekt auszahlen.

Zusammenfassend kann das Singen als Ressource bei verschiedenartigen Schädigungen des Gehirns therapeutisch wertvolle Dienste leisten. Allerdings sind dabei schnelle Erfolge nicht zu erwarten, da die Interventionen sehr viel Zeit und einen intensiven Kontakt zwischen Therapeuten und Patienten benötigen, um langfristig wirken zu können (Baker et al., 2005). Seit Langem wurde beobachtet, dass bei dementen Menschen sowie bei Patienten nach Schlaganfällen und Störungen des Sprachzentrums gesangliche Fähigkeiten noch vorhanden sein können. Aufgrund eingehender Fallstudien und systematischer Untersuchungen mit größeren Kohorten scheint nun festzustehen, dass Lieder und Gesänge in der Pflege und Rehabilitation dieser Menschen unterschiedliche Rollen spielen können. Der Verlauf von Demenzerkrankungen verspricht keinerlei Heilungsaussichten. Folglich ist die pflegerische Tätigkeit darauf ausgerichtet, die verbliebenen emotionalen und geistigen Kapazitäten zu nutzen. Ganz anders bei Schlaganfallpatienten: In ihrem Falle sind musikalische Elemente der Sprache, insbesondere Melodie und Rhythmus, grundlegend, um die Chancen auf eine Rückgewinnung der Sprechfähigkeit zu verbessern.

Singen auf Rezept – Eine gesundheitspolitische Utopie?

Gesundheitliche Einrichtungen setzen heute vielerorts auf kulturelle Angebote. Flure geraten zu Kunsthallen, Empfangsbereiche zu farbenfrohen Wohlfühlzonen und gelegentlich erklingt sogar Musik in Operationssälen und auf Intensivstationen. Konzerte und Theater für Mitarbeiter und Patienten machen Gesundheitseinrichtungen zu Stätten der Begegnung und Entspannung, auch wenn diese Angebote dem Kalkül entspringen, dass sie als Gegengewichte zu Krankheit und Tod dienen sollen.

Initiativen wie »Musique et santé« (Musik und Gesundheit), einer privaten Organisation mit Sitz in Paris, geht das nicht weit genug. Dank solcher Initiativen ist das professionelle Musizieren zum Wohle pflegebedürftiger Menschen bis ans Krankenbett vorgedrungen. Die Musiker folgen quasi den Fußspuren der Clowns, die sich beispielsweise in vielen Kinderkliniken etablieren konnten. Schließlich müssen stationäre Patienten lange Zeiten des Wartens ohne äußere Anregungen ausharren. Dazu kommen regelmäßige Untersuchungen sowie geplante und nicht geplante Eingriffe, die den gesamten Verlauf nur bedingt vorhersehbar gestalten lassen. Da macht es Sinn, für Ablenkung zu sorgen, verbunden mit möglichst heiteren Gefühlen und Momenten der Unbeschwertheit, um den Belastungen zu trotzen.

Die überaus positiven Erfahrungen von Singleitern und Patienten überraschen nicht und sind dennoch bemerkenswert. Es ist einzuräumen, dass vereinzelte psychotische Episoden in Singgruppen durchaus vorkommen und nicht vollständig zu vermeiden sind. Es sei dahingestellt, inwiefern das gemeinsame Singen solche Ereignisse auslöst. Die Forschungslage scheint nicht ausreichend, um dies zweifelsfrei feststellen zu können. Für Patienten wie Singleiter ist es ohnehin schwierig, jegliche Wirkungen dem Singen selbst oder den Gegebenheiten um das Singen herum zuzuschreiben. Wäre es nun also konsequent, auf ein *Singen auf Rezept* hinzuarbeiten?

Die Subjektivität und (positive) Voreingenommenheit mancher Autoren könnte dazu verleiten, unerwünschte Nebenwirkungen zu unter- und – sofern auf Wirkungen überhaupt verwiesen werden kann – positive Wirkungen zu überschätzen. Völlig offen ist beispielsweise, inwiefern sich die Lebensqualität hospitalisierter Menschen oder von Menschen mit chronischen Erkrankungen durch gemeinsames Singen längerfristig positiv beeinflussen lässt. Blicken wir auf die signifikant positiven Veränderungen bei den COPD-Patienten zurück, die im Laufe von acht Monaten Teilnahme an Singgruppen über eine erhöhte Lebensqualität berichteten, so sind dies wichtige Anfangsbefunde, die unbedingt auszuweiten sind.

Vorläufig scheint festzustehen, dass die Singgruppen zweckmäßige und effektive therapienahe Angebote darstellen mit mutmaßlich positiven Auswirkungen auf individuelle Heilungsverläufe. Es bestehen begründete Hoffnungen, im Rahmen solcher Angebote unmittelbare Veränderungen des psychischen Befindens wie auch mittel- und langfristig die allgemeine gesundheitsbezogene Lebensqualität verbessern zu können. Doch gerade die Nachhaltigkeit über längere Zeiträume ist aufgrund der wissenschaftlichen Förderstrukturen, die nur ausnahmsweise sehr langfristige Vorhaben unterstützen, wenig untersucht und entsprechend nicht erwiesen. Dessen ungeachtet lassen praktische Erfahrungen erahnen, dass das volle Spektrum von Zielgruppen in unterschiedlichen Patientengruppen längst nicht ausgeschöpft ist. Zudem nimmt die Professionalisierung durch Fortbildungsangebote zur Anleitung gesundheitsbezogener Singgruppen stetig zu. Dies erscheint notwendig, um Singangebote für spezifische Patientengruppen zu optimieren. Für Menschen mit Demenz, Parkinson, psychischen Störungen oder in Reha-Maßnahmen sind unterschiedliche Strategien erforderlich, um individuellen Bedürfnissen gerecht zu werden. Darüber hinaus ist es wichtig, kulturelle Hintergründe zu beachten. Besondere Aufmerksamkeit erfordert religiöses Liedgut, das den Grundwerten einer Person entsprechen oder widersprechen kann. Hier gilt es, die vorhandenen Erfahrungen aufzuarbeiten, zu systematisieren und schließlich für die Entwicklung tragfähiger Konzepte zu nutzen, die auf der einen Seite ausreichend flexibel sein müssen, um eine Anschlussfähigkeit in die unterschiedlichen Gruppen zu gewährleisten, auf der anderen Seite aber auch konsensfähige Regeln setzen, um die Einhaltung allgemeiner ethischer Prinzipien zu gewährleisten und zugleich individuelle Wertesysteme ausreichend und angemessen zu berücksichtigen.

Warum sind Singgruppen jenseits aller offenen wissenschaftlichen Fragen so wichtig und schon jetzt unverkennbar notwendige Institutionen im Gesundheitswesen? Ich möchte zwei wesentliche Gründe anführen, die sich aufeinander beziehen lassen. Zum einen sind Singgruppen für die Teilnehmer eine Art Brückenkopf in den Alltag. Es begegnen sich Patienten, ehemalige Patienten, Angehörige und Mitarbeiter einer Einrichtung, wie mir der Leiter einer psychiatrischen Klinik einmal sagte, »auf Augenhöhe«. Das Singen unterstreicht das menschliche Miteinander und die

Gemeinsamkeit über alle unterschiedlichen körperlichen und seelischen Zustände hinweg. Zudem scheinen Singgruppen eine magische Anziehungskraft auch auf eine Reihe von Personen aus dem Umfeld von Gesundheitseinrichtungen auszuüben. Damit ist klar, dass Singgruppen für jedermann zugänglich sind. Vielfach ist von Freundschaften die Rede, die sich im Laufe der Zeit entwickeln. Darin steckt durchaus auch ein therapeutischer Sinn, denn beispielsweise für viele psychiatrische Patienten ist es oft ein längerer Prozess, den verlorenen Alltag zurückzuerobern. Soziale Beziehungen sind eine der wesentlichen Voraussetzungen dafür, dass diese Rückeroberung gelingen kann.

Der zweite Grund, warum Singgruppen als einzigartige Einrichtungen in Gesundheitsbereichen anzuerkennen sind, hängt mit dem ersten zusammen: Die Teilnahme an Singgruppen kann nicht nur Veränderungen bei den betroffenen Patienten herbeiführen, sondern auch in dem Kreis von Personen, die kranke Menschen behandeln, betreuen und pflegen, dem medizinischen Personal.

Wird das Singen auf Rezept ungeachtet aller positiven Erfahrungen und wissenschaftlichen Hinweise auf Dauer nur gesundheitspolitische Utopie bleiben? Wird sich etwa der gemeinsame Bundesausschuss (G-BA), der, wie weiter oben schon angedeutet, für die weitere Entwicklung mitentscheidend ist, mit diesem Thema befassen? Diese Institution ist schließlich hauptverantwortlich für die Festlegung von Richtlinien zur Gesundheitsversorgung der 73 Millionen gesetzlich krankenversicherter Menschen hierzulande. Der G-BA soll sicherstellen, dass diese Versorgung ausreichend, zweckmäßig und wirtschaftlich vorgehalten werden kann. Folglich müssen neue Heilverfahren einen längeren Prozess durchlaufen, um letztlich anerkannt zu werden. Gesetzliche, aber auch private Krankenkassen orientieren ihr Handeln an Richtlinien für anerkannte Präventions-, Therapie- oder Rehabilitationsmaßnahmen, die möglichst genau auf Zielgruppen mit bestimmten Indikationen, Diagnosen oder Behandlungsprofilen ausgerichtet sind. Hierbei spielt die wissenschaftliche Evidenz eine sicherlich sehr wichtige und kaum zu unterschätzende Rolle. Die Frage liegt auf der Hand: Genügt die vorhandene Evidenz, um das gemeinsame Singen in Gesundheitseinrichtungen entsprechend zu fördern? Und in welchem Kontext – psychischer, körperlicher, neurodegenerativer oder sonstiger Gebrechen – sollte ein Fokus gesetzt werden? Es scheint weder unmöglich noch aussichtslos, einen Prozess zu initiieren mit dem Ziel, gemeinsames Singen in der Rehabilitation von chronisch kranken Menschen als adjuvante Maßnahme in entsprechende Richtlinien aufzunehmen. Wegweisende Studien aus Großbritannien und anderen Ländern wurden schon besprochen. Meine Einschätzung ist, dass jede neu aufgelegte klinische Studie dazu beiträgt, dieses Ziel zu erreichen. Und genau das geschieht in den letzten Jahren verstärkt, sodass ein gedämpfter Optimismus gerechtfertigt scheint, dass in absehbarer Zeit entsprechende Richtlinien unserem Gesundheitssystem eine wichtige, richtige und notwendige Facette hinzufügen.

Singen und Gewalt

Singen und Gewalt schließen sich gegenseitig nahezu aus. Gleichwohl stehen Lieder und Gesänge in wenigstens zweierlei Hinsicht mit Krieg, Terror, Folter oder Erniedrigung in Zusammenhang. Zum einen können sie für propagandistische Zwecke eingesetzt werden. Dabei ist es gleichgültig, ob und inwieweit in dem betreffenden gesellschaftlichen System die individuellen Grundwerte und Menschenrechte geschützt sind oder nicht. Soziale Bindungskräfte durch gemeinsames Singen lassen sich nämlich auch dazu nutzen, Ziele zu propagieren, die demokratischen Grundrechten entgegengesetzt und beispielsweise auf Diskriminierung und Unterdrückung von Minderheiten ausgerichtet sind. Gewaltausübung durch Singen kann sogar noch viel weiter gehen, denn sie schließt psychische und körperliche Erniedrigungen bis hin zu Folter ein.

Die geschichtliche Erfahrung des Deutschen Reiches und des Nationalsozialismus liefert für diese dunklen Seiten des Singens reichlich Belege (Sonntag et al., 1999). Ungeachtet all dessen setzt sich noch heute der Missbrauch von Musik und insbesondere von Liedgut zur Förderung von Gewalt und Gewaltverherrlichung in kleinen, ewiggestrigen Kreisen der Gesellschaft fort (Glaser & Pfeiffer, 2013).

Der Frankfurter Philosoph Theodor W. Adorno fand es nach dem Zweiten Weltkrieg notwendig, die Musik und das Musikleben überhaupt auf eine neue Grundlage zu stellen, und zwar im Rückgriff auf die Musik der sogenannten zweiten Wiener Schule (Adorno, 1949). Die Idee, durch eine neu zu erfindende Musik sie ihrer – in seinen Worten – »Verdinglichung« zu entziehen, scheitert allerdings schon aus dem einfachen Grund, dass sich an musikalischen Merkmalen allein keine hinreichenden Kriterien für sozial verträgliche oder unverträgliche Wirkungen festmachen lassen. Zudem gibt es kein rationales Argument dafür, wie eine geistige Erneuerung durch die Neubewertung kultureller Güter zustande kommen soll. Musik ist, in welcher Form auch immer, für sich genommen ungeeignet, die menschliche Moral oder das menschliche Handeln zu verbessern. Ein demokratisches Verständnis, das Grundwerte wie individuelle Freiheit oder Gerechtigkeit und gesellschaftliche Minderheiten schützt, ist unabdingbare Voraussetzung einer prosozialen Musikkultur und nicht deren Folge.

Die philosophischen Ideen Adornos hatten, ungeachtet aller Kritik, außerordentlichen Einfluss auf das Bildungssystem und insbesondere auf die Musik und den Musikunterricht. Sie verfingen wohl deshalb, weil das gemeinsame Singen in der jungen Bundesrepublik noch sehr an die nationalsozialistische Kriegspropaganda erinnerte und im Zuge dessen schlicht übersehen wurde, dass manches aus dem gebrandmarkten Liedgut sehr viel älteren Ursprungs war. Es wäre eine viel genauere Aufarbeitung und Analyse des gemeinsamen Singens als Inhalt von Lehrplänen in den Bundesländern nach dem Zweiten Weltkrieg nötig, als es im Rahmen dieses Buches möglich ist. Gleichwohl sprechen viele Indizien dafür, dass die historischen Ursprünge des heute zu beklagenden Mangels an gesanglicher Ausbildung in Erziehungsberufen und auch des Fehlens von Fachlehrern im Lehramt für Grundschulen in den Entwicklungen nach dem Zweiten Weltkrieg und besonders in den philosophischen Neubewertungen musikpädagogischer Ziele zu suchen sind.

Vorläufig bleibt festzuhalten, dass Musik und Gesang in allen Diktaturen der Gefahr propagandistischen Missbrauchs ausgesetzt sind. Anders gesagt: Die Art und Weise, wie Gesänge eingesetzt werden, ist von der Gesinnung der singenden Personen abhängig. Bestimmte Musikformen und bestimmtes Liedgut wie auch gemeinsames Singen an sich sind zwar kaum für die Prägung menschenverachtender Einstellungen verantwortlich zu machen; gleichwohl ändert das nichts an deren sozialintegrativer Wirkung selbst unter Menschen, deren Einstellung und Handlungsweise elementaren Prinzipien demokratischen Handelns widersprechen. Singen können wir nur dann tiefer verstehen, wenn wir uns über die perfiden Möglichkeiten seines Missbrauchs und über die damit verbundenen Dimensionen von Gewalt, Terror und Gräuel die notwendige Klarheit verschaffen.

Lieder und Gesänge im Holocaust

Juliane Brauer ist in ihrer Dissertation zum Thema *Musik im Konzentrationslager Sachsenhausen* den – nach eigenen Worten – nicht sehr umfangreichen Spuren des Musiklebens in einer der zentralen Stätten des Holocaust nachgegangen. Gleichwohl spiegelt das vielfältige aus Liedern, Biografien von Musikern sowie Darstellungen über die Entwicklung von Lagerkapellen, Chören und den breit gefächerten Einsatz von Musik und Gesang in den Lagern bestehende Material in besonderer Weise individuelle menschliche Tragödien in Zeiten eines Krieges, der bis dato alle Dimensionen von Vernichtungswahn sprengte (Brauer, 2009).

Das Titelbild der Brauer'schen Arbeit ist ein Aquarell des Malers Vladimir Matejka, das den Auftritt des tschechischen Chores im KZ Sachsenhausen zeigt. Der Maler hatte es heimlich angefertigt. Neben dem Musizieren auf Instrumenten widmet Juliane Brauer eine Reihe von Kapiteln unterschiedlichen Aspekten des Singens. Dazu gehört etwa Singen unter Zwang und Gewaltandrohung. Vielfach verlangten die Lagerkommandanten selbst bei Schwerstarbeit unter widrigen Bedingungen nach Liedern. Singen diente also keineswegs der Aufmunterung, sondern im Gegenteil dazu, Menschen noch mehr zu erniedrigen, psychisch und physisch zu brechen. Musik und Lieder begleiteten den allgegenwärtigen Tod in den Lagern. So identifizierte Brauer beispielsweise 28 Lieder, die zum Repertoire marschierender Arbeitskolonnen gehörten, auf Appellplätzen angeordnet und nicht zuletzt als Strafe eingesetzt wurden (ebd., S. 101).

Allen Liedern gemeinsam ist, dass sie auf Befehl vorgetragen werden mussten. Dazu gehörten etwa Lagerlieder wie *Stacheldraht mit Tod geladen*, deren Titel in traurigem Einklang mit der Realität standen. Von bitterer Ironie dagegen zeugen Lieder wie *Auf der Heide blüht ein Blümelein* oder *Wenn alles grünt und blüht auf dieser Erde*, die nachweislich als Strafgesänge auf dem Appellplatz erklungen sind (ebd., S. 102ff.).

Unter der Überschrift »Musikalische Gewalt« zitiert Juliane Brauer aus einem Urteil des Landgerichts Bonn in einem Strafverfahren gegen Lageraufseher der NS-Zeit aus dem Jahre 1959. Dieses bewegende Dokument soll hier erneut im Wortlaut erscheinen:

> »Eine Anzahl jüdischer Häftlinge wurde dadurch getötet, dass etwa ein Dutzend Häftlinge von SS-Unterführern und ihren Helfern in die Besenkammer, die knapp 2qm Bodenfläche aufwies, gepresst wurden. Daraufhin wurden alle Luftlöcher verstopft, so dass die meisten Häftlinge erstickt waren [...]. Einen jüdischen Häftling, Opernsänger, mit Künstlernamen Alfieri und bürgerlichem Namen Georg Adler, der unter den zum Tode geweihten Häftlingen stand und auch mißhandelt wurde, zwangen die SS-Unterführer, das Lied zu singen ›Es gibt im Volksmund der Märchen viele Zahl‹« (zit. n. Brauer, 2009, S. 297).

Das hier dokumentierte, äußerst brutale und tödliche Vorgehen ist offenkundig gepaart mit der gezielten Pervertierung von Gesangskunst und Liedkultur. Es steht außer Frage, dass jede einzelne Ermordung in diesen Lagern einen unvergleichlichen verbrecherischen Akt darstellt. Der Tod des jüdischen Opernsängers Alfieri allerdings steht auch sinnbildlich für den letztlich hilflosen und aussichtslosen Versuch, die Macht der Musik und des Gesangs als Ausdruck eines humanen Gedankens gänzlich zu zerstören. Denn wie Brauers Untersuchung zeigt, war das Singen auch eine Strategie des Willens zu Überleben. Konkret lässt sich diese Strategie etwa daran erkennen, dass kulturelle und soziale Identitäten durch Musik und Gesang innerhalb von Gruppen von Häftlingen gewahrt werden konnten. Die Menschen standen unter dem Schock des Verlustes ihrer gesamten Existenz und einer Deportation in eine vollkommen ungewisse Zukunft. Ihr Liedgut kann als eine der letzten überhaupt noch verbliebenen individuellen Ressourcen für eine emotionale und geistige Stabilisierung unter Leidensgenossinnen und Leidensgenossen gesehen werden.

Die Ambivalenz des Singens in deutschen Konzentrationslagern wird anhand von Widersprüchen deutlich, die etwa darin bestehen, dass neben dem regelmäßigen Singen auch von Verboten einzelner Lieder berichtet wird. Es wurden Auftragskompositionen für Lagerlieder vergeben. Insassen komponierten auch eigenständig, organisierten selbst, sofern dies die Bedingungen zuließen, eine Art musikalischen Untergrund. Das Singen war nach Brauer also einerseits ein Mittel der Gewalt und Einschüchterung, andererseits aber auch ein nicht korrumpierbares Element der Menschenwürde und Hoffnung. Manchen Gefangenen gelang es, aus Musik Lebensmut zu schöpfen und in den Liedern zeitweilig etwas wie Trost zu finden, während anderen Insassen die Musik aufgrund ihrer Erfahrungen für immer verleidet wurde.

Carl von Ossietzky, nach dem die Universität Oldenburg benannt ist, an der ich unterrichte und forsche, war als Friedensnobelpreisträger bereits vor Ausbruch des Zweiten Weltkriegs in faschistischen Konzentrationslagern interniert. Besonderen symbolischen Wert erlangte das Lied *Die Bauern wollten freie sein,* das auf einer Gedenkfeier zu seinem angeblichen Tod im Jahr 1937 in einem Lager erklang (in Wirklichkeit erlag er erst 1938 der Tuberkulose). Dieses Lied ist interessant und beispielhaft, weil es aus einer perfiden Strategie der Nutzung kreativer Potenziale zur Umerziehung politischer Gefangener hervorging und Liedern des Lagers Sachsenhausen ähnelt (Brauer, 2009, S. 141).

Brauer fügt in ihre allgemeine Darstellung biografische Skizzen von einzelnen Sängern und Musikern und deren Schicksalen in den Lagerstätten ein. Es sind für mich erschütternde Zeugnisse darüber, wie die naive Liebe zur Musik in unvorstellbares Grauen gewendet und nicht von den betroffenen Menschen abgekoppelt werden kann. Es bedeutet auch, dass in den Nischen der systematischen Nutzung von Liedern zur psychischen, physischen und sozialen Zerstörung von Menschen besondere Begabungen eben nicht notwendig besonderen Schutz, sondern im Gegenteil eine breite Angriffsfläche für Erniedrigungen darstellten. Es ist denkbar, dass ohne ein herausragendes sängerisches Talent ein einzelnes Leben nicht hätte vorzeitig erlöschen müssen.

Juliane Brauer stellt in ihrem Fazit die vielleicht entscheidende Frage: Wie ist das Gedenken an die Vernichtungslager und an all jene Menschen, die in ihnen umkamen, zu bewahren, wenn auch die letzten Zeitzeugen nicht mehr leben, um den nachfolgenden Generationen aus erster Hand zu berichten? Sie verweist auf die generationenübergreifende Kraft von Liedern und Texten, etwa in den Werken von Aleksander Kulisiewicz, dessen Lieder aus den Konzentrationslagern ein Weltpublikum erreichen. Musik kann nicht wiedergutmachen, geschweige denn etwas heilen. Sie taugt weder als Opfer noch als Täter, sondern ist ein starkes Medium, das nur in den besten Händen das entfalten kann, wofür es geliebt wird. Und sie ist das vielleicht beste Medium des Erinnerns, wenn Worte allein versagen.

Es ist mir völlig klar, dass die Dimensionen der Pervertierung kultureller Werte quasi im Dienste der Vernichtung von menschlichem Leben kaum angemessen zu beschreiben sind. Juliane Brauers Dissertation lässt allerdings wenig Zweifel daran, dass diese Aufarbeitung mehr als überfällig ist. Man muss dankbar sein, dass uns dieses Wissen heute vorliegt, um zu erkennen, dass das Singen als Selbstläufer für mehr Menschlichkeit, ein verbessertes Sozialverhalten und eine stetige und ausschließliche Vermittlung positiver Werte so nicht wird funktionieren kann.

> »Die Lieder und Kompositionen aus dem Konzentrationslager sind das ›historische Ohr‹, die eigentlichen Boten des Überlebens- und Widerstandswillens aus den Konzentrationslagern, Mahnung und Erinnerung zugleich. Ohne große Erklärungen dokumentieren sie das Ringen um menschliche Identität, das Widerstehen unter unvorstellbaren Lebensbedingungen. Sie sind als Dokumente unmenschlichen Leidens und Zeugnisse menschli-

chen Lebenswillens zu sehen. Sie machen den Mut, die Ängste und Hoffnungen der Häftlinge begreifbar« (Brauer, 2009, S. 390).

Verherrlichen und fördern Liedtexte Gewalt?

Es ist traurig, dass die Praxis des Singens, wie die historischen Studien des vorigen Abschnitts lehren, nicht vor Missbrauch geschützt ist. Im Gegenteil: Unter den genannten Umständen gerät das Singen in die Nähe von Erniedrigung, körperlicher und seelischer Grausamkeit und der Verletzung von Menschenrechten.

Wir müssen dabei einräumen, dass auch hier und heute Menschen durch Lieder manipuliert werden können. Liedtexte stehen unter Verdacht, Menschen in solcher Weise zu beeinflussen, dass sie sogar dazu bereit sind, andere zu schädigen. Kurzum: Den prosozialen Wirkungen des gemeinsamen Singens, wie sie die bereits dargestellten Studien von Kirschner und Tomasello unter Kindergartenkindern gezeigt haben (Kirschner & Tomasello, 2010), lassen sich Befunde gegenüberstellen, die eine völlig andere Sprache sprechen.

Die Sozialpsychologen Peter Fischer und Tobias Greitemeyer von der Ludwig-Maximilians-Universität München veröffentlichten in einer Fachzeitschrift für Sozialpsychologie eine Untersuchung zu der Frage, inwiefern Lieder mit aggressiven Textinhalten entsprechende Einstellungen *und* Handlungen provozieren können (Fischer & Greitemeyer, 2006). Die methodisch ausgefeilte und auf gut begründeten Vorannahmen errichtete Studie beruhte darauf, dass die beteiligten Probanden in eine Entscheidungssituation gebracht wurden, in der sie wählen konnten, ob sie einer anderen Person durch die Zugabe von scharfem Chili ins Essen mehr oder minder Schaden zufügen wollten. Angeblich ging es um die Wahrnehmung von Geschmacksrichtungen im Essen. Jene Person, die das scharf gewürzte Essen bekommen sollte, so wurde den Probanden mitgeteilt, möge Chilis überhaupt nicht und sei wegen der guten Bezahlung an der Studie beteiligt. Außerdem blieben alle Beteiligten untereinander anonym. Die Manipulation bestand nun darin, dass den Probanden vor dem Experiment verschiedene Musikstücke vorgespielt wurden, um ihnen die Wartezeit etwas zu verkürzen. Diese vermeintlich nur zur Unterhaltung abgespielte Musik bestand zum Teil aus Liedern mit teilweise frauenfeindlichen oder sexistischen Textinhalten. Andere Lieder waren eher neutral bis positiv in ihren Textaussagen. Die Forscher losten jeden Probanden einer der beiden gleich starken Gruppen zu, die entweder die aggressiven oder die neutralen Lieder zu hören bekamen. Beide Gruppen waren jeweils zur Hälfte weiblich und zur anderen Hälfte männlich besetzt.

Die Aggressivität im antisozialen Handeln wurde nun an der Menge Chili bemessen, die jede Versuchsperson dem unbekannten Geschmackstester anbot. Ein zunächst wenig überraschendes Ergebnis überführte Männer als das generell aggressivere Geschlecht, allerdings nur dann, wenn sie vorher frauenfeindliche Lieder zu hören bekommen hatten. In diesem Falle verabreichten männliche Probanden signifikant größere Mengen an Chili – sowohl in Anwesenheit einer Frau als Versuchsleiterin als auch gegenüber einer weiblichen, für die Teilnehmer des Experiments nicht sichtbaren Testperson. Allerdings kam niemand bei dieser Untersuchung zu Schaden. Denn während des Experimentes wurde den Probanden weder die volle Wahrheit über die Ziele der Studie mitgeteilt, noch wurde irgendetwas von dem Chili gegessen. Dennoch folgern die Versuchsleiter, dass frauenfeindliche Liedtexte aggressives Verhalten, insbesondere von Männern, fördern – zu Recht, wie ich finde. Denn es ist eine Sache, eine Einstellung beispielsweise in einem Fragebogen kundzutun, und eine ganz andere, physische Gewalt gegen einen anderen Menschen auszuüben. Denn allen Beteiligten war klar, dass die Einnahme von scharfem Chili zu (neurochemischen) Reaktionen im Mundraum führen würde, die denen von Verbrennungen zum Verwechseln ähnlich sind.

Den Forschern geht es, so viel dürfte feststehen, weder um das Singen noch um Musik, Kreativität oder um künstlerische Freiheit. Es geht um unsere Manipulierbarkeit durch ästhetisch verpackte Botschaften. Im Grunde ist das nichts Ungewöhnliches. Wir müssen uns nur von dem Gedanken einer »reinen«

Kunst verabschieden, wenn wir damit sagen wollen, dass etwas gegen Missbrauch geschützt sei. Dass Männer hier noch schlechter wegkommen als Frauen, die sich der Manipulation ja ebenso wenig verweigerten, ist wahrlich kein Trost. Wir lernen daraus, dass die Wirkung des Singens auch darin bestehen kann, uns Gedanken zu vermitteln, die wir sonst weit von uns weisen würden.

Fassen wir zusammen: Die dunklen Seiten des Singens werfen tiefe Schatten über Wohlbefinden, Gesundheit und Glückseligkeit, die aus den vorigen Kapiteln sprechen. Umso mehr machen diese Seiten deutlich, dass eine geschützte Umgebung und die Wahrung der Menschenwürde unabdingbar sind, damit sich die positiven Wirkungen des Singens entfalten können und nicht in ihr Gegenteil verkehren. Weiterhin verkennen wir die Tatsachen, wenn wir annehmen, gegen Manipulationen durch gesungene Botschaften immun zu sein. Umso wichtiger ist es, zu verstehen, dass wir die Verherrlichung von Gewalt und dergleichen gerade nicht unter dem Deckmantel künstlerischer Freiheit akzeptieren müssen. Verbote sind sicherlich keine Lösung, doch zumindest ein Bewusstsein für unsere diesbezügliche Anfälligkeit sollte in einer aufgeklärten Welt zu vermitteln sein.

Kein Ende vom Lied – Singen für ein Happy End!

»Singen – ist das wirklich etwas für mich?«, werden Sie vielleicht denken. Wenn Sie zu den Menschen gehören, die seit Jahren oder Jahrzehnten nicht mehr gesungen haben, sich nicht trauen oder es einfach vergessen haben, dann ist jetzt der richtige Zeitpunkt, damit anzufangen. Wenn Sie das ein oder andere Argument in den vorausgehenden Kapiteln überzeugt hat, freut mich das natürlich. Doch wenn nicht, dann darf ich Ihnen versichern, dass es sich lediglich um die Spitze des Eisbergs handelt. Niemand weiß, wie genau Singen auf uns selbst und auf andere wirkt, warum wir überhaupt singen können und was es langfristig für jeden Einzelnen bedeutet. Die bisherigen Antworten sind bestenfalls vorläufig. Doch gibt es noch viel mehr zu entdecken und zu verstehen. Kein anderer hat es treffender ausgedrückt als der berühmte Physiker Sir Isaac Newton: »Was wir wissen, ist ein Tropfen, was wir nicht wissen, ein ganzer Ozean.«

Singen macht glücklich. Es bereitet tagtäglich Millionen von Menschen viel Freude, gibt ihnen etwas, das sie nicht missen möchten. Doch von ganz allein geschieht das nicht. Und selbst wenn es manchmal den Anschein hat, so tun wir wahrlich noch viel zu wenig dafür, wirklich alle Menschen daran zu beteiligen. Unbedingt notwendig ist eine Gesellschaft, die sich für die in jedem Einzelnen von uns vorhandenen kulturellen Werte interessiert und verantwortlich zeigt. Dazu gehört mehr als ein demokratisches Grundverständnis; es erfordert beispielsweise Toleranz und Offenheit auch und gerade für ästhetische Bedürfnisse. Wir neigen dazu, behinderte oder kranke Menschen von kulturellem Lernen und Handeln auszugrenzen. Dagegen sollten wir dringend vorgehen – und zwar nicht in erster Linie, um zu therapieren oder zu bilden, sondern aus dem einfachen Grund, dass ästhetische Teilhabe untrennbar mit Wohlbefinden und Lebensqualität verbunden ist. Wir nutzen kulturelle Techniken viel zu sehr, um Menschen voneinander zu unterscheiden, anstatt sie zusammenzubringen.

Dieses Buch soll ein Verständnis dafür wecken, warum wir unsere Gesangskultur schätzen und uns nicht von denjenigen irritieren lassen sollten, die von schlechten Stimmen reden und unerschütterlich daran festhalten, dass Singen etwas für ein paar talentierte Auserwählte sei. Singen ist weder ein Allheilmittel noch vollbringt es Wunder. Es ist vielmehr eine Tätigkeit, die in bestimmten Lebenssituationen etwas verändern kann. Manche dieser Veränderungen geschehen sehr rasch, andere brauchen Zeit. Die Forschung zur Wirkung des Singens ist also immer auf den konkreten Gegebenheiten in einem Untersuchungskontext aufgebaut und sehr nahe am Menschen orientiert. Sie ist entsprechend lebensnah und gar nicht so meilenweit abgehoben, wie universitäre Forschung (insbesondere in den sogenannten Kulturwissenschaften) doch recht häufig den Eindruck erwecken mag.

Hervorheben möchte ich abschließend einige Punkte, um Ihnen die wesentlichen Botschaften dieses Buches kurz gefasst an die Hand zu geben. Die folgende Liste ist weder vollständig, noch sind die einzelnen Punkte systematisch voneinander abzugrenzen. Sie repräsentieren – ähnlich wie die im Herzstück des Buches skizzierten sieben Hypothesen – ein Geflecht von Wirkungsaspekten, die in engerem oder weniger engem Verhältnis zueinander stehen:

- Singen ist die gesamte Lebensspanne hindurch eine Ressource, die wichtige Entwicklungsschritte begleitet und unterstützt;
- Säuglinge und ihre Eltern profitieren vom Singen, da es die Kommunikation und die Gefühlsverarbeitung begünstigt;
- Kleinkinder profitieren durch Singangebote in ihrer stimmlichen, kommunikativen und sozial-emotionalen Entwicklung;

- Singen ist gut für den (kindlichen und erwachsenen) Stimmapparat und schützt dessen Gesundheit;
- Singen fördert die Sprachentwicklung, indem Kinder lernen, die musikalischen Elemente der Sprache, Laute und Phoneme besser zu unterscheiden;
- Familien profitieren generell von regelmäßigem, gemeinsamem Singen und Musizieren – nicht nur, wenn die Kinder noch klein sind, sondern auch und gerade dann, wenn sie älter und zu stetig selbstständigeren Jugendlichen heranwachsen;
- Singen stärkt die Lungenfunktionen und die Muskulatur zur Atmung;
- Chorsingen fördert die Sprachverarbeitung bei (altersbedingten) Hörverlusten;
- Singen fördert kognitive Vorgänge wie Aufmerksamkeit, Arbeitsgedächtnis und Langzeitgedächtnis;
- Singen fördert soziale Kontakte, Bindungsgefühle sowie die Mobilität von Menschen in allen Lebensaltern und wirkt insbesondere im höheren Lebensalter präventiv und verbessert die Lebensqualität;
- Singen hilft Menschen aus ihrer sozialen Isolation herauszutreten und Flow zu erleben, und zwar unabhängig von in ihrer individuellen Lebenssituation. Flow geht über ein bloßes Glücksgefühl oder eine kurze Euphorie hinaus und bedeutet ein nachhaltig (positiv) verändertes Bewusstsein;
- Singen hilft Patienten mit vielfältigen neurologischen Erkrankungen und Verletzungen des Gehirns bei der Rückgewinnung des Denkvermögens, der Sprache und der Lebensqualität;
- und schließlich ermöglicht Singen Menschen, ihre soziale und kulturelle Identität zu entwickeln und sich – jenseits von pädagogischen oder therapeutischen Zielen – ästhetisch als agierende Personen und nicht als bloße Rezipienten zu verwirklichen.

Warum singen wir nicht öfter, wenn die Chancen für mehr glückliche Momente im Leben so gut stehen? Viel zu oft suchen Menschen ihr Heil in Sprache und in Worten. Doch Hand aufs

Herz: Wie oft streiten wir über eher belanglose Dinge und ahnen, dass zuweilen jedes Wort zu viel ist? Wie oft ärgern wir uns über Missverständnisse, weil Sprache nun mal voller Tücken ist? Wie oft beklagen wir einen Mangel an Gemeinsamkeiten mit anderen, die uns nahe sind? Wie oft haben wir das Gefühl, traurigen oder verzweifelten Menschen überhaupt nicht helfen zu können? Was bleibt da zu tun?

Wenn Sie dieses Buch gelesen haben, kommen Ihnen vielleicht schon ein paar Antworten auf die letzte Frage in den Sinn. Und hier sind meine Vorschläge:

- Summen, Singen, Trällern, Schmettern – suchen und finden Sie irgendwo zwischen diesen vokalen Ausdrucksweisen ihre eigene Singstimme und gebrauchen Sie sie wenigstens einmal täglich für wenigstens ein paar Minuten, egal bei welchen Tätigkeiten. Verschwenden Sie keine Gedanken an Noten, Texte oder richtige Töne – und schon gar nicht daran, was wohl ein gewisser selbsternannter Poptitan aus der Castingshow-Branche dazu sagen würde;
- Ermuntern und ermutigen Sie andere Menschen zum Singen; reagieren Sie mit Toleranz, Wohlwollen und gesundem Humor auf falsche Töne; treten Sie in einen Wettbewerb, wer am schönsten falsch singt oder Textaussetzer am originellsten zu überbrücken weiß;
- Sie kennen einen Menschen in ihrer Nähe, dem es geistig, seelisch oder körperlich nicht so gut oder gar ausgesprochen schlecht geht? Nach der Lektüre dieses Buches wissen Sie, was zu tun ist. Singen Sie mit diesem Menschen und hören Sie nicht auf, bis sich ein Lächeln oder ein Lachen auf Ihrem und dem Gesicht Ihres Gegenübers breit gemacht hat.

Kurzum: Vertrauen Sie Ihrer Singstimme und machen Sie sich und andere glücklich! Ohne Risiken und mit höchstwahrscheinlich positiven Nebenwirkungen. – Viel Glück!

Literatur

Adorno, T.W. (1949). *Philosophie der Neuen Musik*. Tübingen: Mohr.

Antonovsky, A. (1997). *Salutogenese*. Tübingen: dgvt Verlag.

Bailey, B.A. & Davidson, J. (2002). Adaptive characteristics of group singing: Perceptions from members of a choir for homeless men. *Musicae Scientiae, 18*(1), 221–256. DOI: 10.1177/102986490200600206

Bailey, B.A. & Davidson, J. (2005). Effects of group singing and performance for marginalized and middle-class singers. *Psychology of Music, 33*(3), 269–303. DOI: 10.1177/0305735605053734

Baker, F., Wigram, T. & Gold, C. (2005). The effects of a song-singing programme on the affective speaking intonation of people with traumatic brain injury. *Brain Injury, 19*(7), 519–528.

Bandura, A. (2004). Health promotion by social cognitive means. *Health Education & Behavior: The Official Publication of the Society for Public Health Education, 31*(2), 143–164. DOI: 10.1177/1090198104263660

Barlett, J.C., Halpern, A.R. & Dowling, W.J. (1995). Recognition of familiar and unfamiliar melodies in normal aging and Alzheimer's disease. *Memory & Cognition, 23*(5), 531–546.

Baron-Cohen, S. (2003). *The Essential Difference: Men, Women and the Extreme Male Brain*. New York: Penguin/Basic Books.

Beck, R.J., Cesario, T.C., Yousefi, A. & Enamoto, H. (2000). Choral singing, performance perception, and immune system changes in salivary immunoglobulin A and cortisol. *Music Perception, 18*(1), 87–106.

Bennett, M.P. & Lengacher, C. (2006). Humor and Laughter May Influence Health: II. Complementary therapies and humor in a clinical population. *Evidence-Based Complementary and Alternative Medicine: eCAM, 3*(2), 187–190. DOI: 10.1093/ecam/nel014

Bernardi, L., Sleight, P., Bandinelli, G., Cencetti, S., Fattorini, L., Wdowczyc-Szulc, J. & Lagi, A. (2001). Effect of rosary prayer and yoga mantras on autonomic cardiovascular rhythms: comparative study. *BMJ, 323*(7327), 1446–1449.

Besson, M., Faita, F., Peretz, I., Bonnel, A.-M. & Requin, J. (1998). Singing in the brain: Independence of lyrics and tunes. *Psychological Science, 9*(6), 494–498.

Brauer, J. (2009). *Musik im Konzentrationslager Sachsenhausen.* Berlin: Metropol Verlag.

Brown, S. (2000). The »musilanguage« model of music evolution. In N. Wallin, B. Merker & S. Brown (Hrsg.), *The Origins of Music* (S. 271–300). Cambridge, MA: MIT-Press.

Brown, S., Martinez, M. J., Hodges, D. A., Fox, P. T. & Parsons, L. M. (2004). The song system of the human brain. *Brain Research. Cognitive Brain Research, 20*(3), 363–375. DOI: 10.1016/j.cogbrainres.2004.03.016

Brünger, P. (2003). *Singen im Kindergarten: eine Untersuchung unter bayrischen und niedersächsischen Kindergartenfachkräften.* Augsburg: Wißner-Verlag.

Buetow, S. A., Talmage, A., McCann, C., Fogg, L. & Purdy, S. (2014). Conceptualizing how group singing may enhance quality of life with Parkinson's disease. *Disability and Rehabilitation, 36*(5), 430–433. DOI: 10.3109/09638288.2013.793749

Bullack, A., Gass, C., Nater, U. M. & Kreutz, G. (2018). Psychobiological effects of choral singing on affective state, social connectedness, and stress: Influences of singing activity and time course. *Frontiers in Behavioral Neuroscience, 12,* 223. DOI: 10.3389/fnbeh.2018.00223

Busse, V., Jungclaus, J., Roden, I., Russo, F. A. & Kreutz, G. (2018). Combining song- and speech-based language teaching: An intervention with recently migrated children. *Frontiers in Psychology, 9,* 2386. DOI: 10.3389/fpsyg.2018.02386Fb

Bygren, L.-O., Johansson, S.-E., Konlaan, B. B., Grjibovski, A. M., Wilkinson, A. V. & Sjöström, M. (2009). Attending cultural events and cancer mortality: A Swedish cohort study. *Arts & Health, 1*(1), 64–73. DOI: 10.1080/17533010802528058

Bygren, L.-O., Konlaan, B. & Johansson, S. (1996). Attendance at cultural events, reading books or periodicals, and making music or singing in a choir as determinants for survival: Swedish interview survey of living conditions. *BMJ, 313*(7072), 1577–1580.

Clift, S. & Gilbert, R. (2016). Can singing have a beneficial effect on lung function and breathing for people with respiratory illness? In G. F. Welch, D. M. Howard & J. Nix, (Hrsg.), *The Oxford Handbook of Singing.* Oxford, UK: Oxford University Press. DOI: 10.1093/oxfordhb/9780199660773.013.51

Clift, S. & Hancox, G. (2001). The perceived benefits of singing: findings from preliminary surveys of a university college choral society. *The Journal of the Royal Society for the Promotion of Health, 121*(4), 248–256. DOI: 10.1177/146642400112100409

Clift, S., Hancox, G., Morrison, I., Stewart, D., Kreutz, G. & Hess, B. (2010). Choral singing and psychological wellbeing: Quantitative and qualitative findings from English choirs in a cross-national survey. *Journal of Applied Arts and Health, 1*(1), 19–34. DOI: 10.1386/jaah.1.1.19/1

Clift, S., Hancox, G., Staricoff, R. & Whitmore, C. (2008). *Singing and health: A systematic mapping and review of non-clinical research.* Canterbury: Canterbury Christ Church University. https://www.artshealthresources.org.uk/docs/singing-health-a-systematic-mapping-review-of-non-clinical-research/ (21.08.2020).

Clift, S., Morrison, I., Skingley, A., Page, S., Coulton, S., Treadwell, P., Vella-Burrows, T., Salisbury, I. & Shipton, M. (2013). *An evaluation of community singing for people with COPD.* Canterbury: Canterbury Christ Church University.

Clift, S., Nicol, J., Raisbeck, M., Whitmore, C. & Morrison, I. (2010). Group singing, wellbeing and health: A systematic mapping of research evidence. *Unesco Obervatory, 2*(1), 1–25.

Condit-Schultz, N. & Huron, D. (2017). Word Intelligibility in Multi-voice Singing: The Influence of Chorus Size. *Journal of Voice, 31*(1), 121.e1-121.e8. DOI: 10.1016/j.jvoice.2016.02.011

Csíkszentmihályi, M. (2008). *Flow.* Stuttgart: Klett-Cotta.

Cuypers, K., Krokstad, S., Holmen, T. L., Skjei Knudtsen, M., Bygren, L.-O. & Holmen, J. (2012). Patterns of receptive and creative cultural activities and their association with perceived health, anxiety, depression and satisfaction with life among adults: the HUNT study, Norway. *Journal of Epidemiology and Community Health, 66*(8), 698–703. DOI: 10.1136/jech.2010.113571

Dalla Bella, S., Giguère, J.-F. & Peretz, I. (2009). Singing in congenital amusia. *The Journal of the Acoustical Society of America, 126*(1), 414–424. DOI: 10.1121/1.3132504

Davidson, J. W. & Garrido, S. (2015). Singing and psychological needs. In F. Welch, D. M. Howard & J. Nix (Hrsg.), *The Oxford Handbook of Singing.* Oxford: Oxford University Press. DOI: 10.1093/oxfordhb/9780199660773.013.017

Degé, F. & Schwarzer, G. (2011). The effect of a music program on phonological awareness in preschoolers. *Frontiers in Psychology, 2*, 124. DOI: 10.3389/fpsyg.2011.00124

Dingle, G. A., Clift, S., Finn, S., Gilbert, R., Groarke, J. M., Irons, J. Y., Jones Bartoli, A., Lamont, A., Launay, J. Martin, E. S., Moss, H., Sanfilippo, K. R., Shipton, M., Stewart, S., Talbot, S. Tarrant, M., Tip, L. & Moss, H. (2019). An agenda for best practice research on group singing, health, and well-being. *Music & Science, 2*, 1–15. DOI: 10.1177/2059204319861719.

Eades, G. & O'Connor, M. (2008). Sounds lively! Choirs: introducing singing into healthcare. *The Journal of the Royal Society for the Promotion of Health, 128*(2), 60–61.

Eckstein, M., Scheele, D., Weber, K., Stoffel-Wagner, B., Maier, W. & Hurlemann, R.

(2014). Oxytocin facilitates the sensation of social stress. *Human Brain Mapping, 35*(9), 4741–4750. DOI: 10.1002/hbm.22508

Ehrenfels, C.V. (1890). Über Gestaltqualitäten. *Vierteljahrsschrift für wissenschaftliche Philosophie, 14*(3), 249–292.

Feicht, T., Wittmann, M., Jose, G., Mock, A., von Hirschhausen, E. & Esch, T. (2013). Evaluation of a seven-week web-based happiness training to improve psychological well-being, reduce stress, and enhance mindfulness and flourishing: a randomized controlled occupational health study. *Evidence-Based Complementary and Alternative Medicine, No 676953.* DOI: 10.1155/2013/676953

Feldman, R. (2012). Oxytocin and social affiliation in humans. *Hormones and Behavior, 61*(3), 380–391. DOI: 10.1016/j.yhbeh.2012.01.008

Fischer, P. & Greitemeyer, T. (2006). Music and aggression: the impact of sexual-aggressive song lyrics on aggression-related thoughts, emotions, and behavior toward the same and the opposite sex. *Personality & Social Psychology Bulletin, 32*(9), 1165–1176. DOI: 10.1177/0146167206288670

Fredrickson, B.L. (2004). The broaden-and-build theory of positive emotions. *Philosophical Transactions of the Royal Society of London. Series B, Biological Sciences, 359*(1449), 1367–1378. DOI: 10.1098/rstb.2004.1512

Ganz, F.D. & Jacobs, J.M. (2014). The effect of humor on elder mental and physical health. *Geriatric Nursing, 12*(6), 713–718 DOI: 10.1016/j.gerinurse.2014.01.005

Gardner, H. (1999). Intelligence reframed: Multiple intelligences for the 21st century. New York: Basic Books. DOI: 10.1177/001698620204600209

Geissmann, T. (2002). Duet-splitting and the evolution of gibbon songs. *Biological Reviews, 77*(1), 57–76. DOI: 10.1017/S1464793101005826.

Gembris, H. (1998). Grundlagen musikalischer Begabung und Entwicklung. Augsburg: Wißner-Verlag.

Gerry, D., Unrau, A. & Trainor, L.J. (2012). Active music classes in infancy enhance musical, communicative and social development. *Developmental Science, 15*(3), 398–407. DOI: 10.1111/j.1467-7687.2012.01142.

Giaver, F., Vaag, J.R. & Wennes, G. (2017). Choral singing as an arts-based organisational intervention: a qualitative study of employees' experiences. *Arts & Health, 9*(1), 26–41. DOI: 10.1080/17533015.2016.1182564

Glaser, S. & Pfeiffer, T. (Hrsg.). (2013). *Erlebniswelt Rechtsextremismus.* Bonn: Bundeszentrale für politische Bildung.

Gold, C., Eickholt, J., Assmus, J., Stige, B., Wake, J.D., Baker, F.A.,Tamplin, J., Clark, I., Lee, Y.-E.C., Lindahl Jacobsen, S., Ochsner Ridder, H.M., Kreutz, G., Muthesius, D. Wosch, T., Ceccato, E., Raglio, A., Ruggeri, M., Vink, A., Zuidema, S., Odell-Miller, H., Orrell, M., Schneider, J., Kubiak, C., Romeo, R. & Geretsegger, M. (2019). Music Interventions for Dementia and Depression in ELderly care (MIDDEL): protocol and statistical analysis plan for a multinational cluster-randomised trial. *BMJ Open, 9*(3), e023436. DOI: 10.1136/bmjopen-2018-023436

Good, A.J., Russo, F.A. & Sullivan, J. (2015). The efficacy of singing in foreign-language learning. *Psychology of Music, 43*(5), 627–640. DOI: 10.1177/0305735614528833

Good, A. & Russo, F.A. (2016). Singing promotes cooperation in a diverse group of children. *Social Psychology, 47*(6), 340–344. DOI: 10.1027/1864-9335/a000282

Gordon, R.L., Schön, D., Magne, C., Astésano, C. & Besson, M. (2010). Words and melody are intertwined in perception of sung words: EEG and behavioral evidence. *PLoS ONE, 5*. DOI: 10.1371/journal.pone.0009889

Götell, E., Brown, S. & Ekman, S.-L. (2002). Caregiver singing and background music in dementia care. *Western Journal of Nursing Research, 24*(2), 195–216.

Götell, E., Brown, S. & Ekman, S.-L. (2003). Influence of caregiver singing and background music on posture, movement, and sensory awareness in dementia care. *International Psychogeriatrics/IPA, 15*(4), 411–430.

Granot, R.Y., Israel-Kolatt, R., Gilboa, A. & Kolatt, T. (2013). Accuracy of pitch matching significantly improved by live voice model. *Journal of Voice: Official Journal of the Voice Foundation, 27*(3), 390.e13–20. DOI: 10.1016/j.jvoice.2013.01.001

Grape, C., Sandgren, M., Hansson, L.-O., Ericson, M. & Theorell, T. (2003). Does singing promote well-being? An empirical study of professional and amateur singers during a singing lesson. *Integrative Physiological and Behavioral Science: The Official Journal of the Pavlovian Society, 38*(1), 65–74.

Grebosz-Haring, K. & Thun-Hohenstein, L. (2018). Effects of group singing versus group music listening on hospitalized children and adolescents with mental disorders: A pilot study. *Heliyon*. DOI: 10.1016/j.heliyon.2018.e01014

Gunji, A., Ishii, R., Chau, W., Kakigi, R. & Pantev, C. (2007). Rhythmic brain activities related to singing in humans. *NeuroImage, 34*, 426–434. DOI: 10.1016/j.neuroimage.2006.07.018

Hale, L., Berger, L.M., LeBourgeois, M.K. & Brooks-Gunn, J. (2011). A longitudinal study of preschoolers' language-based bedtime routines, sleep duration, and well-being. *Journal of Family Psychology: JFP: Journal of the Division of Family Psychology of the American Psychological Association, 25*(3), 423–433. DOI: 10.1037/a0023564

Halpern, A.R. (1988). Mental scanning in auditory imagery for songs. *Journal of Experimental Psychology. Learning, Memory, and Cognition, 14*, 434–443. DOI: 10.1037/0278-7393.14.3.434

Hamilton, J.B., Sandelowski, M., Moore, A.D., Agarwal, M. & Koenig, H.G. (2013). »You need a song to bring you through«: the use of religious songs to manage stressful life events. *The Gerontologist, 53*(1), 26–38. DOI: 10.1093/geront/gns064

Hammar, L.M., Emami, A., Engström, G. & Götell, E. (2011a). Communicating through caregiver singing during morning care situations in dementia care. *Scandinavian Journal of Caring Sciences, 25*(1), 160–168. DOI: 10.1111/j.1471-6712.2010.00806.x

Hammar, L.M., Götell, E. & Engström, G. (2011b). Singing while caring for persons with dementia. *Arts & Health, 3*(1), 39–50. DOI:10.1080/17533015.2010.481289

Hannon, E.E. & Trehub, S.E. (2005). Tuning in to musical rhythms: infants learn more readily than adults. *Proceedings of the National Academy of Sciences of the United States of America, 102*(35), 12639–12643. DOI: 10.1073/pnas.0504254102

Hurrelmann, K. und Razum, O. (Hrsg.). (2016). *Handbuch Gesundheitswissenschaften*. 6., durchgesehene Aufl. Weinheim: Beltz/Juventa.

Hutchins, S.M. & Peretz, I. (2012). A frog in your throat or in your ear? Searching for the causes of poor singing. *Journal of Experimental Psychology. General, 141*(1), 76–97. DOI: 10.1037/a0025064

Hyyppä, M.T., Mäki, J., Impivaara, O. & Aromaa, A. (2006). Leisure participation predicts survival: a population-based study in Finland. *Health Promotion International, 21*(1), 5–12. DOI: 10.1093/heapro/dai027

Jäncke, L. (2008). *Macht Musik schlau? Neue Erkenntnisse aus den Neurowissenschaften und der kognitiven Psychologie*. Bern: Huber.

Jeffries, K.J., Fritz, J.B. & Braun, A.R. (2003). Words in melody: an H(2)15O PET study of brain activation during singing and speaking. *Neuroreport, 14*(5), 749–754. DOI: 10.1097/01.wnr.0000066198.94941.a4

Jentschke, S., Koelsch, S. & Friederici, A.D. (2005). Investigating the relationship of music and language in children: influences of musical training and language impairment. *Annals of the New York Academy of Sciences, 1060*, 231–242. DOI: 10.1196/annals.1360.016

Johnson, J.K., Gregorich, S.E., Acree, M., Nápoles, A.M., Flatt, J.D., Pounds, D., Pabst, A. & Stewart, A.L. (2017). Recruitment and baseline characteristics of the Community of Voices choir study to promote the health and well-being of diverse older adults. *Contemporary Clinical Trials Communications, 8*, 106–113. DOI: 10.1016/j.conctc.2017.09.006

Johnson, J.K., Louhivuori, J., Stewart, A.L., Tolvanen, A., Ross, L. & Era, P. (2013). Quality of life (QOL) of older adult community choral singers in Finland. *International Psychogeriatrics/IPA, 25*(7), 1055–1064. DOI: 10.1017/S1041610213000422

Johnson, J.K., Nápoles, A.M., Stewart, A.L., Max, W.B., Santoyo-Olsson, J., Freyre, R., Allison, T.A. & Gregorich, S.E. (2015). Study protocol for a cluster randomized trial of the Community of Voices choir intervention to promote the health and well-being of diverse older adults. *BMC Public Health, 15*(1), 1049. DOI: 10.1186/s12889-015-2395-9

Kim, S.H., Kim, Y.H. & Kim, H.J. (2015). Laughter and stress relief in cancer patients: A pilot study. *Evidence-based Complementary and Alternative Medicine: eCAM, 2015*, 864739. DOI: 10.1155/2015/864739

Kirschner, S. & Tomasello, M. (2010). Joint music making promotes prosocial behavior in 4-year-old children. *Evolution and Human Behavior, 31*, 354–364. DOI: 10.1016/j.evolhumbehav.2010.04.004

Kirsh, E.R., van Leer, E., Phero, H.J., Xie, C. & Khosla, S. (2013). Factors associated with singers' perceptions of choral singing well-being. *Journal of Voice: Official Journal of the Voice Foundation, 27*(6), 786.e25–32. DOI: 10.1016/j.jvoice.2013.06.004

Kleber, B., Birbaumer, N., Veit, R., Trevorrow, T. & Lotze, M. (2007). Overt and imagined singing of an Italian aria. *NeuroImage, 36*, 889–900. DOI: 10.1016/j.neuroimage.2007.02.053

Kleber, B., Veit, R., Birbaumer, N., Gruzelier, J. & Lotze, M. (2010). The brain of opera singers: experience-dependent changes in functional activation. *Cerebral Cortex, 20*(5), 1144–1152. DOI: 10.1093/cercor/bhp177

Kleber, B.A. & Zarate, J.M. (2019). The neuroscience of singing. In F. Welch, D.M. Howard & J. Nix (Hrsg.), *The Oxford Handbook of Singing*. Oxford: Oxford University Press. DOI: 10.1093/oxfordhb/9780199660773.013.015

Kreutz, G. (2014). Ist Singen gesund? In E. Altenmüller & S. Willich (Hrsg.), *Klang, Körper, Gesundheit* (S. 53–60). Berlin: Wißner-Verlag.

Kreutz, G., Böhm, K., Bossinger, W. & Clift, S. (2014). Singen im Krankenhaus aus Sicht von Singleitern: Eine qualitative Untersuchung. *Musiktherapeutische Umschau, 35*(1), 5–15.

Kreutz, G., Bongard, S., Rohrmann, S., Hodapp, V. & Grebe, D. (2004). Effects of choir singing or listening on secretory immunoglobulin A, cortisol, and emotional state. *Journal of Behavioral Medicine, 27*(6), 623–635. DOI: 10.1007/s10865-004-0006-9

Kreutz, G. & Brünger, P. (2012a). A shade of grey: Negative associations with amateur choral singing. *Arts & Health, 4*(3), 230–238. DOI: 10.1080/17533015.2012.693111

Kreutz, G. & Brünger, P. (2012b). Musikalische und soziale Bedingungen des Singens: Eine Studie unter deutschsprachigen Chorsängern. *Musicae Scientiae, 16*(2), 168–184. DOI: 10.1177/1029864912445109

Kreutz, G., Clift, S. & Bossinger, W. (2014). Singing in Hospitals: Bridging therapy and everyday life. In S. Clift & P. Camic (Hrsg.), *The Value of the Arts for Public Health*. Oxford: Oxford University Press.

Kreutz, G. & Feldhaus, M. (2018). Does music help children grow up? Parental views from a longitudinal panel study. *Musicae Scientiae, 24*(2), 139–154. DOI: 10.1177/1029864918782581.

Lancioni, G.E., O'Reilly, M.F., Singh, N.N., Sigafoos, J., Grumo, G., Pinto, K. Stasolla, F., Signorino, M. & Groeneweg, J. (2013a). Assessing the impact and social perception of self-regulated music stimulation with patients with Alzheimer's disease. *Research in Developmental Disabilities, 34*(1), 139–146. DOI: 10.1016/j.ridd.2012.07.026

Lancioni, G.E., Singh, N.N., O'Reilly, M.F., Green, V.A., Ferlisi, G., Ferrarese, G., Zullo, V., Perilli, V., Cassano, G., Coriano, N., Pinto, K. & Zonno, N. (2013b). Self-regulated music stimulation for persons with Alzheimer's disease: impact assessment and social validation. *Developmental Neurorehabilitation, 16*(1), 17–26. DOI: 10.3109/17518423.2012.707693

Lee, P., Stewart, D. & Clift, S. (2018). Group singing and quality of life. In B.L. Bartleet & L. Higgins (Hrsg.), *The Oxford Handbook of Community Music.* Oxford: Oxford University Press. DOI: 10.1093/oxfordhb/9780190219505.001.0001

Lewis, A., Cave, P., Stern, M., Welch, L., Taylor, K., Russell, J., Doyle, A.-M., Russell, A.-M., McKee, H., Clift, S., Bott, J. & Hopkinson, N.S. (2016). Singing for Lung Health – a systematic review of the literature and consensus statement. *NPJ Primary Care Respiratory Medicine, 26*(16080), 1–8. DOI: 10.1038/npjpcrm.2016.80

Lord, V.M., Hume, V.J., Kelly, J.L., Cave, P., Silver, J., Waldman, M. & Hopkinson, N.S. (2012). Singing classes for chronic obstructive pulmonary disease: a randomized controlled trial. *BMC Pulmonary Medicine, 12*, 69. DOI: 10.1186/1471-2466-12-69

Ma, W., Fiveash, A., Margulis, E., Behrend, D. & Thompson, W.F. (2019). Song and infant-directed speech facilitate word learning. *Quarterly Journal of Experimental Psychology, 73*(7), 1036–1054. DOI: 10.1177/1747021819888982

Mannino, D.M. (2002). COPD: epidemiology, prevalence, morbidity and mortality, and disease heterogeneity. *Chest, 121*(5), 121S–126S.

Mantell, J.T. & Pfordresher, P.Q. (2013). Vocal imitation of song and speech. *Cognition, 127*(2), 177–202. DOI: 10.1016/j.cognition.2012.12.008

Mithen, S. (2007). *The Singing Neanderthals: The Origins of Music, Language, Mind, and Body*. Boston, MA: Harvard University Press.

Müller, V., Delius, J.A.M. & Lindenberger, U. (2019). Hyper-frequency network topology changes during choral singing. *Frontiers in Physiology, 10,* 207. DOI: 10.3389/fphys.2019.00207

Müller, V. & Lindenberger, U. (2011). Cardiac and respiratory patterns synchronize between persons during choir singing. *PloS One, 6*(9), e24893. DOI: 10.1371/journal.pone.0024893

Muñiz, E.I., Silver, E.J. & Stein, R.E.K. (2014). Family routines and social-emotional school readiness among preschool-age children. *Journal of Developmental and Behavioral Pediatrics: JDBP, 35*(2), 93–99. DOI: 10.1097/DBP.0000000000000021

Murry, T. (1990). Pitch-matching accuracy in singers and nonsingers. *Journal of Voice, 4*(4), 317–321. DOI: 10.1016/S0892-1997(05)80048-7

Nakata, T. & Trehub, S.E. (2004). Infants' responsiveness to maternal speech and singing. *Infant Behavior and Development, 27*(4), 455–464. DOI: 10.1016/j.infbeh.2004.03.002

Olsson, E.M.G., von Scheele, B. & Theorell, T. (2013). Heart rate variability during choral singing. *Music and Medicine, 5*(1), 52–59. DOI: 10.1177/1943862112471399

Özdemir, E., Norton, A. & Schlaug, G. (2006). Shared and distinct neural correlates of singing and speaking. *NeuroImage, 33*(2), 628–635. DOI: 10.1016/j.neuroimage.2006.07.013

Panigrahi, A., Sohani, S., Amadi, C. & Joshi, A. (2014). Role of music in the management of chronic obstructive pulmonary disease (COPD): A literature review. *Technology and Health Care: Official Journal of the European Society for Engineering and Medicine*. DOI: 10.3233/THC-130773

Paparo, S.A. (2016). Embodying singing in the choral classroom: A somatic approach to teaching and learning. *International Journal of Music Education, 34*(4), 488–498. DOI: 10.1177/0255761415569366

Peretz, I., Champod, A.S. & Hyde, K. (2003). Varieties of musical disorders. The Montreal Battery of Evaluation of Amusia. *Annals of the New York Academy of Sciences, 999*, 58–75.

Peretz, I., Cummings, S. & Dubé, M.-P. (2007). The genetics of congenital amusia (tone deafness): a family-aggregation study. *American Journal of Human Genetics, 81*(3), 582–588. DOI: 10.1086/521337

Peretz, I., Gagnon, L. & Bouchard, B. (1998). Music and emotion: perceptual determinants, immediacy, and isolation after brain damage. *Cognition, 68*(1), 111–141. DOI: 10.1016/S0010-0277(98)00043-2

Pfordresher, P.Q. & Brown, S. (2007). Poor-pitch singing in the absence of »tone deafness.« *Music Perception, 25*(2), 95–115. DOI: 10.1525/mp.2007.25.2.95

Pfordresher, P.Q. & Brown, S. (2009). Enhanced production and perception of musical pitch in tone language speakers. *Attention, Perception & Psychophysics, 71*(6), 1385–1398. DOI: 10.3758/APP.71.6.1385

Pfordresher, P.Q. & Halpern, A.R. (2013). Auditory imagery and the poor-pitch singer. *Psychonomic Bulletin & Review, 20*, 747–753. DOI: 10.3758/s13423-013-0401-8

Pinker, S. (1997). *How the Mind Works*. New York: Norton.

Pressman, S.D. & Cohen, S. (2005). Does positive affect influence health? *Psychological Bulletin, 131*(6), 925–971. DOI: 10.1037/0033-2909.131.6.925

Pribuisiene, R., Uloza, V. & Kardisiene, V. (2011). Voice characteristics of children aged between 6 and 13 years: impact of age, gender, and vocal training. *Logopedics, Phoniatrics, Vocology, 36*(4), 150–155. DOI: 10.3109/14015439.2011.569756

Roden, I., Grube, D., Bongard, S. & Kreutz, G. (2014). Does music training enhance working memory performance? Findings from a quasi-experimental longitudinal study. *Psychology of Music, 42*(2), 284–298. DOI: 10.1177/0305735612471239

Roden, I., Kreutz, G. & Bongard, S. (2012). Effects of a school-based instrumental music program on verbal and visual memory in primary school children: a longitudinal study. *Frontiers in Psychology, 3*, 572. DOI: 10.3389/fpsyg.2012.00572

Ryan, R.M. & Deci, E.L. (2000). Self-determination theory and the facilitation of intrinsic motivation, social development, and well-being. *American Psychologist, 55*(1), 68–78.

Saito, Y., Ishii, K., Yagi, K., Tatsumi, I.F. & Mizusawa, H. (2006). Cerebral networks for spontaneous and synchronized singing and speaking. *Neuroreport, 17*, 1893–1897. DOI: 10.1097/WNR.0b013e328011519c

Schlaug, G., Jäncke, L., Huang, Y. & Steinmetz, H. (1995). In vivo evidence of structural brain asymmetry in musicians. *Science, 267*(5198), 699–701.

Schlaug, G., Marchina, S. & Norton, A. (2008). From singing to speaking: Why singing may lead to recovery of expressive language function in patients with Broca's aphasia. *Music Perception, 25*(4), 315–323. DOI: 10.1525/MP.2008.25.4.315

Schlaug, G., Norton, A., Marchina, S., Zipse, L. & Wan, C.Y. (2010). From singing to speaking: facilitating recovery from nonfluent aphasia. *Future Neurology, 5*(5), 657–665.

Schön, D., Gordon, R., Campagne, A., Magne, C., Astésano, C., Anton, J.-L. & Besson, M. (2010). Similar cerebral networks in language, music and song perception. *NeuroImage, 51*(1), 450–461. DOI: 10.1016/j.neuroimage.2010.02.023

Schulze, J. (2002). *Stimmstörungen im Kindes- und Jugendalter*. Idstein: Schulz-Kirchner.

Shenfield, T., Trehub, S.E. & Nakata, T. (2003). Maternal singing modulates infant arousal. *Psychology of Music, 31*(4), 365–375. DOI: 10.1177/03057356030314002

Simmons-Stern, N.R., Budson, A.E. & Ally, B.A. (2010). Music as a memory enhancer in patients with Alzheimer's disease. *Neuropsychologia, 48*(10), 3164–3167. DOI: 10.1016/j.neuropsychologia.2010.04.033

Simmons-Stern, N.R., Deason, R.G., Brandler, B.J., Frustace, B.S., O'Connor, M.K., Ally, B.A. & Budson, A.E. (2012). Music-based memory enhancement in Alzheimer's disease: promise and limitations. *Neuropsychologia, 50*(14), 3295–3303. DOI: 10.1016/j.neuropsychologia.2012.09.019

Singh, V.P., Rao, V., Prem, R.C., Sahoo, K., Keshav, P. & Al., E. (2009). Comparison of the effectiveness of music and progressive muscle relaxation for anxiety in COPD – A randomized controlled pilot study. *Chronic Respiratory Disease, 6*(4), 209–216. DOI: 10.1177/1479972309346754

Siupsinskiene, N. & Lycke, H. (2011). Effects of vocal training on singing and speaking voice characteristics in vocally healthy adults and children based on choral and nonchoral data. *Journal of Voice: Official Journal of the Voice Foundation, 25*(4), e177–89. DOI: 10.1016/j.jvoice.2010.03.010

Skingley, A. & Bungay, H. (2010). The Silver Song Club Project: singing to promote the health of older people. *British Journal of Community Nursing, 15*, 135–140.

Skingley, A., Clift, S. M., Coulton, S. P. & Rodriguez, J. (2011). The effectiveness and cost-effectiveness of a participative community singing programme as a health promotion initiative for older people: protocol for a randomised controlled trial. *BMC Public Health, 11*, 142. DOI: 10.1186/1471-2458-11-142

Sonntag, B., Boresch, H.-W. & Gojowy, D. (Hrsg.). (1999). *Die dunkle Last. Musik und Nationalsozialismus*. Köln: Bela-Verlag.

Stadler Elmer, S. (2002). *Kinder singen Lieder – Über den Prozess der Kultivierung des vokalen Ausdrucks*. Berlin: Waxmann.

Stewart, N. A. J. & Lonsdale, A. J. (2016). I'ts better together: The psychological benefits of singing in a choir. *Psychology of Music, 44*(6), 1240–1254. DOI: 10.1177/0305735615624976

Stone, N. L., Millar, S. A., Herrod, P. J., Barrett, D. A., Ortori, C. A., Mellon, V. A. & O'Sullivan, S. E. (2018). An analysis of endocannabinoid concentrations and mood following singing and exercise in healthy volunteers. *Frontiers in Behavioral Neuroscience, 12*, 269.

Sundberg, J. (1990). *The Science of the Singing Voice*. DeKalb: Northern Illinois University Press.

Tamplin, J. (2008). A pilot study into the effect of vocal exercises and singing on dysarthric speech. *NeuroRehabilitation, 23*(3), 207–216.

Tamplin, J., Baker, F. A., Grocke, D., Brazzale, D. J., Pretto, J. J., Ruehland, W. R., Buttifant, M., Brown, D. J. & Berlowitz, D. J. (2013). Effect of singing on respiratory function, voice, and mood after quadriplegia: a randomized controlled trial. *Archives of Physical Medicine and Rehabilitation, 94*(3), 426–434. DOI: 10.1016/j.apmr.2012.10.006

Tamplin, J., Morris, M. E., Marigliani, C., Baker, F. A. & Vogel, A. P. (2019). ParkinSong: A controlled trial of singing-based therapy for Parkinson's disease. *Neurorehabilitation and Neural Repair, 33*(6), 453–463. DOI: 10.1177/1545968319847948

Tanner, M., Rammage, L. & Liu, L. (2016). Does singing and vocal strengthening improve vocal ability in people with Parkinson's disease? *Arts & Health, 8*(3), 199–212. DOI: 10.1080/17533015.2015.1088047

Tepe, E. S., Deutsch, E. S., Sampson, Q., Lawless, S., Reilly, J. S. & Sataloff, R. T. (2002). A pilot survey of vocal health in young singers. *Journal of Voice: Official Journal of the Voice Foundation, 16*(2), 244–250.

Theorell, T. (2018). The effects and benefits of singing individually and in a group. In G. F. Welch, D. M. Howard & J. Nix, (Hrsg.), *The Oxford handbook of singing*. Oxford, UK: Oxford University Press. DOI: 10.1093/oxfordhb/9780199660773.013.74

Titze, I. R. (2008). The human instrument. *Scientific American, 298*(1), 94–101. DOI: 10.1038/scientificamerican0108-94

Vaitl, D. & Ott, U. (2005). Altered states of consciousness induced by psychophysiological techniques. *Mind & Matter, 3*(1), 9–30.

Valentine, E. & Evans, C. (2001). The effects of solo singing, choral singing and swimming on mood and physiological indices. *The British Journal of Medical Psychology, 74*(1), 115–120. DOI: 10.1348/000711201160849

Vanstone, A. D. & Cuddy, L. L. (2010). Musical memory in Alzheimer disease. *Neuropsychology, Development, and Cognition. Section B, Aging, Neuropsychology and Cognition, 17*(1), 108–128. DOI: 10.1080/13825580903042676

Vickhoff, B., Malmgren, H., Aström, R., Nyberg, G., Ekström, S.-R., Engwall, M., Snygg, J., Nilsson, M. & Jörnsten, R. (2013). Music structure determines heart rate variability of singers. *Frontiers in Psychology, 4*, 334. DOI: 10.3389/fpsyg.2013.00334

Welch, G., Himonides, E., Saunders, J., Papageorgi, I. & Sarazin, M. (2014). Singing and social inclusion. *Frontiers in Psychology, 5*, 803. DOI: 10.3389/fpsyg.2014.00803

Welch, G. F., Preti, C. & Himonides, E. (2010). »Didattica della vocalita e della coratita.« In B. Toni (Hrsg.), *Musica – dalla indicazioni alla practica didattrica* (S. 22–25). Neapel: Tecnondid Editrice.

Wendrich, F., Brauchle, G. & Staudinger, R. (2010). Controlled induction of negative and positive emotions by means of group singing. *Music and Medicine, 2*(3), 144–149. DOI: 10.1177/1943862110373548

Wilkinson, A. V., Waters, A. J., Bygren, L. O. & Tarlov, A. R. (2007). Are variations in rates of attending cultural activities associated with population health in the United States? *BMC Public Health, 7*, 226. DOI: 10.1186/1471-2458-7-226

Williams, E., Dingle, G. A. & Clift, S. (2018). A systematic review of mental health and wellbeing outcomes of group singing for adults with a mental health condition. *European Journal of Public Health, 28*(6), 1035–1042. DOI: 10.1093/eurpub/cky115

Wiltermuth, S. S. & Heath, C. (2009). Synchrony and cooperation. *Psychological Science, 20*(1), 1–5. DOI: 10.1111/j.1467-9280.2008.02253.x

Wise, K. J. & Sloboda, J. A. (2008). Establishing an empirical profile of self-defined »tone deafness«: Perception, singing performance and self-assessment. *Musicae Scientiae, 12*(1), 3–26. DOI: 10.1177/102986490801200102

Wolf, A., Wolpert, L. & Kopiez, R. (2013). Freude am Singen bei 10- bis 12-Jährigen: Möglichkeiten der musikpädagogischen Einflussnahme. *Musikpsychologie, 23*, 94–115.

Wright, A. A., Rivera, J. J., Hulse, S. H., Shyan, M. & Neiworth, J. J. (2000). Music perception and octave generalization in rhesus monkeys. *Journal of Experimental Psychology: General, 129*(3), 291–307.

Zarate, J. M., Delhommeau, K., Wood, S. & Zatorre, R. J. (2010). Vocal accuracy and neural plasticity following micromelody-discrimination training. *PloS One, 5*(6), e11181. DOI: 10.1371/journal.pone.001118

Zumbansen, A., Peretz, I. & Hébert, S. (2014). The combination of rhythm and pitch can account for the beneficial effect of melodic intonation therapy on connected speech improvements in Broca's aphasia. *Frontiers in Human Neuroscience, 8*, 592.

Zumbansen, A. & Tremblay, P. (2019). Music-based interventions for aphasia could act through a motor-speech mechanism: a systematic review and case-control analysis of published individual participant data. *Aphasiology, 33*(4), 466–497.